天下文化
BELIEVE IN READING

科學文化 225

如何讓人改變想法

關於信念、觀點與說服技巧

How Minds Change
The Surprising Science of Belief,
Opinion, and Persuasion

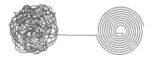

by David McRaney

大衛·麥瑞尼／著

林俊宏／譯

如何讓人改變想法

目錄

How Minds Change
The Surprising Science of Belief,
Opinion, and Persuasion

紀念布萊克·帕克（Blake Parker）

謝謝你讓一個獨生子也能有個兄弟，
總讓我有新的故事能說，
還教了我怎樣享受從宇宙逃學的樂趣。

為何想改變
對方的想法？

我們即將共同踏上一段旅程，瞭解人的想法如何改變。而我希望當旅程來到尾聲的時候，靠著我們將會學到的內容，你不但能改變他人的想法，還能改變自己的想法。因為這正是我經歷的過程，許多事情從此都有了不同的面貌。

💡 人類沒救了？

回想當初，我寫了兩本書，來談認知偏誤（cognitive bias）和邏輯謬誤（logical fallacy），又有好幾年時間主持播客（podcast）節目來談這些主題，長期舒舒服服的窩在一種悲觀主義裡；你現在可能也是這樣。當時的我，不論是在講臺上、在麥克風後面、又或是在文章裡，常常呼籲如果講到政治、迷信或陰謀論這樣的主題（特別是如果這三個願望一次滿足），實在別再白費力氣想改變他人的想法了。

畢竟，你還記得自己上次試著改變他人想法是什麼時候嗎？結果如何？對於那些我們在意的議題，現在多虧有網際網路，比過去更容易接觸到想法不同的人。所以很有可能，你最近才和某個想法不同的人吵了一架，而且我敢打賭，就算你找出了如山鐵證、全部攤在對方眼前、覺得這當然證明對方是錯的，那個人最後並未回心轉意。對方有可能不但是氣沖沖甩頭就走，甚至態度還變得更為堅定，肯定他們才是對的，而你錯得離譜。

我從小在美國密西西比州長大，這個世代很多人都一樣，不用等到網路告訴我們外面世界吵得有多凶，這樣的爭吵早就是

我們的日常。電影和電視就讓我們感覺，有些事情似乎和身邊大人講的不一樣，美國南方好像不會再次崛起，同性戀似乎並不是一種罪行，演化也似乎不只是有人瞎掰的理論。我們的家族家庭就像是停留在另一個時代。不論談的是科學上的現實、社會上的規範、或是政治上的立場，那些在我和朋友看來再明顯不過的真相，卻都不是我們身邊的日常，而我們大多也學會了要在日常生活和家族度假的時候迴避閃躲，省得造成什麼摩擦。有些人的腦子就是那麼死，想改變他們的想法根本是毫無希望。

我們態度這麼酸，不是沒有道理。美國聖經帶（Bible Belt）民風保守，一旦觸犯禁忌，是真的會惹上麻煩。而我們時不時都得做出決定，判斷有沒有什麼好辦法能觸犯禁忌？還有，怎樣才算是觸犯禁忌的好時機？

我十幾歲的某個夏天，叔叔用他當護理人員賺的錢，在我們小鎮開了一家花店，而我就幫他送花。有一次他被房東欺負，打電話向我爸爸求援。我爸電話一掛，車鑰匙一抓，叫我跟上，一起衝到店裡。爸爸停好車，大步走進衝突風暴中心，放話大家再不停手會有什麼下場，接著就回了車上。但我記得最清楚的，是爸爸在回來的車上一語不發，當天回到家也絕口不提，其他家人就這麼被蒙在鼓裡。而爸爸甚至不用警告我別多嘴，我當下就很清楚這事不能說，而且我也確實守口如瓶。

我後來離家上班，先待了幾家地方報社，後來又轉到地方電視臺，也看著社群媒體漸漸崛起。我就是個泡在科學和科幻小說的阿宅，覺得人類沒救了的心態在我的職涯中不斷累積。在我當

7

上科學記者之前，曾經做過 WDAM-TV 電視臺的臉書小編；那是個很小的新聞臺，位於密西西比州的小城埃利斯維爾。有很多年，我每天都得花點時間來讀一些讓人心情很差的觀眾意見。只要有任何科學報導牴觸了他們的世界觀，他們就會氣沖沖的寫信來揚言罷看。

有一次，一位氣象學者在節目裡解釋，為什麼氣候變遷是真的、而且最有可能就是由人類活動的碳排放所造成。當時我就深刻感受到，觀眾對這些論點的接受程度實在很有限。我用電視臺官方帳號分享了專家意見的連結，也立刻引來如滔滔江水的憤怒留言。我像大多數人一樣，以為事實擺在那裡，不證自明，但我貼出網路連結之後，憤怒的留言者只會貼出更多，結果就是我整個下午都得做事實查核，簡直像在打地鼠。隔天，有人碰到我們新聞組的員工，問了臉書小編是誰，知道我的名字之後，直接開車殺到電視臺，指名要見見我是圓是扁。當時櫃臺覺得這個人似乎有危險，立刻打電話報警。那位憤怒的觀眾在警察趕到之前，就已經開車離去。那個星期接下來幾天，警方巡邏時，還會特地來電視臺停車場繞一下。有好幾個月的時間，我每次進出大樓的時候，都還在害怕背後有人會對我不利。

💡 人到底為什麼這麼愛辯？

我還在電視臺工作的時候，想要搞清楚這一切背後的心理現象，於是開始寫部落格。部落格後來變成了兩本書，再變成了

到各地方的演講，又變出了一個新的職涯。我也開始主持播客節目，討論民眾有多少種方式可以不接受證據、不同理他人；我又打著「你沒那麼聰明」（*You Are Not So Smart*，後來的同名著作中文譯名為《任何人都會有的思考盲點》）為品牌號召，以「動機推理」（motivated reasoning）做為我擔任科學記者的主攻領域。我到處告訴別人，試圖改變他人的想法只會是白費力氣；而且這一套還讓我賺了不少鈔票。

但我其實一直並不真正認同那種悲觀的論點，特別是後來，我看到了美國各地對於同性婚姻的看法，簡直是突然一百八十度大轉變，最後也傳到我的家鄉，叔叔終於能夠公開出櫃，活在陽光下，我的 LGBTQ（非異性戀社群的統稱）朋友也能開心貼出他們婚禮的照片。

講到同性婚姻合法化，美國在 2012 年還是以反對者居多，但隔年就已經情勢互換。大約是在 2010 年左右，反對的比例開始直直落。而等到多數意見逆轉，過去的爭論也煙消雲散。僅僅幾年前，還一天到晚聽到有人振振有詞，說同性婚姻會摧毀家庭價值、讓美國澈底毀滅。所以我想，**顯然人的想法是能夠改變的，而且改變的速度奇快無比。但這樣的話，一開始又是在爭個什麼勁？**

所以我想找個科學家，幫我回答一個我過去沒真正想要問、但現在覺得心癢難耐的問題：人到底為什麼這麼愛辯？還有，這件事的用途究竟是什麼？大家在網路上針鋒相對，對社會來說究竟是好是壞？

於是，我邀請了知名的認知科學家梅西耶（Hugo Mercier）來上節目，他研究的正是人類的推理與爭辯。他解釋說：人類正是因為有那些激烈衝突，才演化出了達成共識的能力（那些共識有時候是關於某些事實，有時候是關於對錯，也有時候是關於晚餐吃什麼）。群體經由提出與評估各種論點，達成共識；而更能達成共識的群體，就更能實現共同目標，並擊敗其他無法達成共識的群體。這讓人類有了一種與生俱來的心理：一旦覺得自己所屬的群體想得不對，就會希望說服其他成員聽自己的、用自己的觀點來看事情。

梅西耶告訴我，如果我們無法改變自己或他人的想法，爭辯吵架就毫無意義。他要我想像一下，一個大家都聽不到的世界。他說：「這樣大家就不會再說話了。」人類之所以常常鬧意見，可不是人類的推理能力出了什麼問題，反而正是推理能力的重點所在。要舉個例子說明意見怎麼鬧著鬧著，就讓社會突然轉變，可以用美國的歷史變化來舉例。

💡 為什麼輿論風向突然改變？

政治學家佩吉（Benjamin Page）與夏畢洛（Robert Shapiro）有一部著作談大眾輿論，指出從二十世紀初開始有民意調查以來，美國的重大輿論有將近一半都是風向突然發生轉變（正如同性婚姻這次）。不論是對墮胎或越戰的想法，或是對種族、女性、投票權、吸菸、大麻等諸多議題的態度，本來在許多年間的情況都

非常穩定，但爭論突然從小團體延燒到大團體，從民間家庭來到眾議院殿堂，彷彿在轉瞬之間打破了原本的靜止狀態。對於這些「楔子議題」（wedge issue，令社會分裂的議題），整個輿論潮流竟然驟然轉向了，變化之大，要是我們能搭上時光機回到幾年前，許多人吵架的對象可能正是過去的自己。

　　我開始覺得，人類的那些爭論不休、你來我往，就像是生物學上所說的疾變平衡（punctuated equilibrium，又稱間斷平衡）。生物有能力、但沒有動機要改變的時候，一代到一代之間大致是維持不變的，但只要出現了必須適應的壓力，演化的步伐就會隨之加速。而在很長的時間裡，就出現了這樣的演化模式：長期看來是一片穩定，但是中間會有幾次快速改變的疾變時期。無論看社會變遷、創新、或革命的歷史，似乎都能看到同樣的模式，而我就想瞭解這背後的心理。

　　我想知道，在這些改變的前後，大部分人的大腦裡究竟發生了什麼變化。到底是什麼、以什麼方式說服了我們？是什麼發揮了如此強大的力量，打破重重阻礙，讓我們不但有了全然不同的觀點，還從此認為不可能有別的想法？

　　要怎麼做，才會讓人在十年之內，從大力反對同性戀議題，變成會開心參加同性婚禮？又要怎麼做，才能讓一整個國家的人從習慣在飛機上、辦公室裡抽菸，到後來禁止在酒吧、餐廳與日間電視節目出現抽菸場景？又是什麼原因，讓社會上的裙子長度忽長忽短、鬍鬚也是來來去去？至於大麻，又為什麼從讓人失去理智的毒品，成了治青光眼的良藥？為什麼，你現在回頭看自己

青春期寫的日記，會覺得頭皮發麻？又為什麼你不再剪自己十年前熱愛的髮型？是什麼改變了你的想法？想法究竟是如何產生了變化？

我想要瞭解，是怎樣的心理煉金術，讓人出現那些大大小小如同頓悟般的體驗。我想，要是我能解開這個謎團，知道眾人為何改變想法、或者為何很難改變想法（以及知道為什麼改變常常是在長期停滯之後突然爆發），我們就更能改變他人的想法、也更能改變自己的想法。而那份執念，現在就成了你手中這本書。

「說服」不是要去操縱別人

這本書談的是人的想法如何改變、以及如何讓人改變想法，而且我要談的不是什麼幾百年的事，而是在不到一個世代、不到十年，甚至是單純在一次談話之間，就完成了改變。

在本書的後續章節，我們會談談是因為做錯了什麼事，而讓我們無法改變想法；也會討論是因為怎樣令人意想不到的心理學讓人改變和更新了自己的信念、態度與價值觀；還會談到如何把這些知識，應用到你相信需要改變的任何事情，不管你只是想改變某一個人、又或是要讓百萬人回心轉意。

我們會認識幾位相關議題的學者專家，也會聽聽幾位曾經改變心思的人分享經驗，他們有的是豁然頓悟，也有的是走過漫漫長路、才得到意料之外的想法。

在本書最後幾章，則會看到如何結合這些想法，讓社會出現

改變，而且在適當的條件下，不到一個世代就席捲了整個國家。
我們也會看到，改變的速度會與我們的「確信感」（certainty）成
反比——所謂的確信感，介於情緒與心情之間，比較像是飢餓那
樣的感覺，而不是一套理性邏輯。而所謂的有說服力（不管來源
為何），就在於能夠影響我們的確信感。

　　隨著我們慢慢談到「說服」的技術，你可能會覺得，難道這
沒有道德問題嗎？就算我們覺得自己一片好心、又或者事實確實
站在我們這邊，但談到「說服」，似乎就是要去操縱別人。但是
或許能讓你鬆口氣的一點，在於根據科學定義，說服指的是要在
沒有強制脅迫的情況下，改變人的想法。像是傳播學教授歐基夫
（Daniel O'Keefe）就認為，說服是「在被說服者有一定程度自由的
狀況下，有意的透過溝通，而成功影響其心理狀態。」

　　更具體而言，心理學家佩羅夫（Richard N. Perloff）多年前在
《說服的動力學》一書裡就解釋，如果想要避免淪為強制脅迫，
方法就是堅持使用象徵式溝通（symbolic communication，又稱符號
溝通）來傳達訊息，希望讓人改變態度、信念、或是兩者同時都
改變，並且是自願接受。根據佩羅夫的說法，強制脅迫不同於說
服的地方，是想用「可怕的後果」促使某人「依強制者的預期來
行事，而且可能與被脅迫者自身偏好的想法相反」。佩羅夫也補
充表示：所謂符合道德標準的說服，就是被說服的人相信自己有
拒絕的自由，唯有「會讓個人認為自己別無選擇、只能服從的情
況，才該把這種影響他人的舉動視為強制脅迫。」

　　說服並不是要你去強制脅迫他人，不是要靠著事實或道德優

勢來鬥贏你智識上的對手，也不是要辯出個誰贏誰輸。所謂說服是要引導對方走過幾個階段，讓對方更瞭解他們自己的想法，也知道怎樣讓那些想法與當下的訊息沒有出入。如果對方無意改變想法，你再怎麼想說服他，也只是白費力氣；後面就會談到，最有效的說服技巧是把重點擺在動機，而非結果。

我們會看到，就許多方面而言，所謂說服，多半是在鼓勵對方，讓對方相信他自己有改變的可能。唯一能說服你的，只有你自己。人之所以會改變想法或抗拒改變，都是出於自己的想望、動機、內在的掙扎抗拒；把重點放在這些因素上，就能提升讓人改變心意的機率。正如心理學家魏倫（Joel Whalen）所言：「想移動一條繩子的時候，用推的沒用，得用拉的才行。」

正因如此，你得開門見山，讓對方看到你真心的目的。這樣一來，不只能站穩道德基礎，還能增加成功的機率。不這麼做，對方會懷疑你別有居心，並且把他們的懷疑當成你「真正」的意圖，這樣一來，雙方就無法進行你想要的那種真心對話。舉例來說，如果對方懷疑你只是在笑他太笨、太好騙、交到壞朋友、找到爛對象，當然就會出現抗拒的心理，不論怎樣的事實擺在眼前都無法發揮作用。

我在研究「說服」的早期，就曾經試著把某些概念應用到我父親身上。當時他對政治的看法總帶著陰謀論，而我則是不停丟出事實，想靠著這樣就改變他的想法。我們真的吵了好久好久。最後我實在累壞了，深吸一口氣，自問到底想達到什麼目的？為什麼會想改變父親的想法？

　　於是我說：「我愛你，我只是不想你被人誤導了。」突然之間，爭吵畫上句點。我們開始能夠好好講話，討論網路上到底有哪些來源值得信賴。父親的態度軟化了，鬆口表示願意改變對事實的看法，他只是不喜歡某些資訊的出處來源。後來，我捫心自問，為什麼我會希望父親改變想法？答案是：「我不相信他的資訊來源，也不希望他相信那些資訊來源。」為什麼？「因為我相信的是其他資訊來源，而且我也希望他相信那些資訊來源。」為什麼？「我希望我們是同一國的。」為什麼？……這個問題可以一直問下去，問到天荒地老，問到夸克和膠子這些基本粒子的層次，但最重要的是：你必須先讓對方瞭解，你為什麼想改變他的想法，否則雙方就只會覺得：「我是對的，而且我認為你錯了。」

　　我希望你能不斷帶著這個問題：「**我為什麼會想改變對方的想法？**」和我一起走過後續章節。我也希望，這個問題在你心裡會像在我心中一樣，不斷開花結果，帶出一系列的重要問題。

💡 真相不會愈辯愈明

　　你之所以會讀到這裡，就是因為我們都有能力拋棄舊信念，以新的智慧取代舊的無知，根據新的證據改變自己的態度，讓自己能夠擺脫過時的教條，擺脫有害的傳統，放下那些已經效果愈來愈差的政策與做法。在每個人腦中那些搖搖晃晃的神經元，雖然看來一團混亂，但其實都具備了看清各種錯誤的能力。然而，重點在於：我們是該在怎樣的時機、去改變誰的什麼想法？

　　怎樣的內容，能算得上是危險的無知、過時的教條？怎樣的玩意，能稱得上是邪惡的傳統、無效的策略、被誤導的做法？怎樣的規範會造成太大的傷害、怎樣的信念會形成太大的錯誤，讓我們應該要抓住一切機會，不遺餘力加以改變？

　　關鍵的問題來了：我們又怎樣才能知道，對的是自己、而錯的是別人？

　　但還有一個大哉問：「改變你的想法」又到底是什麼意思？

　　我們接下來會逐一回答這些問題，但我得承認，我在旅程剛開始的時候，心裡還沒有這些問題。是在我暴露了自己的許多無知之後，這些問題才一個一個浮現。正是因此，我相信我們應該在這時候、在開始之前，就自問這些問題，並且帶著這些問題，一起走向接下來的內容與對話。

　　人類最大的優勢之一，就在於能夠改變想法、更新假設、接受其他觀點，每個人的大腦都在演化之後，免費得到了這樣的能力。而你也很快就會看到，如果想要充分運用這份優勢，我們就必須放下爭吵辯論，開始對話。

　　爭吵辯論總是有輸有贏，但沒有人想當那個輸家。如果各方都能有安全感，好好思索自己的推論、思考自己的想法、探尋自己的動機，就能讓所有人都避免走進想要「吵贏」的死胡同。

　　取而代之的是，人人都能追求共同的目標：尋得真相。

第一章

後真相

—— 事實遜於雄辯

🔦 陰謀論公路之旅

在英國曼徹斯特的皮卡迪利火車站，維奇（Charlie Veitch）在電扶梯上一冒出頭，我就認出他了。他穿著綠色格子的連帽衫、藍色牛仔褲，背著背包，髮型其實算是保守，但在鬢角上方有著一抹醒目的白。電扶梯來到地面，他微笑走向我，精力十足。

他向我打了招呼，但腳步並未停下，帶著我迎向人流，也讓其他人就這麼從他兩邊走過。維奇一直看著我的方向，沒什麼自我介紹，就手舞足蹈的講起這座城市的建築和歷史，也說到他和另一半史黛西，現在一起在這裡養育三個孩子。他說自己在這裡過得很不錯，只不過還是得用假名，免得其他陰謀論者找麻煩。

維奇個子很高，跟上他的步伐可得費點勁。一路上我就像是抓著公車車尾被拖著，兩腳簡直像卓別林默劇那樣騰空。他這個人有太多意見想說，我們談了遊民、談了當地的藝術與音樂、談了現代電影製作、還談了曼徹斯特和倫敦與柏林的異同——這時候才剛走到第三個路口，要不是車太多，他可能會像是在前兩個路口那樣，直接就這麼走了過去。

我之所以想見見維奇，是因為他過去曾經是以專業陰謀論者身分為生的人，但是他做了一件不可思議的事，這件事實在太少見、太稀奇，甚至是在我開始寫這本書之前覺得絕不可能的事，而且這件事幾乎毀了他的人生。

一切都是從 2011 年 6 月開始，當時正要迎來 911 事件十週年，維奇在倫敦希思羅機場搭上英國航空班機，前往美國，拜

訪這起事件的發生地。受邀的有他和另外四名陰謀論者，同行的還有一群攝影師、剪輯師、音響工程師、以及喜劇演員麥克斯韋（Andrew Maxwell）；麥克斯韋是《陰謀論公路之旅》這個電視影集的主持人。麥克斯韋和組員準備為 BBC 製作共四集節目，每集面對不同的陰謀論團體：UFO（不明飛行物）愛好者、演化否認者、倫敦爆炸陰謀論者、以及 911 陰謀論者——他們相信官方對 911 事件的說法完全是說謊。（BBC 官網目前已將 911 事件這集下架，但仍可透過其他串流服務觀看。）

這檔節目把這些人送到世界各地，讓他們搭著巴士去見見專家與目擊者，以無可否認的證據與事實，來挑戰他們的陰謀論信念。接下來的灑狗血場景，正是節目裡的精采橋段：雙方爭相指責、各自感到委屈，再搭上搞笑的音樂和常見的實境秀剪輯。到了每集節目的結尾，咱們的主持人兼陰謀論世界觀嚮導麥克斯韋會和這些公路旅行者一起坐下來，看看所呈現的事實是否改變了這些人的信念。這迎來了節目的最高潮：這些人從來不會回心轉意，每次節目的結尾，都是麥克斯韋氣得要命，大大搖頭，想知道究竟怎樣才能讓這些人改變心意。

但維奇那一集不一樣。

維奇和其他 911 陰謀論者一起花了十天，造訪紐約、維吉尼亞州和賓州，走過墜機現場，見了爆破、炸藥、航空專家與建築專家，認識了受害家屬，還與一些政府官員見面，其中一名在五角大廈遇襲時就在現場，曾協助清理那些血腥場景。他們也拜訪了世貿中心的建築師，以及事件當時的美國聯邦航空總署全國營

運管理主管。這些 911 陰謀論者甚至還進了商用客機飛行模擬器進行培訓,在模擬的紐約市上空,上了幾堂飛行課,並且在沒有飛行經驗的情況下,試著降落一架單引擎飛機。這些 911 陰謀論者在這趟旅行遇到的人,若不是相關專業領域的佼佼者,就是曾親眼目睹 911 事件、或是曾在那天失去了自己的親友。

麥克斯韋使盡全力,但這些 911 陰謀論者的態度卻也更為堅定,比先前更相信背後肯定有鬼,並且認定麥克斯韋的努力正是證明。這些陰謀論者不相信麥克斯韋,認為見到的那些人都是拿了錢在演戲,認為專家犯了錯誤,也認為所謂的事實來源都有問題。只有一個人例外。

在當時,維奇是 911 陰謀論社群的領導人物之一。有很多年的時間,他主要的收入來源就是製作許多談無政府主義和陰謀論的 YouTube 影片,有些觀看次數高達百萬以上。維奇總是告訴自己的粉絲,911 的火根本不夠大,不可能熔化世貿中心的鋼骨;又說這些建築可以這麼精準的垂直倒塌,肯定是有人控制引爆。維奇追查著各個政府單位、企業、軍隊等等之間的連結,說要找出真正的兇手。維奇也常常一手拿著大聲公,一手拿著攝影機,走上街頭,呼籲大家訂閱他的頻道,警醒起來,看清真相。

等到這成了他的全職工作,維奇開始四處巡迴,發表顛覆性的演講,許多活動都能看到他的身影,吸引著陰謀論者、無政府主義者與新嬉皮,提供著性、毒品、還有免費的 Wi-Fi。而維奇往來的對象,就包括了世界知名、一副愛國者樣貌的瓊斯(Alex Jones),以及調查外星蜥蜴人的艾克(David Icke)。

　　有五年時間，維奇付出了應付的代價，甚至多次入獄。例如有一次，俄羅斯國家電視臺派他去報導多倫多 G20 高峰會，號稱要揭露反烏托邦新世界秩序的詭計，維奇就因假扮警察而被捕。後來，他又因為涉嫌陰謀在英國王室婚禮期間策劃抗議而被捕，《電訊報》稱他是「知名的無政府主義者」。

　　維奇成了陰謀論界的寵兒、YouTube 的熠熠新星，覺得自己是個知名的煽動人物。有些人不喜歡他，但也有些人愛他入骨。維奇認為這趟紐約之行會是他的重大突破，讓他一舉躍入主流。但是等他真正走了這一遭，以他當時居高不下的名氣，他最後的選擇不但叫人難以相信，而且事實證明，也讓一些人覺得不可原諒。

　　維奇改變了自己的想法。

💡 事實擺在眼前

　　我們在東方集團咖啡店坐了好一會，其他顧客吃吃喝喝、說說笑笑，而維奇似乎也樂在其中，刻意把聲音放大，讓旁邊的人都可以一邊感受著美國精神牌香菸的雲霧繚繞，一邊聽著他解釋自己為何不再相信 911 陰謀論。

　　拍攝那集節目的過程中，維奇和其他 911 陰謀論者很早就見到了爆破專家布蘭查德（Brent Blanchard）。布蘭查德告訴他們，如果像是世貿中心那樣的狀況，想控制爆破需要大批人力拆下世貿中心大樓的內牆，讓幾百根內柱裸露出來，給每根柱子鑽孔打

洞、安裝炸藥。想控制這種規模的爆破，工人得在世貿中心忙上幾個月，大家都會看到有一批人進進出出、睡午覺、搬裝備、清理各種碎塊與建築垃圾。根本不可能瞞得住。

維奇問：要是這樣，為什麼兩棟大樓垂直倒塌得這麼完美？布蘭查德表示事實不然。他用樂高做了一組道具，讓維奇看到大樓的上半部是怎麼壓垮了自己，而下半部又是怎麼因為連鎖反應而倒塌。而且所有的碎塊也被噴向外，並不是都落在大樓的地基上。

維奇問：但如果真的只是飛機燃料而不是炸藥，而飛機燃料燃燒的溫度又不足以熔化鋼骨，大樓怎麼會倒塌？布蘭查德解釋說，並不需要真的讓鋼骨熔化，只要有一點點軟化彎曲，就無法支撐上方建築物的全部重量，於是持續變彎，直到無力負荷上方的巨大重量。

維奇沒再辯了。他聽進了布蘭查德的解釋，但還不知道該怎麼推想。

這群陰謀論者接著見了世貿中心的建築師。建築師他們耐心解釋，指出當初設計時，只考慮到要能夠承受當時那些老飛機的撞擊，可沒想到滿載燃料、全速飛行的現代噴射式客機。這群人也認識了霍格蘭（Alice Hoagland），她的兒子賓漢，就在那架遭劫而墜毀於賓州尚克斯維爾鎮附近田野的客機上。這群人還認識了海登堡（Tom Heidenberger），他結髮三十年的妻子米雪兒，是美國航空的空服員，就在那架撞進五角大廈的班機上。疑惑湧上維奇的心頭，也讓他腦子裡一下塞滿其他各式各樣的疑惑。

「突然之間，就像砰的一聲！」維奇這麼描述著他頓悟的那一刻。飛行課程、建築藍圖、建築師、爆破拆除專家——這一切一點一點削弱著他的確信，也暴露出他或許錯了的可能。但真正讓他判斷自己確實錯了的原因，是那些受害者哀痛的家人。

💡 別被豬油蒙了心

但回到旅館，維奇完全沒想到，只有自己一個人感受到這種頓悟。其他陰謀論者告訴他，霍格蘭是被 FBI 洗腦了，或者更惡劣的，說她是 BBC 找來的女演員，是要用「鱷魚的眼淚」欺騙大家。對於曾在霍格蘭啜泣時擁抱她的維奇，這簡直難以置信。他說自己開始討厭這些夥伴了，心想：「你們這些該死的畜牲。你們就是一堆該死的噁心畜牲！」

當時還在旅程中，維奇來到時代廣場拍了一段自己的影片，談自己學到了什麼。維奇當時已經見過好幾位專家、得到第一手資訊，瞭解了就算幾乎沒有經驗，要駕駛飛機降落有多麼容易，也知道要控制爆破有多麼困難，還體悟到建築物無法承受滿載燃料的現代噴射式客機的衝擊等等。

「我真的不敢肯定了，」維奇說，並詳細說明各項細節。他很清楚為什麼有很多人像他一樣，總是懷疑事情的背後有陰謀。像是關於伊拉克擁有大規模殺傷性武器的謊言一直存在，甚至還因此掀起了多場戰爭。這些憤怒其來有自，這些想要找出答案的執著，也不難理解。

「我們並不好騙，」維奇說：「我們是 911 真相運動的真相追求者，只是想要找出真相究竟如何。當然，我們的心智也可能會被矇蔽。這個現實世界、這個宇宙充滿了煙幕、幻象與錯誤的道路，但也會有正確的道路，永遠通向真實真理。不要死守宗教教條。如果你眼前出現了新的證據，就該接受，就算這可能牴觸你或你的團體可能現在相信、或是想要相信的內容。你應該把真相的重要性排在第一位，而我就是這麼做的。」

過了一個星期，維奇回到家裡，編輯上傳這段長 3 分 33 秒的懺悔影片，裡面穿插著這趟求證旅程的幾個鏡頭。影片的標題是〈放下對 911 理論的情感依戀──真相才是最重要的〉。

維奇在影片資訊欄寫著：經過五年相信著 911 陰謀論、經過多次登上陰謀論者瓊斯的節目、經過曾到舞臺或電視上宣傳所謂追尋真相的團體，他現在相信當時「美國的防衛像是褲子都來不及拉上，被打得猝不及防。我認為在那天的事件裡，並沒有什麼高層的陰謀。沒錯，我的想法改變了。」

他最後的落款是「尊重真相──維奇。」

反擊迅速排山倒海而來。

💡 嗜血的酸民

一開始是有人寄了電子郵件，問他還好嗎？問他政府把他怎麼了？剛開始幾星期，同為陰謀論者的克蘭（Ian R. Crane）在 911 陰謀論壇上發文聲稱，有個製片朋友告訴他，維奇是被心理學家

操控了，還說那個心理學家和心理操控大師布朗（Derren Brown）有勾結。所以維奇才會上傳那部影片。

謠言四起，說維奇一直是 FBI、CIA 或英國特勤局的特務，目的就是要滲透追求 911 真相的運動團體，當個臥底，打擊整場運動的可信度。

陰謀論電臺主持人伊根（Max Igan）表示，在整場追尋 911 真相的運動當中，他只聽說過維奇一個人改變了想法，這太不合理了。而節目網站的聽眾就有人留言「是他們逮住他了」和「所以維奇，那些精英份子是給了你多少錢，要你閉嘴？」以及「這就像是要你放棄相信重力，轉為相信 911 真相不存在一樣。」

網路上開始出現許多匆忙拍出的回應影片，聲稱維奇已經遭到 BBC 收買。維奇為了解釋自己的想法，也上了一些網路的陰謀論談話節目，分享專家告訴他的內容，談到為什麼這些證據值得相信。但那些同樣號稱要追求 911 真相的同儕卻不願意相信。在自己的回應影片裡，維奇呼籲大家理性對待。但沒多久之後，顯然他就像是被逐出了這個宗教。騷擾持續數月，維奇的網站遭駭，他也關閉了留言區。艾克和瓊斯都與他斷絕往來。

維奇那一集的《陰謀論公路之旅》最後播出了，維奇在最後告訴麥克斯韋：「我基本上就是必須承認自己錯了，要保持謙卑的態度，然後繼續前進。」但到了這個時候，那些 911 陰謀論者已經讓一切變得不再可能。維奇告訴我，所有騷擾當中最令人氣憤的一次，是有人發現了他未公開的 YouTube 頻道，裡面有他的家族影片和其他個人資料。

「裡面有一支我妹妹和她兩個小孩的影片，我當時去康瓦爾郡看她，那裡是英格蘭很漂亮的地方，但就是有個混蛋 ── 」維奇還得思考一下適當的用字，「有個頻道，把名字取叫『殺死維奇』，用 Photoshop 把我妹兩個小孩改成裸照，還寄給我妹。」

維奇的妹妹哭著打電話給他。她不知道為何會發生這種事。維奇的媽媽也打來了電話。有人找出她的電子郵件地址，寄來幾千封電子郵件，其中一封是兒童色情照片，還貼上她孫子的臉。寄件人說這些照片都是真的，還說拍照的人就是維奇。她信以為真，才打來了電話。

維奇的另一半史黛西，這時已經在和我們共進早餐，她說：「這些人沒見到他流血就不罷休，好像在追求什麼戰利品一樣。我懷孕那段時間，開始收到很多訊息 ── 『你的孩子是魔鬼的後代』之類可怕的內容。」

瓊斯也拍了一部影片，加入戰局。他坐在一間背景黑暗的房間，臉上打著紅光，鏡頭拉近到他的雙眼；他說，自己一直都知道維奇是雙面諜，各位粉絲千萬得要注意，因為像維奇這樣的人還會不斷出現，說什麼自己加入運動一段時間之後改變了想法。

對於維奇來說，這是壓垮駱駝的最後一根稻草。他決定不再試著讓人去相信那些他現在相信的事了。911 陰謀論者已經正式將他逐出社群，而他也就此完全離開。

2015 年 4 月，維奇找到了現在這份工作。為了他的身分保密著想，我不會提細節，只會說就是在全球各地當個房仲。

「我在這行業很有一套，能賺到大把鈔票，」維奇告訴我，

很得意自己終於甩掉了那些仇恨他的酸民。「雖然那段時間不能說短，但到頭來，我在 YouTube 上的那六年，也可以說就是一直在發牢騷，不停談些抽象概念，幾乎就像是受了六年的訓練。讓我現在臉皮超厚，我想我做業務是一流的。」

「這是個很好的證明，讓我們知道谷歌大概不會讓你從此找不到工作，」我雖然這麼說，心裡想的卻是如果有人想要雇用維奇，一上谷歌搜尋，找到的資料會有多嚇人。但是維奇告訴我，他後來剛找到工作的時候，把新的名片拍照上傳臉書，立刻就有人寄了電子郵件給他老闆，說維奇是虐童罪犯。維奇說，自己雖然已經擺脫了在 YouTube 的那段過去，但騷擾仍然如影隨形。

「我跟老闆講了我們現在談的整件事，整個人生的轉變。」然後維奇模仿他老闆的回應：「沒關係啦，維奇。那些人都是賤貨，真正的賤貨。」

在這之後，維奇改了名字，也換了新的名片。

從資訊不足、到道德恐慌

乍看之下，維奇的故事似乎有些矛盾。那些壓倒性的證據，讓維奇改變了想法。可是他的 911 陰謀論同伴們雖然看了同樣的證據、認識同樣的專家、也擁抱了同一批喪偶遺屬，卻變得更堅信不疑，相信 911 就是美國政府籌劃的陰謀。

我覺得一定還有什麼別的影響因素，而且可能與事實本身幾乎無關。

　　一方面，就我以前寫書的經驗來說，我很清楚單憑事實本身絕不可能讓每個人都有同樣的看法；那只是一種古老的迷思。十九世紀的理性主義哲學家以為，透過公共教育，就能打破一切迷信，而使民主得到增強。富蘭克林（Benjamin Franklin）也提過，公共圖書館能讓一般人也得到與貴族同等的教育，為大眾賦能，讓他們懂得如何投票，選出對自己最有利的人選。至於著名的心理學家李瑞（Timothy Leary），曾主張透過迷幻藥來進行「心智擴張」，後來還成了賽博龐克（cyberpunk）精神的代表人物。李瑞認為電腦及後來的網際網路，將使人類不再需要資訊守門人，要「將權力交給瞳孔」──這股民主的力量，來自於能讓自己看到所有你想看到的東西。

　　這些人都夢想著，有一天能讓所有人接觸到同樣的事實，接著自然而然，就對這些事實的意義達成共識。在科學傳播領域，把社會大眾的這種欠缺科學知識的現象，稱為「資訊不足模式」（information deficit model），這種現象長期令學界人士感到灰心。他們先是發現，各種爭議議題（從演化論到含鉛汽油的危險性）的研究結果並無法說服大眾，於是開始思考，怎樣才能改變這種模式，讓事實能為自己說話？

　　但後來，卻變成是由獨立網站、社群媒體、播客、YouTube來為事實代言，進而削弱了像是記者、醫師、紀錄片製作人等等基於事實的專業人士的權威。資訊不足模式雖然畫下句點，但在近年來卻演變出一種道德恐慌。

　　我在 2016 年底開始寫這本書的時候，牛津詞典把 post-truth

（後真相）定為該年的年度國際詞彙，提到在英國脫歐公投與美國總統大選的爭議當中，這個詞的使用次數增加了 2,000%。對於這項消息，《華盛頓郵報》也表示並不驚訝，只是感嘆：「木已成舟：真理已死，事實已成過去。」

💡 真理是否已死？

在整個 2010 年代，像是「另類事實」（alternative fact）這樣的詞彙，開始出現在世人眼前；而且在全世界，原本與心理學八竿子打不著的人，也逐漸熟悉及援用許多心理學領域流傳已久的概念，像是同溫層（filter bubble，又稱為資訊濾泡、過濾泡泡）、確認偏誤（confirmation bias）。蘋果執行長庫克（Tim Cook）告訴全世界，假新聞正在「扼殺人類的心智」。而「假新聞」（fake news）一詞也從過去只是「宣傳伎倆」的同義詞，變成用來指稱幾乎各種大家不願相信的事情。於是，就連研究弦論的物理學家葛林（Brian Greene）都向《連線》雜誌表示：「美國民主走到了一個很奇怪的地步，有些關於現實的重要組成部分，幾年前根本就是個無須討論爭辯的共識，但現在都有人會攻訐批評。」

社群媒體隨波逐流，光是塔可餅和嬰兒照片這種雞毛蒜皮的小事，也能吵成一團，結果就是一些更有爭議的問題不斷醞釀，雪球愈滾愈大。最後掀起一場新的冷戰，這場戰爭的背後就是各種有針對性的虛假資訊（misinformation）。短短幾個月，就連臉書執行長祖克柏（Mark Zuckerberg）都得來到美國國會聽證會，解釋

俄羅斯網軍如何將點擊誘餌（clickbait）化為武器、淹沒各種新聞動態。俄羅斯網軍此舉，與其說是放出虛假資訊，不如說是鼓動民眾一心忙著吵些永遠不會有結果的爭議，而令民主合作變得難如登天。

在 2010 年代即將過去的時候，《紐約時報》一篇名為〈後真相政治的時代〉的專欄文章認為，由於事實已經「失去凝聚共識的能力」，使得民主陷入危機。《紐約客》雜誌則是討論「為什麼事實無法改變我們的想法」，《大西洋月刊》也宣布「這篇文章並不會改變你的想法」。還有《時代》雜誌，在這個過往的知識愈來愈遭到顛覆、引發道德恐慌的時候，封面用了令人感到不祥的黑底、搭配粗體紅字，以一個問題總結一切：「真理是否已死？」

而且在這一切發生的時候，許多那些會與「後真相」聯想在一起的事件，都尚未發生，像是匿名者 Q（QAnon）、「停止偷竊選舉」（Stop the Steal）集會、美國國會暴動、彈劾川普、暴徒推倒 5G 訊號塔（他們懷疑這些訊號塔會發射有害射線）、在美國各州首府冒出了聲稱新冠疫情是騙局的抗議活動、出現了反新冠疫苗者，以及在喬治‧佛洛伊德（George Floyd）死後，針對警察暴力與系統性種族歧視的幾場大規模抗議。在以上這些案例中，都有人有時候拍影片、有時候寫新聞文章、也有時候是透過維基百科的頁面，在這個新的資訊生態系裡費盡心力，希望能夠改變彼此的想法。

但知道了維奇的事之後，我忍不住想：如果我們就是活在一

個後真相的世界裡，如果事實就是不能改變人們的想法，又要怎麼解釋維奇在看到事實之後，**確實改變了想法**？我就是因此才去曼徹斯特找他，而在聽了他的故事之後，也開始感受到他在紐約感受到的那種懷疑。

危險的憤世嫉俗年代

我和維奇第一次見面的時候還不清楚，但等到解開謎團，知道為什麼那些事實只改變了他的想法、卻沒有影響到其他陰謀論者之後，就瞭解了為什麼大家對於諸多事實總是選擇性的相信。

所以，接下來我們將會一一拜訪運動人士、神經科學家、心理學家，最後再回到維奇的故事，透過這個過程來瞭解我們最初是如何形成我們的信念、態度與價值觀；也瞭解在我們行走於世上、種種過去的想法與概念受到挑戰時，這些心理概念會如何調適、轉換、改變。

在這個最近變得扁平的網路世界裡，我們比過去更容易遇上與自己意見不同的人，而且各種議題五花八門，從比爾·蓋茲是不是陰謀在打疫苗時把微晶片植入民眾的血液裡、到氣候變遷究竟是真或假、再到《手札情緣》算不算是好電影……這一切都把我們帶進了一個危險的憤世嫉俗年代。

在這個新的資訊生態系裡，每個人似乎都能夠找到某些事實來證實自己的觀點。我們開始相信，大家就像是活在不同的現實之中。我們看著那些與自己意見不同的人，覺得他們實在難以理

喻、無法溝通，就像是那些和維奇同赴紐約參訪的 911 陰謀論者一樣。

　　我本來也是這麼想，但在寫這本書的過程中，我的想法改變了。這一切的開端，就是我去了洛杉磯，認識了一群以改變想法為專業的人。

第二章

深度遊說

—— 不去質疑，而是點點頭，繼續傾聽

從我們停車的地方，聖蓋博市的兩層磚房一望無際，彷彿一端延伸到洛杉磯市中心，另一端蜿蜒到地平線的彼方，消失在附近的群山之間，山的後方則是莫哈維沙漠。

一眼望去，沿路的草皮晒得奄奄一息、游泳池的水分不斷蒸發，德林（Steve Deline）把裝備拿出卡車，建議那兩位與我們同行的加州大學洛杉磯分校（UCLA）學生防晒可得做好。德林在學生的口袋和腋下塞了好幾瓶水，檢查了他們的錄影機，還交換了電話號碼，讓大家可以透過簡訊聯絡。學生拿起地圖遮擋射向眼睛的陽光，聽著德林再次解釋接下來的路線。這些人就像是在挨家挨戶登門拉票，兩兩一組，一家一家拜訪，走過整座城市，一個人試著改變受訪者的想法，另一個則負責記錄。至於我們這一組，德林是講話的那個，我則負責錄影。

加州陽光晒得我滿頭大汗。就在幾個月前，正是因為德林和他的組織努力了許多年，把同性婚姻的議題帶上主流報紙、帶進學術期刊，成了全世界都注意到的頭條，最後讓美國最高法院剛剛投票通過同婚合法化。有人說，這是「說服」這門藝術與科學的重大突破，政治與公共論述也將從此不同。而在我看來，如果我真的想要瞭解想法如何改變、瞭解如何改變想法，這裡正是最佳的起點。所以我透過電子郵件和電話討論，說明了我的興趣，過了不到一星期，就來到加州，在領導實驗室（Leadership LAB，以下簡稱 LAB）接受培訓；德林就是在這個組織工作。

幾乎每個星期六，LAB 都會帶著一群輪班的忠誠志工，登門造訪民眾，在門口攀談。他們這麼做已經超過十年，累積了超過

一萬七千場的對話，而且絕大多數都有紀錄，讓他們可以細細檢討、改進說法。LAB 不斷鍛鍊砥礪這套說服的技術，讓它變得更迅速、可靠、又如此新穎，開始有許多社會科學家願意特地買機票，飛來親身學習。

他們把這套方法稱為「深度遊說」（deep canvassing），雖然並非萬無一失，但至少成功率頗高。只要不到二十分鐘，就能讓一個人放棄長久以來的觀點（特別是某些爭議性的社會議題），改變他們的立場。我也正是希望能夠瞭解這套技術如何運作、又透露怎樣的祕密，所以決定與德林同行，親眼見識見識。

漫長的賽局

LAB 也是 Learn Act Build（學習、行動、打造）的縮寫，這是洛杉磯同志中心的政治行動部門。洛杉磯同志中心是目前全球最大的 LGBTQ 組織，年度營運預算超過一億美元，多半用於提供健康照護與諮詢服務，但也有一小部分資金投入 LAB。他們告訴我，LAB 多年來的使命就是一場「漫長的賽局」：希望找出改變公眾輿論的最佳實務，藉此改變民眾對 LGBTQ 問題的看法；接下來再分享這些成果，進而推動在世界各地爭取選票、贏得選舉。至於終極的目標，則是要在那些仍然對 LGBTQ 問題充滿偏見與反對的地方，設法扭轉政策與法律。

這些人剛開始努力的時候，同性婚姻議題在美國正進入白熱化的爭辯階段，情況與如今的各種楔子議題並無不同：每天都有

一群人在網路上隔空交火、互罵白痴，讓人覺得雙方的意見分歧永遠不可能平息，似乎只能等待世代交替。各大報紙每週都會出現同樣的針鋒相對，政論名嘴每晚在有線新聞臺老調重彈，許多在媒體上支持 LGBTQ 議題的人，都放棄了要說服他們的對手。

2014 年，也就是美國最高法院裁定前一年，幾位政治科學家研究 LAB 技術的結果，刊登在著名的《科學》期刊，詳細說明其效用多麼卓著。雖然因為當時的研究方法有問題，這篇論文後來遭到撤回，但接著又有更優秀的科學家、以更嚴謹的研究方法再做了一次；我們還會回來談這篇新研究。

不論如何，《紐約時報》第一次報導這項研究的時候，是這麼描述的：「美國的左派和右派信念如此根深柢固，想嘗試說服幾乎是毫無意義。但本月《科學》期刊的一篇論文，卻指出情況剛好相反。」幾天之內，世界各地都忙著採訪 LAB 主任佛萊舍（David Fleischer）和他的團隊成員。社群媒體上討論得沸沸揚揚，想著能夠用新的方法接觸民眾，消除兩極分化、讓人改變想法，不只能用來處理同性婚姻議題，更能切入政治上和社會上的各種敏感議題。該篇學術論文的下載次數超過十一萬，成為史上人氣數一數二的研究。

我造訪 LAB 的時候，也親身加入，成為二十多支隊伍當中的一員，一同走過整座城市。當時有一系列實驗正要進行一項新研究，雖然已經相信能將深度遊說用在任何議題、說服任何人，但還在試驗如何找出最佳的辦法，把這項技術應用到其他楔子議題。而我們當時要做的，就是把深度遊說應用到墮胎合法化的議

題，看看究竟能不能扭轉反對者的想法。不論能否說服成功，我們當時的任務就是記錄下這場努力的過程，用於事後檢討。

街訪遊說

經過幾次敲門、遭到幾次回絕，我們來到一棟占地廣闊的單層住宅，建築兩翼圍出一個前庭。德林每次敲門按門鈴的時候，都會脫下他戴的那頂彩虹旗帽、夾在手臂下，而我也看著他的頭髮愈來愈亂。炎熱的天氣似乎對他沒什麼影響，只是他的衣服在背部中間有個深色的圈圈，慢慢擴大。他檢查了一下文件，接著大聲敲門。

來應門的男性身材矮壯，一頭雪白整齊的平頂髮型。他聽說我們想知道他對墮胎的看法，把門在身後關上，和我們一起站在外面，迫不及待和我們分享他的想法。這位男性告訴我們，死小鬼不懂得保護自己，後果就是活該。但德林問他年輕的時候有沒有鬼混過？那位男性一陣大笑，承認自己也曾經荒唐。

德林又問，如果當初他年輕的時候也讓誰懷孕了，那位女性的生活會變成什麼樣？那位男性表情嚴肅了起來。他說不可能會有這種事，因為他爸媽可是好好花過時間，在客廳給全家小孩上性教育課，還用上解剖圖和指讀棒。後來德林和我坐在路邊，說他覺得那段根本是掰的，但對話過程他就只是聆聽，並未反駁。那次對話大約花了半小時，我們就連那些福斯新聞（Fox News）專家學者的看法也聽了一輪，德林感謝這位受訪者願意撥出時間

和我們談，雙方就此道別。

德林一邊在紀錄文件的填答框打勾，一邊告訴我，像剛剛這位男性也不是絕對無法說服的——任何人都可以被說服。只要繼續下去，我們是有可能打破他那些滔滔不絕的假象，挖出更深層的內容，但德林覺得當天應該還能在這個街坊，找到一些比較容易說服的人。當天早上為時兩小時的培訓工作坊就提過，有時候這就像是在颱風來臨前呼籲民眾撤離：要說服一個死腦筋的人得花的時間，或許已經可以說服其他十幾個人收拾行囊快逃了。

德林去看了看在幾條街外遊說的 UCLA 學生，很高興聽到一切順利，接著又看看手上的計畫表，想想我們接下來要去哪。運氣好的時候，一位遊說員一天能完成四場到五場完整的對談，但那天拒絕的人比同意的人多，讓他覺得實在有點衰。

到了下一家，應門的女士一邊說話，一邊繼續忙著製作手上的一大件珠寶飾品，頭幾乎沒抬起來過。她告訴德林，自己是反墮胎的，但突然之間，雖然兩手處理金屬和飾品的動作並沒有停下，但她說到自己也很擔心，總有一天會因為人口過剩，而讓上層階級把下層窮人生吞活剝。同樣的，德林向她說了聲謝，繼續往下一站前進。

☀ 佛萊舍技術

深度遊說並不是什麼全新的發明，而只是有人一心想要回答某個問題，最後發現了一套早就存在的方法。

　　佛萊舍六十幾歲，光頭、臉上沒有明顯的皺紋，平常工作總穿著馬球衫，貼身到可以看出他粗壯的二頭肌。他出身於俄亥俄州的小鎮，哈佛法學院畢業，除了熱中政治，每週還固定會去學吉他，偶爾也跟即興樂隊 The Chaperones 一起上臺表演。他講話聲音洪亮，音調起伏、節奏豐富，一開口就能抓住全場目光。而且他總會用故事來表達自己的意思，人物情節樣樣不缺。常常能感覺到，他似乎是在營造氣氛，最後會再來個畫龍點睛或情節反轉，而且事實多半也正是如此。

　　雖然佛萊舍是 LAB 的主任，但並沒有自己的辦公室，而是帶著自己的電腦和筆記本，隨便在整個團隊雜亂的工作空間裡擠出個空位，就開始上工。LAB 共用著「村落」（The Village）這棟建築，戶外庭院總是熱鬧，而建築除了有 1990 年代的時髦線條，也帶著現代風格的外露管線。洛杉磯同志中心在全市共有七個像「村落」這樣的據點，但員工表示「村落」是裡面最棒的。

　　大多數時候，佛萊舍總是待在某個堆滿文件的角落，與運動人士團體分享影片。每天都有人從世界各地前來拜訪，希望借用他的智慧，而他沒有一套制式的應答，往往就是先問：「我怎樣最能幫上你的忙？」接著在一來一往的對談中，他能傳遞給對方的經驗就會漸漸浮現。而且就算只是在隨意的聊天當中，他也總是會記下許多筆記。他親自看過 LAB 與選民的許多對談紀錄，所以在別人問他問題的時候，他常常能立刻想起多年前有某個特定時刻，剛好能回答這位訪客最想解決的問題，再馬上把檔案內容放到會議室的投影幕上。

　　我與佛萊舍見面的時間是某個星期五，他正要談的遊說主題是希望減少對跨性別的恐懼。當時佛萊舍在他的筆記型電腦後面點頭微笑，身邊是一群「為種族平等發聲」（Showing Up for Racial Justice, SURJ）團體的代表。那天早些時候，太平洋社區組織研究所（PICO）的訪客是他的座上賓。至於隔天，會有一群來自休士頓的跨性別權利運動人士，坐在同樣那些座位；幾星期前，則是計劃生育協會的員工；再之前，還有一群「#ShoutYourAbortion」（喊出你的墮胎經驗）的人。

　　佛萊舍大方承認，自己就是有偏見：他相信反對 LGBTQ 權利的人是錯的，所以他希望能改變這些人的想法。他從事改變想法的專業工作超過三十年，當過選舉操盤手、社群組織者，也曾擔任 LGBTQ 候選人與組織的顧問。據他自己統計，他參與或密切合作的運動已經來到一百零五項，其中大部分都是想延遲、停止或推翻某些反 LGBTQ 的公投。佛萊舍在 2007 年成立「LGBT 指導計畫」，而在他後來擔任 LAB 主任的時候，也將該計畫併入 LAB 旗下。

　　我們第一次見面的時候，佛萊舍的團隊還沒有給研究發現命名，但他已經多次受訪解釋這套技術如何運作。由於他在籌劃推動 LGBT 權利的時候，深具領袖氣質與個人魅力，聲望過人，某些媒體人開始把這套技術稱為「佛萊舍技術」，但他本人對此敬謝不敏。

　　「別誤會，我可不是不愛自己，」我們當時在他辦公室附近的一家小餐館，他坐在桌子對面這麼說，笑到差點岔了氣，還引

來不少側目。「而是事情沒有想像的那麼簡單自然。不是像阿基米德那樣靈光一現，就從浴缸裡光溜溜跳出來，跑到街上，」他又笑了，「這個學習過程沒發生那種事。」

加州第八號提案

佛萊舍解釋，之所以能發現深度遊說的技術，起點是在加州的 LGBTQ 運動遭受重大挫敗。當時儘管費盡心力，還是沒擋下 2008 年在加州的第八號提案公投，結果以 52% 的票數支持同性婚姻禁令。

「LGBT 社群原本以為最後會贏，」佛萊舍說：「所有民調都顯示我們占了上風。LGBT 社群在加州的日常生活感受，非常正面，所以才會有這麼多人選擇住在這裡。居然會輸，讓大家非常錯愕，而且光說錯愕，還不足以表達萬一。大夥感到非常憤怒，覺得受到羞辱，真的彷彿一片茫然。」

在這之後，LAB 與他們在加州合作推動運動的夥伴，下定決心，必須先弄清楚一個問題，才能再繼續：民眾究竟為什麼投票支持同婚禁令？就在這個時候，佛萊舍突發奇想：我們為什麼不乾脆就去問問？

當時佛萊舍已經開始撰寫一份名為《第八號提案報告》的事後分析，巨細靡遺，長達五百頁，顯示直到公投的六星期之前，雙方的支持度都還呈現膠著拉鋸，但接著支持禁令的比例迅速上升，直到投票當日，情況已十分明顯。不過一個多月，就有超過

五十萬投票民眾的意見從「反對」變成「支持」，而且沒人知道原因何在。

當時根據出口民調，許多人把錯，怪到非裔美籍民眾頭上，認為就是因為他們強烈反對同婚。但是佛萊舍並不這麼想。根據他的分析，非裔美籍民眾的觀點一直十分穩定，這些人並沒有改變想法，改變想法的另有其人。而佛萊舍一心想找出這些人究竟是誰、又是為了什麼原因。

於是，他組織了第一批「傾聽隊」，每隊大約七十五人，浩浩蕩蕩前往洛杉磯，直接詢問那些支持同性婚姻禁令的人，瞭解這項決定背後的原因。

改變心意的起點

受訪民眾其實很願意表達心聲。佛萊舍的團隊造訪洛杉磯郡部分地區，這些地區支持禁令的比例高達二比一以上。團隊訪問了每一位前來應門的民眾，發現他們不但願意回答，甚至是迫不及待想要討論這場公投與 LGBTQ 議題。這些人希望有人聽到自己的聲音，也有些民眾是希望得到原諒。於是，民眾開始為自己的行為提出理由。

LAB 很快就發現，民眾反對同婚的理由大致相同，多半集中在三項價值觀：傳統、宗教、對孩子的保護。但過了幾個月，情況卻悄悄改變，關於保護孩子的理由逐漸消失，變得只剩下傳統與宗教這兩大原因。

　　LAB 百思不解。本來「保護孩子」明明就是一大主因，怎麼忽然變得不值一提？但佛萊舍看出了其中關鍵，民眾不再害怕同婚對孩子的影響，很有可能是因為各種反同廣告已經停火，不再撲天蓋地而來。先前幾乎所有反同廣告都在主打學校如何教導同性婚姻議題，其中又有一則廣告格外有效：在這段長三十秒的廣告裡，有個小女孩興奮的跟媽媽說，她在學校學到自己可以跟公主結婚、男生也可以跟王子結婚。然後廣告旁白解釋，要是第八號提案不通過，父母就無法再對這些課程說不了。

　　佛萊舍指出，原本支持同性婚姻、但後來改變心意支持禁令的人數有六十八萬七千人，而其中有五十萬人就是家裡有十八歲以下孩童的父母。答案呼之欲出。在出現這些廣告之前，那些支持禁令的人並不覺得自己反同。甚至根據民調，這些人有許多通常支持的是自由派和民主黨。只是他們沒發現自己心裡有一種偏見，而一旦被刻意引發恐懼（小心，他們要向你的孩子灌輸有問題的觀念！），就會遭到操控。

　　在佛萊舍看來，這項發現其實算是件好事，因為這代表這些投票民眾有被說服的可能，他們只不過是在「保護自己的孩子」和「保護他人的權利」之間，有了心理上的矛盾而已。這些人對於同性婚姻同時有著正面和負面的態度，而只要他們並不是斬釘截鐵，就仍然有改變想法的可能。

　　於是 LAB 開始拜訪更多家家戶戶，這次會在拜訪時播放那些支持第八號提案的廣告，詢問民眾當初是不是因為這些廣告，讓他們決定投票支持同性婚姻禁令。就政治議題而言，這可說是

踏進了一個未知的領域。大多數的遊說活動會全力避免讓人看到另一方的觀點，更不用說是像這樣大剌剌播出另一方的影片。民眾反應熱烈，交談的過程開始變得又長又複雜，難以用文字當場記錄，所以佛萊舍請團隊開始錄影。

有了影片，開始讓一切大不相同。從此，團隊能夠建立起民眾反應的資料庫，將民眾加以分類、找出各種論點的模式、看到其中的錯誤，而且最重要的一點，是讓人能夠注意到那些原本大剌剌反對同性婚姻的人，在什麼時候可能會突然態度軟化。LAB和志工開始很認真的研究那些對談影片。大家都想知道，在民眾改變心意的時候，究竟發生了什麼事——就像足球隊在賽後重看比賽影片，想找出自己是在什麼最小的地方，做對做錯了什麼。

雖然這種做法似乎大有可為，多年來卻是一無所獲，似乎成功都是難以複製的偶然。但德林告訴我，這是因為大家想說服別人的時候，都犯了一個很常見的錯誤，新手幾乎都難以避免。正是因為大多數人都會落入這個陷阱，才讓人覺得要說服別人難如登天。所以，在成功改變其他人的想法之前，我們還得先改變自己對「說服」這件事的看法。

先要有充分的溫情

那天早上萬里無雲、天色澄藍，而在我見到德林之前，一群LAB志工先在聖馬利諾公理會教堂外面擺起的桌子那邊集合，領取寫字夾板、訪談腳本和名牌，享用長桌上的自助早餐。他們

互相打招呼，笑聲咯咯，寫了名牌之後，大夥一起進入教堂，嚼貝果、喝咖啡、吃水果，坐在圍成一圈的折疊椅上，等著培訓簡報開始。

LAB 有打算要做點什麼，而且消息已經傳開，於是有人大老遠坐飛機前來，有人從 UCLA 共乘抵達，還有人是自己開車，已經參加到第五次、甚至是第十五次。這群人來自世界各地，定期與 LAB 的說服專家共聚一堂，接受深度遊說的培訓。其中大多數人都希望能在這裡有所收穫，帶回去應用到自己正在努力的政治運動或活動上。

大夥兒早餐吃到一半，LAB 的全國指導協調員加德納（Laura Gardiner）前來自我介紹。之後我有幾次和她一起挨家挨戶做遊說工作，而她在坐辦公室或只能默默站著的時候，顯然難受得很。她整個人滿是活力，總是急於投入工作或教學，一方面永遠用盡全力，但另一方面似乎也總有用不完的精力，讓她成為 LAB 這項職務的不二人選。

加德納告訴我，每次面對新的聽眾，她喜歡先閒聊幾分鐘，再切入正題，雖然部分原因是想瞭解聽眾對主題的掌握與體悟，但主要則是希望能讓聽眾的情緒平靜下來。根據 LAB 的研究，他們培訓的學員有一半從來沒有參與過深度遊說這樣的活動。加德納說，就算過去曾有公眾演說或政治遊說的經驗，仍然很難掌握深度遊說這項技術，整個學習過程可能得花上好幾個週末，所以 LAB 總希望初學者多來幾次、不斷改進。

LAB 團隊開了幾十次這樣的培訓課程之後發現，在真正開始

教導如何與陌生人討論敏感議題之前，必須先投入大量時間，激發學員的熱情、減輕學員的焦慮。於是，他們強調要有「充分的溫情」（radical hospitality）：這是一種無私的關懷、熱情的友善，就像家族團聚的氣氛一般。從志工到達培訓場地的那一刻，直到大家互相擁抱、揮手道別，團隊和資深志工對待每個人的態度，就像是因為有了這些人，而讓這天變得更加美好。

「充分的溫情」是如此不可或缺，所以加德納常常告訴團隊和資深志工，要是覺得自己無法維持歡樂的熱情，就該先去休息一下。

💡 只是提問、傾聽和複述

和其他一些人談天說笑一陣子之後，加德納帶著大家一起看了幾部影片，介紹深度遊說技術的不同面向，也呈現一些之前遊說的真實對話。這些影片一方面會讓人深深讚嘆，親眼見證這些年來記錄到許多人突然改變心意的那一刻，另一方面也讓人看到現場那些資深遊說者並不是一開始就熟門熟路。LAB 除了希望讓新進學員看到成功的深度遊說典範，也希望讓他們看到從新手到專家的進步過程。

學員看到的對談當中，也有幾場十分尷尬難堪，但大部分影片都能在對談結束的時候，成功改變對方的想法。原本反對學校教導 LGBTQ 名人歷史貢獻的民眾，後來表示自己的想法有了一百八十度的改變。有些人承認自己以前的想法就是一場誤會。原

本反對同性婚姻的人，現在轉為支持；原本反對墮胎的人，開始重新考慮。

我們在影片裡看到，民眾本來一副小心翼翼的樣子，站在門廊、靠在車上、躲在門後只露了半張臉。但等到開始投入，就往往會更站出來，一派堅定自信，準備好為自己辯護。遊說員會先問他們，最早是在哪裡聽說某個議題，而民眾多半都會很快就意識到，自己的想法其實都是別人告訴他們的——可能是在教堂聽佈道、小時候看的談話節目、又或是路上的看板招牌。接著，遊說員會再問，他們有沒有認識哪個會受到這項議題影響的人？每個人當然都會有幾個這樣的親友。接著民眾的態度就會變得異常開放，開始想起自己生活中的種種體驗，而發現這些體驗很少真正符合自己原本表達的立場。到了最後，他們會發現，自己當初說的話怎麼似乎那麼陌生。

有一次，有位遊說員問一位女性，對於立法允許跨性別女性使用女性廁所，妳怎麼想？如果要給個從 0 分到 10 分的分數，0 分代表完全不支持，她說自己會給個 6 分。她說自己很擔心兒童的安全，一想到可能有個曾經是男性的人，盯著年輕小女生，就讓她無法接受。但遊說員接著問，她認不認識任何跨性別的人？她鬆口說自己認識，以前曾經照顧一個侄子，直到後來他開始進行變性的程序。兩人已經很久沒有聯絡，而這讓她很難過。

「他現在留那個長頭髮，還擦口紅，讓人很難面對，」她說：「我照顧他的時候，他還是個小嬰兒，就是個男生啊。」她開始顯得坐立不安，顯然自己的話在腦海中不斷迴響。她告訴遊說員

或許這位跨性別親戚看得出來她覺得不自在。搞不好就是因為這樣，他們才沒有繼續往來了，她對自己解釋。

遊說員只是提問、傾聽，換種說法來重述她說的話，在這個過程中，她的思緒也愈來愈清楚。「現在你讓我覺得好像做錯事了，」她說，過了一會，遊說員又問，她身為黑人女性，有沒有感受過他人的偏見？有沒有曾經覺得被輕視、被排斥？當然有，太多次了，她說。等到對談結束，她已經改變想法了，完全支持應該為跨性別者訂定減少歧視的廁所相關法令。她說自己以前錯了，現在她肯定會給出 10 分。

「應該要讓每個人都能做自己，這樣才對，」那位女性這麼說：「每個人都應該有權利做自己想要的樣子。」

💡 將心比心

在另一場遊說裡，遊說員和一位七十幾歲、穿襯衫配短褲的男性站在車庫裡，LAB 給這位男性的代號是「福特野馬男」。他們談同性婚姻的時候，野馬男抽著菸、手上玩著 Zippo 打火機，當時同性婚姻在加州尚未合法。

「我是不反對同性戀那群人啦，」他解釋說。他只是覺得，同志實在不要再吵吵鬧鬧想爭取更多權利，這個國家的問題已經夠多了。遊說員問野馬男，有沒有結過婚？結過，維持了四十三年。太太十一年前去世了，而且他知道，自己從來沒有真正走出哀痛。「應該是我先走的，」他說。

　　車庫裡停的，就是他亡妻的古董福特野馬，他請遊說員幫忙掀開車罩。他一直保養著那輛車，他說，車況還很完美呢。妻子從來不抽菸，一次都沒抽過，也不喝酒。「她甚至不准我在這輛車裡抽菸。」然後有天晚上，妻子發現自己牙齦上有個黑點。癌症接著擴散到她的喉嚨，最後讓她再也說不出話。她狀況愈來愈差，只能把要講的話寫在記事本上。野馬男說，他學到了生活裡的一課：賺多少錢都不重要，找到一個在一起會快樂的人，你就成功了。其他那些物質上的東西，就只像是借來的一樣，只有精神上的快樂不是借來的，而是真正屬於你。

　　遊說員向野馬男說，十一年的獨處似乎很漫長。

　　「這讓你有很多時間思考，」野馬男說：「有時候，我聽到一首我們以前常聽的歌，我會哭。有時候，我看到一些以前我們會一起笑的事，我會笑出來。我有一些很美好的回憶，也有一些難過的事。我從來沒有真的放下她，但我這樣沒關係，我並不想把她放下。」

　　過了一會兒，野馬男告訴遊說員：「我希望那些同志也能快樂。」他手夾著菸，指向對面的房子，告訴遊說員那裡住了一對女同志。野馬男說，他告訴她們可以把車停進他的車庫，因為街上沒有停車位。「她們人很好，不會給其他人造成麻煩。不會看到她們，怎麼說呢，勾搭別的女人之類的。她們在一起很幸福，就像我跟我太太一樣。」

　　經過一陣閒聊，遊說員又問，要是哪天能投同性婚姻公投，野馬男這一票會怎麼蓋印？他說：「這次我會蓋贊成。」

💡 讓對方思考他自己的想法

後來我又花了一些時間，在 LAB 的影片檔案庫裡看著這樣的成功案例，看著幾十人從反對到支持、從抗拒到贊成。看著這些影片，開頭的時候是一種意見，然而播到最後，已經出現完全不同的想法。讓人覺得，如果能讓開頭和結尾的同樣這個人互相見面，搞不好還會大吵一架。

這些在對談之中改變想法的人，很多時候似乎根本沒有意識到自己的想法已經改變。他們輕輕鬆鬆就說服自己接受了新的立場，對於自己的觀點翻轉，全然未覺。等到對談結束，遊說員問他們最後的意見，那些人甚至還會覺得，怎麼遊說員都沒好好聽他們講話？

我在影片檔裡面看到最長的影片有四十二分鐘，但大多數只有二十分鐘左右。想到我跟家人一聊政治，總是吵到沒完沒了，這些對談似乎短到出乎意料。有些時候，我光是和人在臉書上有不同意見，就能筆仗打個好幾天；但這些人花的時間還不到烤蛋糕需要的一半，就已經讓一些原本根深柢固的想法澈底翻轉。在我的想像，每個人的想法經過多年累積，就像船底長了藤壺，只會愈長愈密，敲都敲不掉。但某天這樣來了個陌生人、帶著一塊寫字夾板，光是問了些問題、聽聽他們的想法，卻在突然之間，就像是把一切抹得清潔溜溜。

我忍不住在想，會不會我也一樣，只要有人和我談一談，就會改變我對某件事、甚至是很多事的想法？但我也想到，過去也

有很多次談話，事後只讓我的信念更加堅定。這就讓我想到那些911陰謀論者，以及他們在紐約的所有對談。我想知道，這些互動裡究竟是有什麼不一樣？

看完這些遊說影片之後，加德納交棒給德林，而我也得到第一條線索了。德林一開場，就告訴大家：想靠「事實」來說服，不會有用。德林是個平和、溫柔又有耐心的人，但此時他收起臉上一貫的笑容，提高了音量，向聽眾強調這點的重要。「不要以為我們只要提出什麼更好的論點、更棒的資訊，就能改變別人的想法，」他說，接著停了很長的時間，才繼續開口。「要讓人改變想法，唯一的方法就是 **讓他們自己改變** —— 讓他們與自己的想法交談，思考那些過去沒有仔細想過的事，運用他們生活中的點點滴滴，協助他們發展出不同的觀點。」

德林站到一個畫架旁邊，加德納之前已經畫了一個三層大蛋糕。德林指向頂上最小那一層，上面還插了一根蠟燭。這層的標記是「融洽的關係」，中間那層是「我們的故事」，下面最大的底層則是「他們的故事」。他說，站到民眾面前的時候，心裡可千萬別忘了這張圖，談自己的時間愈少愈好，只要足以讓對方知道自己很友善、不是什麼賣東西的就夠了。接著要讓對方知道，你是真心想瞭解他們要說什麼。德林說，這能避免對方出現防衛心理。他接著指向中間那層蛋糕，說到雖然你應該要分享自己的故事，但別忘了該是他們的故事占最大的篇幅。你希望的，是讓他們思考他們自己的想法。

LAB提出了很多這樣的比喻。像是德林後來也說過，可以把

那些問題想像成許多把鑰匙，都串在一個大環上。只要你不斷提問、不斷傾聽，總會有其中一把鑰匙能夠打開對方心裡的大門，碰觸到他的相關個人體驗。只要帶出那些過去的真實記憶，在順利的情況下，你就能引導對談的方向，跳脫那個單純由他們搜尋到的網路資訊所打造的世界，跳脫那些意識型態的抽象概念，而讓他們訴諸個人經驗，走進一個以具體經驗所打造的天地。

德林認為，只要能走進那個天地、也唯有在那個地方，只需要一次對談，就能改變對方的想法。

💡 從事實出發，難以說服人

在他們的媒體室，德林把他的筆記型電腦轉向我，讓我看一段 2009 年的對話，正是幾段這樣的對話，讓他們開始採用全然不同的遊說方法。他告訴我，我接下來會看到的，是當時佛萊舍居然沒看到的重點。

佛萊舍站在戶外，對象是一位身材削瘦、飽經風霜，看起來年紀很大的男性，團隊叫他艾德。佛萊舍看到艾德開著一輛豪華大車，正在車道上往後倒車。經過一番閒聊，佛萊舍問了艾德有沒有去投票支持同性婚姻禁令。他說自己投了，佛萊舍又問了原因，艾德說：「我就是這麼想。」但想了一會，艾德又說：「我以前是海軍，當時環境不一樣。」他接著提到，自己是怎樣在他口中的鄉巴佬小鎮羅切斯特長大，是等他到了紐約，接受海軍新兵訓練前的精神鑑定，才第一次聽說同性戀這種事。「很多關於

紐約生活的事，我都是在布魯克林海軍造船廠學到的，」他說。

　　佛萊舍等艾德說完自己的故事，再把話題拉回現在，開始談那場公投、談同性婚姻、談憲法的規定、談配偶的醫療決定，還有談民事結合等等。兩人爭論了一會，佛萊舍在對話裡倒進了大量資訊，希望能翻轉艾德的結論。而艾德聽完一切，冷冷的說：「反正我還是支持禁令。」

　　德林按下空白鍵，將影片暫停，但我還搞不清楚重點在哪。在我看來，艾德就是個頑固的老頭，而佛萊舍則是提出了很優秀的論點。

　　德林解釋，佛萊舍想逼艾德接受證據、在事實面前低頭，希望帶著艾德走過佛萊舍的推論過程，達到同樣的結論。面對同一項證據，艾德提出他自己的詮釋時，佛萊舍也會用自己的詮釋來反駁。「統統就只是在講道理、講邏輯，」德林這麼說，看起來很不同意。

　　我點點頭，但我那個時候還沒搞清楚，覺得講道理、講邏輯有什麼不對？

　　德林解釋，他們記錄了數千次談話之後發現，大家常常忙著爭論對證據有什麼不同的詮釋，但就沒想到要搞清楚自己**為什麼**對某種觀點的情緒如此強烈。在遊說員提出事實和論證之後，民眾可能會就這麼待在邏輯的小空間裡，吵上幾小時也不離開，雖然安全，但永遠看不清自己為什麼會被那些事實挑起如此強烈的感受。多年以來，LAB一直想從事實出發，但結果證明這是白費力氣。

「做這項工作讓我知道，不管是在日常生活中、或是投票的時候，民眾做這些決定的當下，憑的是一股情緒或直覺，」德林說：「我一開始站在民眾面前的時候，以為所有人都是走一種理智、邏輯的推理過程，是用理智和邏輯來面對世界、做出決定。但他們走的推理過程卻幾乎完全是另一回事，是用情感來推理，根據的是感覺、是他們過去的體驗經歷。」

德林說，他們試過用手把手的方式，帶著民眾一步一步瞭解為什麼某些事實很重要、為什麼他們當然應該改變想法，但現在看來，他覺得這種方式永遠都不會有效。遊說員自己的推理，沒辦法這麼簡單複製貼上到另一個人心裡。遊說員覺得很重要的事實，可能對民眾來說一點都不重要。

💡 解鎖生活經歷，走進情感空間

德林又回到影片，重播一次艾德提到自己在海軍新兵訓練前接受精神鑑定，在那之前他從沒聽過同性戀，而他說「很多關於紐約生活的事，我都是在布魯克林海軍造船廠學到的。」

德林把影片暫停，轉頭看著我。我也回看著他，但完全不知道艾德這句話有什麼重要。德林說，他們當初拍艾德這段影片的時候，也漏了這個重點。整個團隊都覺得，艾德講的這段話跟同婚又沒有直接關係，所以在回顧這次對談的時候，都忽略了這個部分。但他們現在培訓的時候，都會用這部完整二十五分鐘的影片，讓學員清楚看到當初佛萊舍沒注意到的地方。今天不管是他

們哪位資深遊說員，都能立刻抓到那項重點。

「很難用言語來表達，」德林說：「因為我現在已經跨到另一邊，在這個障礙的另一邊回頭看，就會覺得『我的老天啊！』這麼大的問題，就像是在黑夜裡靜靜航過佛萊舍的身邊，他卻碰都沒去碰：在布魯克林海軍造船廠，到底發生了什麼！？」德林對著螢幕晃著手，好像艾德能聽到他的問題一樣。「你到底經歷了什麼？知道了關於同性戀的什麼事？我們可以猜想，在新兵訓練前的精神鑑定那一關，你學到認為同性戀是一種精神疾病，因為他們就想要檢查出誰是同性戀啊。而那是你第一次聽到什麼是同性戀！」

如果當初可以讓艾德把這些記憶好好說出來，整段對話就不會一直注重在那些彷彿支持他論點的事實，而會轉移到他提出那些事實的背後動機。深度遊說員能夠派上用場的，就是為民眾解鎖那些生活經歷，找出他們如何塑造出自己的觀點。一旦民眾能看清自己的觀點從何而來，就會意識到這些觀點都是來自他方，接著就能自問，那從上次得到這些觀點並思考過後，自己有沒有得到什麼新的資訊？會不會這些觀點現在也該更新了？德林解釋說，深度遊說的重點，就是要走進那塊情感空間，「幫他們卸下一些包袱」，因為是在那裡，才能真正改變人的想法。

「重點在於**他的**經歷，而不是**我們的**經歷，」德林說：「正確的說服之道就是要協助對方，一項一項講出那些不管覺得重要或不重要的事情。然後說：『好的，那您根據這些經驗，得到了怎樣的結論？』」

　　LAB 之所以會發現這套說服之道效果卓著，是因為分別在三個不同場合，遊說員幾乎一個字也沒說，但民眾就這麼自己改變了對同性婚姻的看法。在那三次，遊說員都只是先站出來，分享這投票結果對自己個人的影響，接著就讓民眾去陳述他們自己的立場，最後也改變了他們自己的想法。

　　佛萊舍說：「在 LGBT 社群，『站出來講我們的故事』的概念十分強大。自石牆事件（1969 年 6 月 28 日凌晨，紐約市警察臨檢同志聚集地「石牆酒吧」引發警民衝突事件）以來，一直是 LGBT 社群的一部分，而且這也確實是傑出的一手。我們很清楚這種做法的價值，也覺得講出自己的故事很重要，但看到這些對談，讓我們在某個時間點意識到，『哇嗚，會不會那其實還只是第二重要的？』」佛萊舍把手攤平，在我們頭上舉得高高，代表的是民眾自己的故事，「那在第一百樓。」接著他又比出自己的故事，只比桌子高出一點點，「那個只有三樓。」接著他再把手放到桌子下面，笑著說：「至於那些講知識的論點，都在地下室。」

　　我在筆記上寫了許多邊注，提醒自己一定要問究竟**為什麼**這會有效。顯然，他們找到了一些該遵循的法則、該採取的步驟，確實能夠帶來優秀的成果。但在這套奇妙的說服煉金術裡，究竟是加進了什麼心理材料？雖然整套培訓課程非常扎實，但德林和加德納從頭到尾一直沒提，究竟他們面對的陌生民眾腦子裡發生了什麼事？我在培訓結束後問了德林和加德納這個問題，但他們表示自己並不清楚，至少是沒有完整的答案。但我有機會親眼見證深度遊說的過程，再訪談那個星期正在研究他們的科學家。

💡 願意傾聽，給予尊重

經過整天不順、背頂著太陽、襯衫溼透，在我們這條路線拜訪的最後一戶，德林終於得到突破。

七十二歲的瑪莎，一開始直言自己強烈反對墮胎，還試著想要有禮貌的趕走我們，回去繼續她被打斷的週六時光。瑪莎告訴德林，說因為她的狗狗對外人很凶，所以不能請我們進去。後來德林告訴我，那是個常見的藉口。他請瑪莎不必擔心，我們不會進門，只是想問幾個問題，聽聽她的意見。瑪莎態度軟化了，同意講講自己的想法。德林問，如果說到墮胎權，她覺得自己的態度在 0 分到 10 分會是幾分？0 分是代表她認為絕不應該有任何方式能合法墮胎，而 10 分則是支持墮胎應該是個完整、全套、容易取得的做法。瑪莎脫口就說自己是 5 分。

德林拿起寫字夾板，點了點頭，記了分數，再問瑪莎，為什麼覺得自己是這個分數？瑪莎告訴我們，每個人都擁有對待自己身體的權利，但她不喜歡那種會「生個不停」的女性。

德林後來告訴我，他們從許多對談中瞭解到，對於自己目前的想法，民眾總有數不盡的理由、原因和解釋，就像是九頭蛇的頭一樣，如果砍掉一個，就會再生出兩個。深度遊說員不會打這種絕對贏不了的仗，所以在對方提出理由的時候，他們不會去質疑，而是點點頭，繼續傾聽。

這裡的重點在於要讓對話繼續下去，要讓對方感覺到你願意傾聽、給予尊重。你不要去爭辯對方的結論，而是要努力找出他

們背後的動機。為了做到這點，下一步就是要引出對方對這項議
題的情緒反應。

德林說，自己很想知道瑪莎對某段影片的看法，接著就拿出
手機，有段影片已經在播放。有個女生對著鏡頭說，雖然她有做
避孕，卻還是在二十二歲就懷孕了。她當下就知道自己想墮胎，
並不打算跟當時交往的男生共度餘生。她想再多讀點書，才考慮
生小孩。

瑪莎似乎很不安。遊說員在引發這樣的負面情緒之後，會問
民眾的觀點是否有所改變？並再次詢問 0 分到 10 分的分數。而
根據那些才剛剛浮現的感受，民眾給出的分數常常會變個幾分。
瑪莎說，自己肯定還是 5 分。要是她給的分數有變，德林就會問
她改變的原因。但既然瑪莎沒有改變，德林問的問題就是影片讓
她怎麼想？瑪莎說，她認為這個女生在與交往對象發生性關係之
前，就該先討論彼此對孩子的想法，而且也該使用保護措施。

德林他們在培訓內容提到，這種情境正是深度遊說員必須最
小心的時候。就算分數沒變，遊說員也知道對方已經開始思考自
己的情緒，在想「我為什麼有這種感覺？」，而在這種百思不解
的時候，人會變得很想搞清楚自己的感受，接著就會提出一套新
的理由，但是或許會比先前的理由更站不住腳。這樣一來，就能
帶動繼續對話。遊說員不是去爭論，而是傾聽，協助對方理清思
緒，方式就是透過提問、回應對方的答案，讓對方知道遊說員正
確理解自己的說法。只要人感覺自己得到傾聽，就會進一步表達
自己的觀點，常常也就會自己開始對這些觀點提出質疑。

　　「這就像是大家一起在解謎，」德林後來告訴我，民眾解釋自己想法的時候，會對自己的種種感受產生全新的洞見，而這代表他們已經開始主動思考了。這種時候，他們不是忙著為自己辯護，而是有所思索，常常能夠自己反駁自己，而感覺到一種新的矛盾情緒湧上心頭。要是自己累積了夠多的反駁意見，原本的意見天平就有可能開始向另一邊傾斜。

展現弱點

　　德林開始往下一個階段走。根據培訓的內容，如果德林能從瑪莎的生活裡，找出某個與她口中的道理相矛盾的記憶，有可能德林什麼話都不用講，瑪莎也會自己注意到衝突之處。這樣她不會覺得被冒犯，也不會覺得德林在挑戰她，而是她在挑戰自己。這時候，如果在瑪莎提出的各種想法當中，有某一種正好是德林想支持的，只要德林表達出一點支持，瑪莎就有可能朝德林想要的方向前進。但是培訓課程當中也強調，過程得要很小心，因為瑪莎也有可能反而更堅定自己現有的立場，而與德林背道而馳。

　　德林問瑪莎，過去有沒有放開心胸和別人談過墮胎的問題？瑪莎說，之前想勸女兒小心避孕的時候，和她們談過這件事。德林又問，瑪莎家族裡有沒有人曾經意外懷孕？瑪莎說有。德林再問，那瑪莎是什麼時候第一次聽說墮胎這件事？瑪莎說是在自己二十幾歲的時候。

　　「當初是怎麼聽說的？」

「我認識一個女生,幫她墮胎的人根本是在亂搞。」

中了!這就是德林一直想找的:一種真實、親身經歷過的體驗,格外充斥著情感。德林又問了幾個問題,讓瑪莎從這五十年來的記憶裡,慢慢回憶起當時有個朋友,跑來她家裡急著要找醫生。當時那個朋友剛被密醫做完一場很糟糕的手術,流血不止。瑪莎講了陳年往事裡的許多細節,最後很冷靜的說了一句:「她當時別無選擇。」

那位朋友不能跟家裡求助,否則肯定會被趕出家門。「那是五十年前,」瑪莎解釋道:「不可能那樣做。」那位朋友知道瑪莎比大多數人更開明,所以才會來找她幫助。德林一邊傾聽,一邊讓瑪莎有機會好好把故事講得清楚完整,接著讓對話收尾的時候,又再提出一系列的引導問題,讓瑪莎回想朋友當時如何別無選擇、自己當時又是如何開明。

德林再問,對於朋友這麼做,瑪莎罵過她嗎?是不是曾經覺得朋友真是太不負責任之類?瑪莎說,自己當時一心只想著「她不能死」。

瑪莎接著向我們提到,現在大家有這麼多不同的避孕方法,每個人都應該更有責任感才對。德林也同意,但立刻補上一句,提到人都會犯錯。LAB 在培訓課裡把這種做法稱為「展現弱點」(modeling vulnerability):如果你願意分享自己不好的地方,對方也會願意分享。德林告訴瑪莎,自己還是個小 gay 的時候,雖然早就知道那些風險,但第一次發生性關係的時候,並沒有採取預防措施。他問瑪莎有沒有類似不小心的經驗?

「拜託，我都七十二歲了，而且我又不是修女！」

他們一起大笑，接著瑪莎道歉，說她站在門口實在已經站不住了。LAB 那套如何談墮胎的腳本還沒寫完，所以當時的教材只到這裡，沒再提到後續的情形。

價值觀的連結

要是當時談的是跨性別廁所相關法令，腳本應該就會讓德林再回到一開始的問題，問瑪莎的想法是否有改變。德林可能也嘗試了類似的手法，但是瑪莎顯然已經累了，所以德林就此告別，但最後還是說了一句，他相信所有女性都應該能夠自己做相關的選擇，而且不用擔心被批評責怪。培訓過程非常強調這一刻，稱之為「價值觀的連結」（connecting on values）。在結束前，你必須一方面清楚表達自己的立場，一方面也要讓對方看到，雙方在整個討論的核心內容可能已經達成共識。把這件事做好，對方就會知道你不是來吵架的，雖然你表達了自己的立場，但就只是提供給對方考慮。

德林問瑪莎，從 0 分到 10 分，現在她會給自己的立場態度打幾分？

「我覺得，只要那是她們的選擇，就該讓女性能夠墮胎。提高到 7 分好了。」

後來我們走到路邊，讓德林把剛才的訪談紀錄寫好，德林說他很確定，瑪莎以後投票應該會支持墮胎權，因為她已經開始在

思考，雖然還不能說是一面倒，但她已經發現自己的矛盾之處，看到了自己過去沒看到的地方。瑪莎的態度已從中立轉為稍微支持，這就是一種改變。假以時日，改變還可能會更加明顯。

德林又再次和 UCLA 的學生聯絡了一下，他們已打算要喝喝水，躲一下太陽，吹一下冷氣。我們也是，但德林的卡車停在稍遠處，還得再走一段。等到德林站起來伸展筋骨，學生又傳來簡訊，說他們今天完整和三個人談過。德林也告訴他們，我們這裡只談了一個，但結果很不錯。

我在旁邊等著，躲在路邊一輛車的陰影裡，躺在草地上，汗流浹背、頭昏眼花，口渴得不得了，聽著鳥鳴、狗吠和割草機的聲音交織成的樂曲，終於深深體會到，之前我們在聖蓋博市的郊區街道走著的時候，德林跟我講的找人閒聊是什麼意思。

「所以大多數的政治人物不會這麼做，」德林說：「比起光是把傳單塞到別人手裡或丟在門口，這要費力太多了。」

學術界一片悲觀

然而在 LAB 不再用事實講道理，而是採取這套深度遊說方法後，似乎一切都順了。佛萊舍團隊和民眾對談的經驗愈豐富，就變得愈擅長改變民眾的想法，而且透過把成功經驗錄成影片資料庫，大家的改進速度也不斷加快。LAB 開始為腳本加上指引說明，更能夠幫助遊說員打開民眾的心門，讓民眾講出故事；此外也開出密集培訓課程，讓口碑廣傳，迅速招募遊說新血。

「慢慢的，到了一個時間點，我們已經可以肯定，我們正在發揮影響力，」佛萊舍說。

也是在那個時候，佛萊舍決定該邀請一些科學家加入了。這項決定一方面引來大量人氣，但是另一方面也幾乎摧毀了佛萊舍從 LAB 第一次去敲門以來，累積的所有成果。

在科學家開始研究 LAB 的技術之前，對於各種兩極化、各有政黨立場、牽涉政治爭議的問題，少有研究指出有什麼活動能夠改變民眾的看法，特別是這種挨家挨戶遊說的形式。

在這方面，關於政治議題的學術文獻，幾乎是一片悲觀。政治學家格林（Donald Green）和葛柏（Alan Gerber）在他們的著作《動員投票！》回顧了一百多篇期刊論文，詳細說明各種透過郵寄、遊說、致電或電視廣告來影響民眾意見的做法，而結論是任何一種方法都非常不可能有任何影響力，效果就是「零」。就算有某些少之又少的例子，民眾確實在互動溝通之後改變了想法，常常也會在幾天之後，就因為再次受到社群網路的影響，回到了原有的意見。

佛萊舍來到哥倫比亞大學拜訪格林，給他看了 LAB 過去幾年的成果。那幾部影片讓格林瞠目結舌，講不出話來。

「佛萊舍某天就這樣告訴我，說他搞清楚了，」格林這樣告訴我：「說他找出了民眾反對同性婚姻的背後原因，也知道怎樣可以讓人改變想法。我當然沒那麼容易相信，就說他可得經過很嚴格的實驗，才有可能讓我或其他任何人買帳。」

格林警告佛萊舍，要是真的用以前研究其他技術的方式，認

真檢測深度遊說的效果，很有可能會發現效果並不出色、甚至是根本沒用，代表佛萊舍長久以來的努力都是白做工。

佛萊舍說：「那也沒關係，我們就看看結果怎樣吧。」於是格林派出他正在指導的研究生拉庫爾（Michael LaCour）來處理這項麻煩的工作：將 LAB 的成功率加以量化，進行統計。兩人接著在 2014 年底，根據拉庫爾的觀察分析，寫成一篇論文。

結果如何？這份研究登上《科學》期刊，論文標題為〈當接觸改變想法〉，證明 LAB 的技術不但有效，而且是極為有效，但拉庫爾和格林找不出如何解釋。雖然如此，重點在於數據顯示這確實改變了反對同婚者的想法，而且常常是只在門口談了一次，就讓民眾的想法從此改觀。

偽造數據風波

我最早也是在這時候，聽說了 LAB 的成就，當時簡直是眾口交傳。那份研究之所以如此轟動，原因有二：

第一，社會科學、尤其是在政治行為研究領域，本來就很少見到這樣在現實世界的研究。社會科學在研究偏見的時候，多半只能依賴觀察性研究（observational study）：觀察人際的連結與友誼，注意各種強烈的態度，看看大家如何聚在一起，找出人際關係的網路模型等等。又或者使用實驗室研究（laboratory study），像是為某公司的員工舉辦多元性培訓研討會，員工每天參加，為期一年，再記錄這對於員工態度的影響。

　　第二，論文刊出的時候，同性婚姻正是當下引起最多討論與爭論的楔子議題。如果連民眾對這件事的看法都能被改變，等於是什麼事情的看法都有可能改變。

　　在廣受各界關注之後，政治學家布魯克曼（David Broockman）和凱拉（Joshua Kalla）聽說佛萊舍的團隊打算在佛羅里達州發動遊說，於是計劃來做一項延伸研究。當時一份避免跨性別廁所遭到歧視的新法案正岌岌可危，而跨性別議題得到的關注或支持，還遠遠不及同性婚姻。LAB 打算將深度遊說技術傳授給邁阿密的運動人士，讓他們去改變當地的觀點。這時候，拉庫爾和格林的那份研究已經相當知名，而布魯克曼與凱拉覺得邁阿密是進行延伸研究的絕佳機會，他們基本上打算採用同樣的實驗設計與方法，將深度遊說技術應用到新的議題。但等他們開始找受試者，卻碰上了一個意想不到的問題。

　　由於不能讓民眾知道自己正在參加一項關於改變想法的研究計畫，研究者讓受試者以為自己參加的是其他主題的長期調查，事後會得到小額現金做為報酬——這和當初研究生拉庫爾的做法一樣。然而這次同意參加的人只有大約 2%，當初拉庫爾研究的同意比例卻超過 12%。對社會科學來說，這項差異大到顯然有問題，因此布魯克曼與凱拉聯絡了市調公司，想知道是哪裡出錯。但市調公司也是一頭霧水，說自己之前根本沒接過類似的案子。更奇怪的是，拉庫爾在論文裡所列的公司聯絡人根本不存在。

　　經過一番調查，他們在另一篇論文裡找到了相同的數據。出於不明的原因，看起來拉庫爾就只是把自己過去的研究數據複製

貼上。布魯克曼與凱拉發表了自己的發現，而格林也找了一名見證人，去和拉庫爾對質。雖然拉庫爾矢口否認有任何不當行為，但最後格林請《科學》期刊撤掉那篇論文，《科學》期刊編輯部也迅速照辦。

這件事引來另一波的媒體瘋狂追逐，只不過這次，每個人都跳出來說自己一直都知道事情哪有可能那麼好，說大家早就該知道，不管是同性婚姻、跨性別權利、或是一般政治議題，想改變別人的想法？做夢！

而在普林斯頓大學取消聘用拉庫爾擔任助理教授之後，他從此於政治學領域消聲匿跡。至於格林，也失去了他的卡內基學者身分。

💡 LAB的遊說技術確實有效

傳出消息那天早上，我還在整理自己訪問 LAB 的筆記。我打了電話給佛萊舍和德林，而他們也說自己不知道該做何感想。我接著打電話給格林。他說自己覺得難過又難堪，一方面是沒有好好監督自己的研究生，另一方面是對資料數據太不小心。他告訴我，他覺得受害最深的是那些 LAB 的成員：這些人向他敞開心扉，同意由這個他們信任的人進行學術研究。

我當時也很擔心，自己會不會也是一廂情願？但等我聯絡上布魯克曼與凱拉，他們告訴我別急著下定論。在那個時候，其他科學家擔心惹禍上身，可能並不想碰這個燙手山芋，但布魯克曼

與凱拉還想再進一步研究。在他們看來，雖然當初拉庫爾的數據有問題，但有問題的只是學術研究本身，LAB 的技術究竟是好是壞，還很難說。學術研究出了問題，可不能推到 LAB 技術的頭上，還是該有人用科學的方法，來確認深度遊說是否有效。而布魯克曼與凱拉已經做好準備，希望完成格林的未竟之業。他們前往邁阿密和 LAB 碰頭，準備接著研究下去。我也十分期待後續發展。

　　布魯克曼與凱拉很小心記錄所有資料數據，也參與了新一波的遊說活動，測量 LAB 的遊說對於那些反跨性別廁所權利的民眾有何影響。整個研究設計就像醫學試驗一樣，分成實驗組和對照組。他們找來一大群民眾，讓他們同意參加一項為期數個月、表面上完全無關的調查，接著就是將這群受試者分成兩組。其中有一半的受試者會接受干預（也就是由 LAB 培訓監督的遊說員用 LAB 所製作的腳本與材料來進行對話），另一半則是相當於接受安慰劑──談話的內容是關於回收再利用。布魯克曼與凱拉記錄了這些民眾態度的變化，再透過幾個月暗中進行的調查，瞭解這些想法的改變會不會只是曇花一現。

　　最後結果如何？簡單來說，這套說服技術確實有效！在深度遊說過後，布魯克曼與凱拉在邁阿密測量到的意見改變程度，已經大於「1998 年到 2012 年間，對於美國男女同性戀者的意見改變程度」。只靠著一次談話，原本反對跨性別權利的人，就有十分之一改變了想法；而且平均而言，在刻度設計為 0 度到 100 度的「感情溫度計」這項調查工具上，改變的程度來到 10 度，不

但趕上、更超越了過去長達十四年公眾意見的改變程度。

如果你覺得十分之一聽起來好像也不多，你應該並不是政治人物，也不是政治學者。因為十分之一其實多得不得了！在這項研究之前，根本沒人能想像，竟然只要一次談話，就達成這樣的改變。凱拉說，根本用不上這種程度的改變，就已經有可能輕鬆修改法律、或是在搖擺州奪下勝利、或是逆轉整波選情。更重要的是，其實光是 1% 的態度轉變，就可能引發骨牌效應，在不到一個世代之內，讓公眾輿論大不相同。

而且在布魯克曼與凱拉這次的研究中，一來大多數遊說員的深度遊說經驗都還有限，二來在邁阿密的每次對談大概都只有十分鐘，如果是由經驗豐富的遊說員上場，把遊說期程再拉長個數星期，遊說的對象更多、遊說每個人的時間更久，證據顯示影響將極其深遠。

深度遊說成效遠勝傳統拉票

普林斯頓大學心理學家帕勒克（Betsy Levy Paluck），也認為布魯克曼與凱拉的研究意義重大。她說，隨著科學家在未來十年繼續探討深度遊說，可能完全改變政治科學與心理學對於說服、對於態度轉變的觀點。

「對於減少世界上的偏見，社會科學家懂得多少？簡單來說，就是少之又少，」帕勒克在《科學》期刊上這麼寫道，並指出在社會科學領域的研究當中，真正跳出嚴格控制的環境、實際測量

受試者態度的不到 11%，而針對成年人、針對長期影響的研究還更少。帕勒克分析認為，應該盡一切努力，瞭解深度遊說到底為何能夠奏效，也提到學術界早就砸下夠多時間，知道哪些是沒用的方法了。

社會科學界一片興奮，覺得靠著這一群挨家挨戶努力減少偏見的運動人士，很有可能讓我們對於「想法如何改變」的理解突飛猛進，達到實驗室研究得花上好幾個世代才可能取得的進展。

凱拉告訴我，他們整套研究最叫人興奮的一點，在於這帶來的改變似乎不只是一時的效果。他們後續追蹤了那些受試者，而到論文截稿當時，所有那些改變想法的人都沒有出現回復原先態度的跡象，這在政治科學領域簡直是前所未聞。

布魯克曼與凱拉的論文，在 2016 年登上《科學》期刊，而各大報刊雜誌的頭版頭條就說明了一切：「不會吧？等等，光是簡單聊一聊，就能減少偏見！」《大西洋月刊》如此寫道。「如何改變民眾的想法？聊一次就行！」《紐約時報》這麼說。這一次，整套研究方法完善，資料數據也毫無問題。

在這第三波的媒體關注之後，佛萊舍與團隊成員表示，他們終於感覺得到了認同。這些年來的辛苦有了科學研究做為佐證，記者和學者再次蜂擁至洛杉磯，深入探索他們的資料庫，觀察他們的遊說過程，其中也包括了我。在布魯克曼與凱拉的論文發表後不久，我又回到 LAB，這次他們兩人也和大家一起接受培訓，出去遊說關於跨性別的議題，做為他們延伸研究的一部分。

隨著諸多紛擾逐漸在公眾心中散去，科學界也開始像帕勒克

建議的那樣，陸續投入，讓我們迎來更多相關研究。深度遊說員開始參與像是醫療改革、刑事司法、氣候變遷、移民、疫苗接種猶豫、種族主義等議題，足跡除了來到洛杉磯，也走向美國中西部、芝加哥與南方腹地（Deep South）。

LAB 的衍生團體開始在全美開枝散葉，而核心團隊則將注意力轉向那些立場互相矛盾的川普支持者。2020 年，「人民行動」（People's Action）這個鎖定農村與低收入選民的組織，花了一個夏天，在密西根州、明尼蘇達州、新罕布夏州、北卡羅萊納州、賓州與威斯康辛州等等選情膠著的選區，試著以深度遊說技術改變幾十萬名川普的支持者。布魯克曼與凱拉研究這群人的行動，發現平均能讓拜登的支持度在情感溫度計上，提升 3.1 度。

深度遊說再次登上全美頭條。《滾石》雜誌報導指出，這是深度遊說技術首次在總統大選上場，而「換句話說，每完成一百通深度遊說的電話，拜登的選票就會增加三張。」布魯克曼與凱拉發現，深度遊說的效果比傳統拉票高出 102 倍，而且這裡講的傳統拉票，是指登門拜票、電視、廣播、郵寄廣告信與電話拉票等方式，全部加起來的總和！

💡 信念－改變的盲目性

等我真正第一次和布魯克曼與凱拉見到面，問題已經不再是深度遊說是否有效，而是要問：就科學來說，深度遊說技術究竟是如何運作？布魯克曼與凱拉說，想回答這個問題，我們都得花

點時間，和神經科學與心理學的專家談談才行。

「這就像是，最早只是有個流傳了兩千五百年的先人智慧，告訴你如果去啃某種樹皮，就不會頭痛，」布魯克曼說：「我們後來才知道那是阿斯匹靈，接著開始提煉阿斯匹靈。再後來又知道，重點其實是阿斯匹靈裡的某種特殊化學物質。而我們現在就像還在啃樹皮的階段，雖然知道做這件事就會有效果，但還不知道究竟是什麼因素、為何會有效果，也不知道背後的化學反應。現在才要開始真正的科學研究。」

我們之後還會再回來談布魯克曼與凱拉的研究，但讓我們先岔個題，從科學的角度，來談談人的想法究竟是如何改變或不改變。舉例來說，我後來發現，有些研究談的就是我在 LAB 檔案看到的現象，心理學家稱為「信念－改變的盲目性」（belief-change blindness）：民眾似乎並不會發現，自己談到最後的時候，論點已經和一開始完全不同了。

心理學家沃爾夫（Michael Wolfe）與威廉斯（Todd J. Williams）在 2017 年的一系列實驗就呈現了這個過程。受試者是一群大學生（對這個年齡群來說，「體罰」已經是個相對中立的話題），研究者問他們覺得體罰是否有效？有人認為有效，也有人持相反意見，但不管受試者的答案為何，研究者都會讓他們讀一篇很有力的反對論述。

經過一段時間，研究者會再請受試者回來受訪，詢問他們對體罰的想法。有些人的想法這時已經改變了，讀過有力的反對論述後，可能是從贊成變成反對，也有可能是從反對變成贊成。但

等到沃爾夫與威廉斯把這些受試者請到一邊，請他們回憶自己當初的答案，大多數人都說自己的想法從來沒變過。雖然證據在研究者手上清清楚楚，但是受試者完全沒有意識到自己的想法已經不同。

沃爾夫和威廉斯的研究，符合心理學所謂的「一致性偏誤」（consistency bias）：在不確定的時候，我們會以為自己一向都是秉持現在這種觀點。這個主題曾有過一項重要研究，是先調查一群高中生對於毒品合法化、囚犯權利等爭議性議題的看法，過了十年再重新調查同一群人的看法，並且再過十年再調查一次。研究者發現，在那些想法改變的人當中，只有 30% 意識到自己的想法已經不同，其他人都以為自己的觀點始終如一。

正因為這是個正常、持續、但主觀上不會發現的過程，我們看別人很容易，要看自己卻並不簡單，於是可能形成第三者效應（third-person effect），也就是以為自己的信念總是堅定一如往昔，卻又覺得政客或其他公眾人物很虛偽、缺乏理念。最著名的例子是在 2004 年美國總統大選，參選人凱瑞（John Kerry）受到許多廣告攻擊，說他是個反覆無常的人（flip-flopper），就因為他曾經贊成某項撥款法案，但後來發現這是個錯誤，於是決定撤回。凱瑞不過是因為看到新證據，決定改變意見，就被反對者貶為不值得信任。甚至還有人拿著夾腳拖（flip-flop）當道具，帶到共和黨全國代表大會上，嘲笑凱瑞的意見總是不斷改變。

但是心理學的研究結果講得很清楚：那些怒氣沖沖、揮著夾腳拖的人，自己改變心意的次數根本不下於凱瑞。其實人人都是

如此，只是我們不像凱瑞，我們改變心意的事實並沒有被記錄在案，事後被翻出來大聲嚷嚷。

💡 鼓勵思辨

布魯克曼與凱拉表示，他們這項研究的難度之所以更高，在於雖然 LAB 或許確實找出了祕訣，能針對各種造成分歧的社會議題，迅速改變民眾的想法，但 LAB 的做法並不是根據任何現有的心理學概念打造而成。事實上，正如 LAB 成員告訴我的，他們是在做遊說都做了許多年之後，才知道原來還有心理學在談遊說。

但正如我後來的瞭解，深度遊說和許多心理學假說都若合符節，那些假說已經存在數十年，只是過去並未真正付諸實用；都只是在實驗室情境，以大學生做為受試者，或者只是提出想法而未曾驗證。這些假說本來都應該像 LAB 那樣進行田野調查，但那就得花上數百萬美元、幾千名志工、好幾年的時間，可能只是去測試一種直覺，還得經過一再的失敗，才知道究竟一切是否值得。

我問布魯克曼與凱拉，可以從哪裡開始探究？他們告訴我，可以先看看心理學所謂的思辨（elaboration）學習狀態：人類在這種積極學習的狀態下，瞭解新事物的方法是「與已經理解的事物產生連結」。

舉例來說，你看完《異形》之後，可能會說這部片就是《大

白鯊》的太空版；但如果是先看過《異形》，則可能會說《大白鯊》是《異形》的海洋版。大多數時候，如果我們腦子裡沒有特別在想什麼、只是做著日常的事，能看到的世界就只會是自己所預期的樣子。這種做法多半也沒什麼關係，只不過這時的腦子會犧牲準確性，而換取處理的速度，所以常常會「想錯」。我們得先停下「憑直覺判斷」的動作，開始「思考自己如何思考」，才會進入思辨的學習狀態，才能夠進一步探索自己原本以為已經很熟悉的事物，於是學習到新的知識。而簡單來說，深度遊說就是因為讓人有機會「停下來思考」，於是鼓勵民眾開始思辨。

佛萊舍告訴我，一般人並不常有這樣的反思機會。大家的認知心力常常都得用在日常瑣事：讓小孩有錢吃午餐、評估自己的工作表現、考慮該由誰開車去修理。但如果沒有反思的機會，有可能即使是那些自己最有感的議題，理解的程度都比自己的想像來得低。過度的自信衍生出堅定的信念，開始支持極端的論點。

關於這點最有力的一項範例，就是心理學上所謂「說明深度的假象」（illusion of explanatory depth）。科學家詢問受試者，對於像是拉鍊、馬桶、密碼鎖這些事物的運作原理，覺得自己有多瞭解？大多數人會以為自己還滿熟悉的。但等到請這些受試者詳細解釋這些機制，通常他們都得再回頭修改答案，承認自己其實不太確定。

政治議題也一樣。很多人談到醫療保健改革、統一稅率、碳排放等議題，態度都是一派極端堅定。研究者請他們說出一番道理，他們也多半能侃侃而談。然而，一旦再被要求真的去談運作

的技術細節，這些人就會開始慌慌張張，發現自己對那些政策的理解實在不如自己原先的想像。這時候，他們的意見態度也就不那麼極端了。

換位思考

　　布魯克曼與凱拉也覺得，深度遊說可能也會刺激將心比心的換位思考（perspective taking，又稱觀點取替），而這是人類認知發展的一大關鍵。換位思考的概念，可以追溯到上個世紀的瑞士心理學家皮亞傑（Jean Piaget），他發現兒童做不到這件事，也就是無法發現其他人對事物的感知、思考和信念與自己不同。在發展出這種能力之前，人類會覺得世界上只有一種想法，也就是自己的這種想法。

　　為了證明這一點，研究者設計了一項實驗：給一群兒童看一個蠟筆盒，問他們覺得裡面裝了什麼？當然，他們都覺得裡面裝了蠟筆。但研究者接著打開盒子，裡面裝的其實是生日蠟燭。接著，研究者問那些小孩，如果再找來一個沒看過盒子裡面東西的小孩，問當初同樣的問題，會得到怎樣的答案？這時候，四歲以下的兒童會說，那個新找來的小孩也會說是蠟燭。

　　我們發展出心智理論（theory of mind）能力之後，就開始能夠想像他人的觀點與感受，知道大家在不同經驗、不同接觸下，會有不同的觀點。這就是一種將心比心的換位思考，屬於高階的認知能力，需要付出不少心力才能做到。而且除非有特殊理由，

否則我們也不會常常這麼做。

我針對這項概念，曾經請教已故心理學者羅斯（Lee Ross），而他告訴我，他過去協助調停北愛爾蘭動亂與以巴衝突的時候，雖然茲事體大，但大家還是很少考量到他人的觀點，非得有人提醒，才會想到。就羅斯的經驗看來，雙方都只想到要表達自己的觀點。羅斯說，在自己調停衝突的這四十年裡，從來沒人在剛到達協商地點的時候，就想知道另一方的想法。

要暫時放下自己的觀點、思考別人的觀點，並不容易，也不是我們自然而然就會做到的事。關於換位思考的研究就指出：反對平權行動的人，常常會認為社會上的收入差異並不是因為有什麼普遍的偏見、制度性的種族主義，而是因為低收入者就是沒意志力、沒職業道德。但研究者接著請這些受試者看一張黑人的照片，並請他們寫一篇文章，談談這位黑人一天的生活，盡可能生動描述他的各種想法與感受，結果就讓受試者表示他們對於平權行動的想法有了巨大的轉變。透過這種同理的過程（就算只是出於想像），受試者的態度也會有所軟化——雖然他們一直都有這種能力，但要是沒人推一把，從來就沒想到要這麼做。

布魯克曼與凱拉說，正是因為一般人太少換位思考，才讓這件事能夠在深度遊說員手中，發揮如此強大的說服力。

「換位思考不只是要讓人覺得難過、因而讓人改變想法，」凱拉說。大家都知道偏見不是好事。深度遊說員之所以要喚起民眾那些充滿情感的記憶，是為了讓民眾回想起自己遭到排擠、輕視、貶抑的感覺，而這就能挑戰他們對他人的想法。

　　布魯克曼說：「突然之間，我再說到不該歧視的時候，就有了完全不同的感同身受，真的能體悟『沒錯，被歧視、被差別對待真的是很可怕的事，我能感受到自己如果是那個人的感覺。』於是也就很難再找藉口，讓其他人也嘗嘗那樣的感覺。」

以真誠的態度溝通交流

　　我第一次拜訪 LAB 之後，發現自己要談關於說服的科學，似乎還太早。雖然那些假說聽起來都很合理，但我總覺得還是少了什麼，抓不到一切的重點核心。

　　我本來是心裡有個問題想解決，但去了一趟 LAB 之後，反而覺得更不懂了。如果我們知道，事實對某些人不會有影響（而且實際上，還讓人更不可能改變心意），所以才讓那些 911 陰謀論者看著證據也不願意改變心意，那麼究竟是為什麼，同樣的事實卻讓維奇改變了想法？在我看來，整件事情實在還有太多需要補上的缺口，如果我真想找出答案，就必須再探索一些深度遊說員還不瞭解的科學，也就是後來布魯克曼與凱拉所做的研究。我們在下一章也會這麼做，先去看看神經科學如何談「意見分歧」這件事。

　　佛萊舍告訴我，等我找出更多答案，請再告訴他。他其實也很想知道深度遊說背後的道理，但他想先把話說明白：他們的祕密說穿了，就是以坦坦蕩蕩真誠的態度，和一些平常很少有機會真正思考那些議題的人，好好溝通交流。

「說來也好笑，其實這完全不是什麼新鮮事。可不是我們發明了什麼『一個人可以去跟另一個人講話喔』這樣的概念，」佛萊舍笑著告訴我：「所以在某種程度上，這套做法一方面完全不原創，但另一方面卻又非常原創，就因為這套做法實在和主流政治文化太不一樣了。」

佛萊舍回憶，幾年前有一次自己才剛解釋了為何來拜訪，一位老先生就興沖沖衝到了門口。「他就這樣跳出來，等不及想告訴我，他有多反對同性婚姻。」

對方七十多歲，很興奮的告訴佛萊舍，美國如果讓同性婚姻合法化，後果會有多可怕。佛萊舍問他有沒有認識同性戀的人，他說「當然有！」他跟太太剛去過迪士尼樂園，說他們沒想到會那麼倒楣，正好遇上同性戀日。他告訴佛萊舍：「那裡滿滿都是gay，我們還看到有個傢伙，披了一條超大的羽毛圍巾。」

佛萊舍問他，那天有和哪個同性戀者講過話嗎？他說當然沒有，自己哪會想跟同性戀者講話？

佛萊舍告訴他：「就……我今天是忘了圍羽毛圍巾，就出門了耶！」那個男人被逗笑了。接著兩個人聊了很久。那可能是老先生這輩子第一次和 LGBTQ 的人聊天。

「他能感受到，就算我們意見不同，還是可以好好聊天。我沒有要他同意我的想法，對吧？我可沒有對他搖手指，說『你那想法得改一改』，但就在聊天的過程中，他的想法確實開始改變了。我覺得，那就是『改變你的想法』看起來的樣子。」

第三章

鱷魚鞋加襪子

—— 為何出現兩極對立的看法

　　我坐在紐約燈籠褲餐廳，正伸手要拿奶油，左手邊有位長相和善、留著鬍鬚的男人，把手機在桌上滑了過來，就停在我的筆記本和一籃麵包中間。手機上的照片是一個半熟的太陽蛋，蛋黃帶著一抹螢光綠。

　　「一開始的時候，」他解釋說：「我們試過綠色的蛋。你知道吧，綠火腿加蛋？不過我們沒有火腿，只有蛋。可是沒用，因為大家都知道蛋應該是黃的。」

　　就在午餐時間的一片吵雜聲中，坐在我右邊的神經科學家攤開雙手，接著說：「所以我們該怎麼辦呢？有什麼東西是大家都知道，又沒有一定的顏色？」

　　我努力想擠出一個答案。第一個想到的是……貨車？接著又想到毛巾、錘子、腳踏車，或許還有面紙盒？但這個時候，我已經跟這位狂熱的天才沃利許（Pascal Wallisch）相處了一個週末，知道他一心想要打造出「在認知領域等於核彈的玩意」，所以我猜他大概也不是真的想聽我的答案，只是要跟之前一樣，給我好好上一課，速度快到我連寫筆記都來不及。我乾脆拿了塊麵包塞進嘴裡，邊嚼邊想。

　　「鱷魚鞋！」沃利許大喊，連服務生都嚇了一跳；那位服務生正把沙拉放到沃利許面前，但後來那份沙拉他動都沒動。沃利許解釋說，用泡沫樹脂做成的鱷魚鞋，深受護理師、園丁、退休人士喜愛，但你想到鱷魚鞋的時候，並不會覺得它一定得要是哪種顏色。

　　你試試看，沃利許說：閉上眼睛，你看到的是什麼顏色？白

色？灰色？橘色？還是迷彩？大家想到的都不一樣。我告訴他，我心裡沒想到什麼顏色，但也能說可以是任何顏色，反正我說不出來。

「有趣！」沃利許高興的說，轉頭看看他的同事做何反應，那是認知科學家卡洛維奇（Michael Karlovich），正在收起手機。卡洛維奇抬頭笑了笑，說就算沒有想到任何顏色，也完全可以理解。所以他們想到鱷魚鞋這個答案的時候，才會那麼興奮。他們說，在合適的光線下，「鱷魚鞋加襪子」就會成為一項「在感知上沒有固定顏色的物體」；他們已經找這樣的東西找了好幾個月，希望用來揭開一個幾年前在網路上吵翻天的神經科學謎團。你可能還記得，就是那件「藍黑／白金洋裝」（The Dress）。

💡 想法是怎麼來的？

我之所以要到紐約拜訪沃利許與卡洛維奇，是因為覺得如果想知道為什麼證據改變了維奇的想法、卻沒能改變其他陰謀論者的想法，就需要先從科學的角度，解釋「想法*如何*改變」。這個問題似乎必然牽扯到另一個問題：如果要問「想法如何改變」，到底什麼叫做「改變」？而以上兩個問題，又逃不出另一個更大的問題：我們所謂的「想法」、或者任何其他名稱，一開始是怎麼來的？也就是說，我們對世界的理解，是怎麼出現在我們頭顱裡面那團軟呼呼的東西裡？所以我想先退一步，又或者說是要先退個幾千步，瞭解一下神經元。

前往紐約之前，我曾經用幾種不同的方式，問了幾位科學家這些問題。他們回答的時候常常會順便提些警告，似乎是想告訴我這是個危險的領域，社會科學和腦科學都在這個前線戰場殺得頭破血流。要問想法如何產生、再問如何去改變或不改變想法，都幾乎等於在問「意識的本質是什麼」；而這個問題甚至可能根本沒有答案，至少是在目前，還無法以當下的科學認知、以及目前用來溝通交流的語言來回答。但他們也說，不管怎樣，總之我踏進的是個還在不斷發展、不久前才剛有突破的領域。

所以，我除了要拜訪研究大腦可塑性與意識的伊葛門（David Eagleman，著有《大腦解密手冊》）之外，還準備拜訪另一位神經科學家——他更專注探討的是在這個後網際網路的世界裡，對於一些其他人毫無異議的議題，為什麼會有一大票人就是看法大不相同。沃利許在卡洛維奇的協助下，花了好幾年時間，研究為什麼那件「藍黑／白金洋裝」會讓大家吵個不停，而沃利許也意外成了這個主題的專家。那張照片是從 2015 年開始瘋傳，幾百萬人分成兩派在網路上吵個不停，兩方就是有不同的「看」法。

💡 分裂地球的戲劇性事件

如果你不記得「藍黑／白金洋裝」，這裡簡單介紹一下相關背景。2015 年，英國還沒脫歐、川普尚未當選，馬其頓的網軍生意仍在萌芽，匿名者 Q 與新冠病毒陰謀論未曾興起，假新聞和另類事實也尚待蓬勃之際，美國國家公共廣播電臺（NPR）機

構之一的新聞標題談起藍黑／白金洋裝，說它引起了「分裂網際網路的爭議」，而《華盛頓郵報》也說這是「分裂地球的戲劇性事件」。

　　這件洋裝成了網路迷因，照片也在社群媒體瘋傳長達數月。某些人看到的洋裝有著藍色與黑色的條紋，但又有一些人看到的條紋卻是白色與金色。而不管看到了哪一種，就看不到另一種。要不是有社群媒體瘋傳，你可能永遠不知道有人看到的顏色居然和你看到的不一樣。但也因為社群媒體就是訴諸社群社交，所以一旦發現竟然有幾百萬人看到的洋裝顏色與自己眼中不同，確實會讓許多人由衷感到不可置信，覺得那些看到另一種色彩組合的人顯然錯了，而且很可能是腦子有問題。在「藍黑／白金洋裝」照片開始瘋傳的時候，同時也開始傳播著一種恐懼：不知道究竟什麼才是真、什麼又是假。

　　這項洋裝認知危機的開端，是布利斯代爾（Cecilia Bleasdale）正在準備參加女兒格蕾絲的婚禮，布利斯代爾在一個星期前逛著倫敦某家購物中心，看到一件七十七美元的洋裝，覺得或許適合穿去婚禮，於是照下那張目前已成傳奇的照片，寄給女兒問問她的意見。格蕾絲和未婚夫基爾看了照片，卻發現兩人看到的顏色不一樣，於是又找了朋友來評評理，問大家究竟看到什麼顏色。爭議非但沒有平息，反而開始把朋友、朋友的朋友都捲了進來。有些人看到的是藍色和黑色條紋，也有人看到的是白色和金色條紋，兩方都無法接受另一方的意見，都覺得對方也太莫名其妙。

　　過了一星期之後，與這個家庭認識的一位音樂家，把照片放

上 Tumblr 社群網路平臺，希望來個多數決，但結果只是讓爭議擴大到整個網際網路，各方吵得不可開交。短短幾天，這件藍黑／白金洋裝就成了 Buzzfeed 網路新聞的熱門話題，再延燒到其他社群媒體。

掃描這個二維碼，從原文書封面下方的藍底白字 IMAGES FROM CHAPTER THREE 色塊，點進去，就能看到這一套「藍黑／白金洋裝」與本章提到的其他例子。

有一段時間，甚至因為有太多人想分享這個視覺難題、說出一套道理，連推特都被搞到當機。每一分鐘，都會出現高達一萬一千條標了 #TheDress 這個標籤的推文，而最後為這個迷因做出定論的《連線》雜誌網站文章，幾天的閱讀數就飆上三千兩百八十萬。

美國演員卡靈（Mindy Kaling）屬於藍黑隊，她在推特寫道：「這件洋裝就是藍！黑！色！這是在開什麼鬼玩笑？」卡戴珊家族（Kardashians family）則屬於白金隊，至於政治人物也是分屬兩方。世界各地的地方電視臺都以這件洋裝當成新聞最後的收尾，有一段時間，這件藍黑／白金洋裝還成了流行文化的熱門話題，不論傳到哪裡，都立刻成為大家最關心的事情。

對很多人來說，這是第一次接觸到某件神經科學早就知道的事，也是本章的主題：我們體驗到的所謂「事實」，與周遭世界並不是「完美的一對一」對映關係。你所體驗到的這個世界，其實只是在你頭顱裡的一套模擬，就像是一個清醒夢。

我們每個人都活在自己的虛擬景觀之中，是由永恆的想像與腦中的幻象所構築而成，我們一輩子都在用感官訊息、以及這些訊息激發出的想法，來打造這個幻覺；感官不斷接受新的體驗、激發新的想法，幻覺也就不斷更新。也因此，那件藍黑／白金洋裝對許多人來說，如果不是讓人想要抓起鍵盤、向整個虛擬世界大聲喊出自己的想法，就是想要好好坐下，思考著在整個宇宙的宏大敘事中，自己扮演了怎樣的角色。

💡 每個主體環境都是一個私有宇宙

講到大腦究竟如何產生現實，這整套科學研究說來也有點超現實。最早是在二十世紀初期，有位德國生物學者，一直覺得動物的內心世界肯定和人類大不相同。

烏也斯庫爾（Jakob Johann von Uexküll）一直醉心於研究水母、海膽、蜘蛛和各種昆蟲，很想知道那些軟軟的神經系統能給牠們帶來怎樣的感官感受。烏也斯庫爾發現了海洋生物與昆蟲的感官能夠感知某些人類感覺不到的事物之後，意識到現實肯定有一大部分是這些生物感受不到的，而人類應該也是如此。換句話說，大多數虱子並無法欣賞韋伯（Andrew Lloyd Webber）的音樂劇，原

因無它：牠們根本沒有眼睛，就算坐在第一排，也看不到舞臺。另一方面，相較於虱子，大多數人類也聞不到微風中飄蕩的那股丁酸氣味。根據烏也斯庫爾的說法，所以在百老匯名劇《貓》上演的時候，不管是在觀眾席的哪個位置，「氣味」都不會是一項重要或刻意安排的元素。

烏也斯庫爾發現，每一種生物的主觀體驗都會局限在各自的私有感官世界，他稱之為「主體環境」（umwelt）：有不同的感官就會有不同的主體環境；就算位於同一個客觀環境，不同的生物也會有不同的主體環境。因此，每種生物其實都只能感受到全貌的一小部分。

只不過，並不是每種動物都能知道這一點，而這也是烏也斯庫爾的另一大創見。正因為沒有任何生物能感知到完整的客觀現實，所以每種動物都會以為自己感知的就是**所有能感知到的**世界。不論所謂的客觀現實究竟為何，都不是任何一種生物能夠完整體驗的。每個主體環境都是一個私有的宇宙，對應著該生物的不同主觀體驗，是個永遠有界限的內部世界。地球上所有生物的主體環境結合起來，就像是一片海洋，有各種五光十色的感官現實漂流著，每個現實都不知道還有其他的現實，也不知道自己仍有些不知道的事。

烏也斯庫爾的這種概念，並非前無古人。早從柏拉圖的洞穴寓言開始，哲學就一直在探討主觀現實與客觀現實的差異，至今依然如此。哲學家內格爾（Thomas Nagel）提出他著名的問題「當隻蝙蝠是什麼感覺」，其實是認為不可能有答案，因為沒有

人能真正這樣思考。內格爾說，蝙蝠的聲納系統與人體的任何器官都不同，所以「沒有理由認為這在主觀上，會與人類能夠體驗或想像的任何東西相似。」

這個想法的延伸是：如果不同的動物就活在不同的現實裡，或許不同的人也活在不同的現實裡？

許多探索心理的學者專家，正是以此概念做為核心思想。從李瑞（見第 28 頁）的「現實隧道」、吉布森（J. J. Gibson）的「生態視覺」，到心理學家塔特（Charles Tart）的「輿論催眠」。從華卓斯基姊妹（Wachowskis）的《駭客任務》，到康德的「本體」，到丹尼特（Daniel Dennett）的「有意識的機器人」，再到《黑鏡》的每一集，以及狄克（Philip K. Dick）的每一部小說，人類思考這些問題已經久得不能再久。可能連你也曾經在某些時候，想過類似的問題，思索著：你覺得每個人看到的顏色都一樣嗎？

而正如藍黑／白金洋裝讓我們看到的，答案就是不一樣。

🔆 不認識水平線條的貓

所以長久以來，許多人都曾想了又想，琢磨著主觀現實和客觀現實的不同，忖度著心靈的體驗只是外部世界的表徵、只是一種模型而非複製。但是烏也斯庫爾把這些主題帶到了另一個學術領域：生物學。過程中，他啟發了與神經科學及意識本質相關的一系列學術研究，至今發展不輟。而其中一項研究確實看來有些毛骨悚然，但仍請稍微忍耐，讓我們來談談當中的重點。

　　1970 年，英國生理學家布雷克摩爾（Colin Blakemore）與庫珀（Grahame F. Cooper）把一群小貓，在一個沒有任何水平線的環境裡養大。出了那個環境之後，如果布雷克摩爾和庫珀垂直拿著一根棍子、左右晃動，那些貓的頭也會跟著左右晃動，並且在兩位科學家把棍子甩出去的時候一起轉頭。但只要把棍子轉成水平，這些貓就開始各看各的方向，接著不再感興趣，只是四處遊蕩。很顯然，垂直的棍子很有趣，但水平的棍子卻很無聊，原因就在於：在這群貓共有的內在現實當中，「水平」這件事並不存在。

　　在劍橋大學實驗室裡，布雷克摩爾與庫珀設置了許多垂直的大型玻璃空心圓柱體，把內部塗成白色、再加上黑色垂直條紋。圓柱體的管壁向上延伸，讓小貓永遠不會看到水平的邊緣——為了確保這一點，他們還會給小貓戴上頭套，就像是獸醫給牠們做完手術之後防舔的那種。

　　準備好實驗器具之後，他們開始養貓，先讓小貓從一出生就處於完全的黑暗之中，等到兩週大，再開始每天有五小時待在這些完全只有垂直條紋的世界裡。待在圓柱體裡的小貓，做的都是一般正常小貓會做的事，到五個月後，布雷克摩爾與庫珀再把這些貓帶出來，放到有一張桌子、幾把椅子的房間裡，看看牠們會如何反應。

　　布雷克摩爾與庫珀立刻發現，這些小貓在生理學所謂的視覺置位（visual placing）出了問題。他們抱著小貓向下接近地板或桌子等平坦表面的時候，那些小貓似乎無法感受到這件事。如果是在正常環境長大的貓，靠近這些平面的時候，就會伸出牠們的腳

掌。但布雷克摩爾與庫珀的貓卻做不到，會彷彿桌子是透明的一樣，直接這樣撞上去。而如果是在一個較高的平面，走到邊緣的時候，會看到牠們顯得很困惑，無法明白「水平的邊緣」有什麼意義。

如果布雷克摩爾和庫珀拿來一個水平的物體，推到小貓的面前（又或者是把小貓推向水平的物體），小貓並不會感到驚嚇，因為對牠們來說，這個水平物體根本不存在！布雷克摩爾與庫珀在一片透明壓克力板上畫了水平線，慢慢向小貓靠近，小貓在壓克力板碰到自己的臉之前，都毫無感覺。

布雷克摩爾與庫珀又做了另一次實驗，這次是在圓柱體裡畫上水平線，這次對小貓也有類似的效果，只是這組小貓無法感受到的是垂直的邊緣。把這兩組小貓放在一起，一組只會去追水平的棍子，伸出腳掌來抓抓撓撓，一旦棍子轉成垂直，小貓的動作就會停下，好像棍子消失了一樣。至於另一組則會在這個瞬間開始動作，輪到牠們追了起來，彷彿棍子突然憑空出現。

然而，這些缺陷並不會持續太久。只要在房間裡玩了大約十小時，感知各種水平的物體，並與之互動，小貓的大腦就會開始把「水平」加到自己感知到的現實之中。過去未曾接觸外部世界這項嶄新面向的神經元，現在也開始劈啪放電、連結起來了。很快的，這些小貓就開始輕輕鬆鬆在桌子椅子跳上跳下，被放下的時候開始會伸出腳掌，有壓克力牆接近的時候也會跑開。牠們的內部世界開始變得更複雜，頭顱裡面運行的小小模擬過程，已多了一個過去沒探索過的外部世界元素。

💡 大腦就像掩體裡的將軍

印度一群非營利組織的外科醫師，為一出生就失明的病人完成白內障手術之後，也在這些人身上發現類似的效果。剛拿下繃帶的時候，這些病人並不會立刻就辨識出身邊的人，而是像嬰兒一樣，只能看到形狀與顏色。要過了幾星期，他們才能夠辨識物體、伸手去拿，但一開始也無法判斷這些物體是遠是近，需要經過多年經驗，才能充分掌握立體的知覺。這些人就像嬰兒一樣，神經元需要時間，才能學習如何理解新的感官資訊。

同樣的，有些天生失聰的人，在植入裝置、能夠聽到聲音之後，一開始也只覺得聽到的都是靜電雜音。要是這個過程發生在年輕人身上，大腦慢慢就會找出這整片雜音雜訊的用途，辨識出其中的模式，轉換成各種可以辨別的訊號。但是對於天生失聰的老年人來說，這種新的感官體驗轟炸可能一點也不舒服。長久以來，他們已經習慣不靠聲音來理解世界，所以甚至有人會主動放棄那些植入裝置，讓自己回歸那種一片寂靜、但自己再熟悉不過的現實。

對大腦來說，一開始，一切都是雜音雜訊。接著才開始發現在這些靜電雜音裡存在著模式，接著提升一個等級，發現模式之間還會有著互動。接著再升一級，開始發現每個不同的互動模式集，又會如何和其他模式集互動，就這麼繼續下去。經過層層疊疊、由簡入繁的模式辨識，構成了我們對周遭世界的粗略預期，而這些模式之間的互動，也成了我們對因果關係的認識。

球的圓、桌緣的硬、絨毛玩偶的軟，每個物體都會刺激到某些特定的神經通路，每次接觸也都會加強神經元之間的連結。直到最後，大腦開始能夠預期外部世界中的這些元素，愈來愈理解這些元素在整體情境中的作用。

同樣的，由於某些「因」常常導致某些「果」，我們天生就會注意到其中的模式，開始形成心理預期：我晚上哭，媽媽就會來；馬鈴薯泥會讓我覺得開心；蜜蜂叮人，會讓人很痛。生活的一開始總是充斥著無法預測的混亂，但從感知而得出規律之後，我們就能開始運用這份規律，讓混亂成為能夠預知的秩序。

然而，如果感官接觸到某些不尋常、難以判斷的新資訊，我們並不會立刻接受這些新事物，讓它們成為我們主觀現實的一部分。大腦在新事物與預期模式有所衝突的時候，會先認定這些新事物屬於雜訊，需要等到經過幾次重複體驗，才終於能夠接受。就像是那些被剝奪感官體驗的小貓一開始感受不到水平線，那些印度白內障病人也必須適應一下，才能好好感受這個由各種形狀與顏色構成的新世界。

因為所有現實都是出於主觀，所以生物的主體環境必然受到自身感官的限制；如果該生物無法注意到某種模式，那種模式就永遠不會成為該生物內部世界的一部分。像是人看不到紫外線，就有可能活了一輩子都不知道紫外線的存在，而我們也永遠無法看到或想像，一隻蝦蛄腦中構築的內部世界有著怎樣的色彩。

像這樣的研究告訴我們，每個大腦都只能活在那個被限制在頭顱黑暗圓頂裡的世界，無法真正第一手體驗外部世界所發生的

一切。多虧了大腦具有可塑性，在輸入的訊息有規律、不斷重複的情況下，靠著這樣重複的體驗，很快就能啟動神經元，建構起交互影響的模式。也就是說，這會在每個人的神經系統形成獨一無二的預測模型——在這些神經網路有了量身打造的靜止電位和動作電位，只要遇到類似的情境，就會以相同方式活躍起來。

在感官規律而重複的接收到外界訊息之後，結合這些機制，就在黑暗的腦袋之中，人工展現外面的世界，呈現出外界可能的樣貌。正如羅素（Bertrand Russell）所言：「觀察者以為自己在觀察一塊石頭的時候，如果物理學說得沒錯，其實觀察的是石頭對自己的影響。」

神經科學家拉瑪錢德朗（V. S. Ramachandran）告訴我，他喜歡想像大腦就像一位將軍，在掩體深處指揮戰鬥，眼前有一張大桌子，擺滿了小坦克和小士兵。這位將軍必須依賴戰場上的偵察兵送來報告，才知道如何更新眼前的模型。將軍自己看不到外面的戰場，只能在掩體裡，用桌上這個簡化的模型來呈現外面的世界。而在兩次報告的間隔，他也只能運用面前的既有模型，試著理解外界的狀況。

不管眼前的模型呈現怎樣的狀況，將軍都只能用這個模型來做計畫、下判斷、定目標，決定未來該怎麼辦。如果偵察兵一直無法更新戰況，模型所呈現的世界也只能維持不變，但這也代表掩體外的世界可能已經大不相同。而要是有些關於外界的資訊，偵察兵從來就沒報告過，那麼這些資訊壓根就不可能出現在掩體裡的模型上。

💡 是鴨子、還是兔子？

早在「藍黑／白金洋裝」出現之前，神經科學界已經很清楚所有的現實其實都是虛擬。大家之所以能對所謂現實形成共識，主要是因為地理相近：在類似的環境中長大，常常就會有類似的大腦，於是打造出類似的虛擬現實。就算真的出現差異，常常也只是有部分想法不同，而不是最原始的感知有所出入。

但等到「藍黑／白金洋裝」橫空出世，就是沃利許登場的時候了。這位神經科學家的研究專長，正是在於意識以及感知。

沃利許第一眼看到那件洋裝，覺得顯然是白色與金色條紋，但他拿給太太看，她卻不同意，覺得是藍色和黑色條紋。「我整晚都睡不著，一直在想到底是什麼原因。」

多年來，沃利許一直在研究視網膜上的光受體與連接的神經元，也認為自己非常瞭解視覺處理過程的大約三十個步驟，但是「在 2015 年 2 月，藍黑／白金洋裝在社群媒體浮出水面的時候，一切全然改觀。」沃利許身為研究這主題的科學家，現在卻覺得自己像是在研究生物多年之後，居然有醫師告訴他，在人體體內發現了一種全新的器官！

沃利許解釋了他的這份困惑。人類之所以能看到光有各種顏色（紅、綠、藍這三原色），是因為特定波長的電磁波。先是有太陽、燈泡、蠟燭之類的光源放出電磁波，照到某個物體之後，例如一顆黃檸檬，黃檸檬就會吸收其中某些波長的電磁波，並把其他電磁波反射回來。這些剩下的電磁波，通過人體上稱為瞳孔

的孔洞，來到位於眼睛後方的視網膜，轉化為神經元上的電化學訊號，大腦再依據這些訊號來建構出主觀看到的顏色。

由於大多數自然光是紅光、綠光和藍光的組合，而黃檸檬會吸收掉藍光的波長，於是只留下紅光與綠光照射到視網膜，經過大腦結合，就形成看到黃檸檬的主觀體驗。然而，這個「黃色」其實只存在於人的腦中。對於意識而言，黃色只是憑空臆造出的事物。大家之所以會認為黃檸檬是黃色（也同意檸檬是檸檬），是因為在光線照到檸檬、再反射進入我們眼中、然後訊號到達腦中之後，在所有人的大腦裡，幾乎都會創造出相同的想像。

如果我們對於各自看到的東西無法達成共識，多半是因為那個圖像在某種程度上模棱兩可，大腦就會想消除歧義、讓意義變得明確。但此時 A 大腦做出的判斷，卻可能與 B 大腦做出的判斷不同。沃利許表示，神經科學界談到消除歧義、讓意義明確的經典範例是「發生於個體內的雙穩態視錯覺」（intrapersonal bistable visual illusion）；稱為「雙穩態」，是因為有兩個詮釋，但每個大腦在特定時間點，只會停留在其中一種詮釋上；至於稱為「發生於個體內的」，是因為每個大腦都會有同樣的這兩種詮釋。

你可能也看過其中的一些例子，例如鴨兔圖（duckrabbit），有時候看起來像鴨子，又有時候看起來像兔子。又或者例如魯賓花瓶（Rubin vase），有時候看起來像花瓶，又有時候看起來像是兩個人面對面的剪影。

不論是油畫上的顏料、或是螢幕上的像素，所有平面圖像只要在線條和形狀上看起來夠像是我們以前看過的事物，我們腦中

就會試著讓意義變明確，覺得自己好像看到了《蒙娜麗莎》、或是看到了帆船，又或者像是鴨兔圖的例子，覺得自己看到了鴨子或是看到兔子。

鴨兔圖最早是出現在 1892 年的德國《飛葉》（*Fliegende Blätter*）雜誌上，當時並未標注出處，標題問著這張圖最像哪兩種動物。後來是哲學家維根斯坦（Ludwig Wittgenstein）將這張圖發揚光大，用來說明感知與詮釋之間的區別。維根斯坦寫道：「我們會覺得『看見』這件事有些地方令人困惑，是因為我們還沒搞清楚『看見』這整件事情有多麼令人困惑。」

　　然而那件「藍黑／白金洋裝」卻是另外一種新玩意，屬於「發生於個體間的（interjacent）雙穩態視錯覺」；同樣稱為雙穩態是因為每個大腦在特定時間點，同樣只會有一種詮釋，但這次稱為「發生於個體間的」，則是因為每個大腦只會在兩種可能詮釋

中選擇一種。就是這點，讓沃利許感到極為困惑。同樣的光線進入了每個人的眼睛，而且那些線條與形狀也讓所有人形成共識，覺得這是一件洋裝，但就是不知道為什麼，不同大腦對顏色的詮釋卻可能不同。

　　從感知到意識之間，肯定發生了些什麼，而沃利許就想找出答案。於是他申請了一些經費，改變他在紐約大學的實驗室研究重點，在「藍黑／白金洋裝」爭議仍然甚囂塵上的時候，希望能夠解開其中的謎團。

「魯賓花瓶」是以丹麥心理學家魯賓（Edgar Rubin）來命名，他在自己 1915年的博士論文裡提出這張圖，說明如果有兩個圖像共用邊界會發生什麼事。如果大腦看的是花瓶內的邊界，看到的就是人臉，但如果看的是花瓶外的邊界，看到的就是花瓶。這裡的圖是由史密森（John Smithson）在 2007 年所繪。

💡 不同的大腦，說出不同的謊

　　沃利許猜想，那件洋裝之所以在不同人看來，會是不同的顏色，或許是因為我們在不熟悉或覺得難以判斷的情境中，無法確認自己看到了什麼，於是透過先驗機率（prior probability）來協助判斷。先驗機率代表的是我們不斷感受外部世界的各種規律之後，神經通道烙印形成的模式。先驗機率一詞來自統計學，而這裡指的是大腦根據過去外部世界的發展經驗，猜測未來可能會如何。

　　而且大腦做的還不只是猜測而已：在沃利許與卡洛維奇所謂「重大不確定性」的情況下，大腦一旦根據經驗，判斷有什麼事物應該要存在的時候，如果這些事物居然不存在，大腦甚至會創造出幻覺，彷彿這些事物確實存在。換言之，面對前所未見的情境時，大腦常常會「看到」那些它認為應該存在的東西。

　　沃利許說，以我們的色彩視覺做例子，就很容易理解。就算是在光線昏暗的時候，我們還是可以分辨衣櫥裡的某件毛衣是綠色的；就算是在月色昏暗的夜晚，我們也能判斷某輛汽車應該是藍色的。雖然在不同的照明條件下，某些我們熟悉的物體外觀會稍有不同，但是大腦會自動幫我們稍微「修圖」。我們每個人都自帶一套校正機制，會調校自己的視覺系統，以「減少光源的影響，維持顏色的恆定，方便在照明條件不斷變化的時候，仍然能識別各種物件」，而方式正是去改變我們現在的體驗，以維持與過去體驗的一致性。

北岡明佳（Akiyoshi Kitaoka）這位研究視覺的學者，就製作了一張錯視圖，可做為絕佳的說明。

請掃描這個二維碼，從原文書封面下方的藍底白字的 IMAGES FROM CHAPTER THREE，點進去，就能看到「草莓錯視圖」與本章提到的其他例子。

在這張照片裡，雖然看起來像是一盤紅色草莓，但事實上，整張照片並沒有任何的紅色像素。你看著這張照片的時候，並沒有任何紅光傳到你的眼睛裡，是大腦判斷這張照片出現了藍光的過曝，於是稍微把對比調低，又把自己剛才調整的地方加了一點顏色回去。也就是說，你看著那些草莓，以為自己看到紅色，但實際上，那些紅色並不是來自於照片本身。

如果你在長大的過程常吃草莓，這輩子也覺得草莓就該是紅色的，只要你看到熟悉的草莓形狀，大腦就會覺得這應該是紅色的。所以，你在北岡明佳的錯視圖裡看到的紅色，其實是在自己的腦內所產生，是你不自覺所做出的假設，也是你的視覺系統向你撒了一個謊，為你提供它覺得的真相。

沃利許認為，「藍黑／白金洋裝」肯定也是這樣的錯視圖，

就是一張罕見、碰巧出現的錯視圖。一定是因為照片過度曝光，結果讓真相變得難以判斷，於是觀看者的大腦就在不自覺的情況下，自動「減少（他們以為的）光源的影響」，希望消除歧義。

照相那天沒什麼特別的，用的是便宜的手機，照片有一部分很亮，其他地方很暗。沃利許很激動的把這些細節一個一個迅速丟出來，然後問：「所以這告訴我們什麼？」

「照明條件很難判斷？」我猜。

「就是這樣！」沃利許繼續講了下去，解釋之所以這裡的顏色在不同人的大腦裡看來不同，是因為要看每個大腦怎麼為這裡的照明條件做出判斷。對於一些人來說，判斷的結果是黑色和藍色，而另一些人判斷的結果則是白色和金色。這就像草莓錯視圖那樣，是民眾的大腦騙了他們，大腦假設了一個並不存在的照明條件，於是帶出最後的結果。

沃利許說，「藍黑／白金洋裝」這張照片的特殊之處，在於會讓不同的大腦說出不同的謊，而讓民眾落入兩個主觀現實大不相容的陣營。可是，究竟為什麼這些主觀現實差了這麼多？

沃利許追尋這項假設，覺得已經找出一個答案。經過兩年研究了超過一萬名受試者，沃利許在這些受試者裡，找到一個清楚的模式。如果某個人暴露於人造光（主要是黃光）的時間愈長——通常是在室內工作、或是晚上工作的人，就愈有可能認為這件洋裝是藍黑條紋。這是因為他們的大腦在做視覺處理的時候，無意識的假設這裡是由人造光照明，於是他們的大腦會減少那些黃光，也就留下更黑、更藍的色調。而如果某個人是暴露在自然

光線下的時間愈長——通常是白天、在室外、或是在窗邊工作的人，就愈有可能會減少那些藍光，於是看到更多的白色和金色。不論是哪種情形（這也是我們接下來的重點），民眾根本沒發現大腦做了這些消除歧義的動作。

　　無論民眾主觀覺得自己看到什麼顏色，從來都不曾感覺到這張圖有什麼不對、有需要特別判斷的地方。在意識上，民眾只會感受到最後視覺處理完的結果，而唯一會影響視覺處理過程的，就只是他們過去經常體驗的照明條件。結果就是他們被自己的大腦給騙了，但感覺起來，卻真實到無可置疑。

💡 SURFPAD 現象

　　沃利許的實驗室為這種情形想出了一個術語：SURFPAD。如果某項**重大的不確定性**（Substantial Uncertainty），會牽涉到**不同的**（Ramified or Forked）**先驗機率或假設**（Prior or Assumption），就會造成**意見的分歧**（Disagreement）。換言之，在真相不確定的時候，大腦會偷偷幫我們解決掉這種不確定性，而方法就是根據我們之前的經驗，想像出一個它認為最有可能的現實。

　　如果某一群人的大腦在消除不確定性的時候，用了類似的方式，就會覺得彼此意見相同，例如，同樣覺得那件洋裝是藍黑條紋。至於另一群人的大腦，都用了另一種方式來消除不確定性，也就發現他們成了意見相同的另一個陣營，例如，同樣覺得那件洋裝是白金條紋的人。而 SURFPAD 的本質重點，在於這兩群人

都會覺得事情再肯定不過，而且一旦身邊都是與自己意見相同的人，就會覺得外面那些人（不管人數多少）絕對是錯了。接著，在這兩群人當中，大家都開始想找出理由，解釋為什麼另一群人就是看不到真相，卻沒想過自己見到的可能也只是假象。

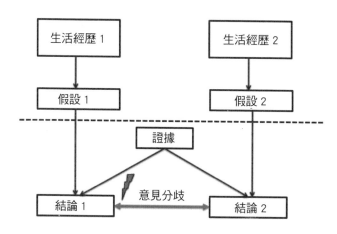

沃利許：「這裡所謂的結論，指的是大腦為意識經驗（conscious experience）所提供的任何東西，像是感知、決定與詮釋。但是在評估結論的時候，通常並不會意識到要考慮虛線以上的內容，甚至有些根本無法靠意識取得。請注意，個體之間的差異還可能不僅如此。有可能每個大腦從一開始就有所不同。話雖如此，但我們對這點卻幾乎是一無所知。也請注意，光是有不同的假設，就足以在這個思考框架裡得到不同的結論。而且，這並不代表其他因素都不重要。再請注意，這裡談的只是兩個人的情況。一旦超過兩個人，情況還會變得更加複雜。」

（取自沃利許的部落格 Pascal's Pensées：https://pensees.pascallisch.et/?p=2153）

SURFPAD 的一個例子，是在 2020 年出現新冠肺炎疫苗後，民眾有不同的想法。由於大多數人並非疫苗專家或流行病學家，所以講到疫苗的機轉、該如何應對，對大多數人而言都是既新奇又難以判斷該不該相信的資訊。面對這樣的不確定性，民眾判斷的時候，參考的就是自己過去對疫苗與醫師的體驗、目前對於科學機構的信心、以及當下對政府的態度。對某些人來說，這樣導出的結論會認為疫苗應該是安全有效的；但是對另一些人來說，反而會有猶豫在心裡萌生，逐漸演變覺得背後肯定有陰謀。而對這兩方而言，看著想法不同的另一方，都會覺得對方竟然會對真相視而不見。

只要碰上似乎有著歧義而難以判斷的新資訊，我們都會在無意之間，運用自己過去的經驗來消除歧義，讓意義變得更明確。但光是從感知開始，就會因為每個人有不同的生活經驗，而做出非常不同的判斷，於是讓主觀現實有極大的出入。而一旦面對重大的不確定性，就可能導致大家對「現實」的看法大相逕庭。而且因為雙方都不知道是大腦的處理過程造成這樣的差異，於是只會認為對方「就是錯了」。

描述、解釋、預測、創造

沃利許經過初步研究，瞭解了在看到模棱兩可的圖像時，不同的過去經驗會有何影響。下一步就是希望能夠重現他在「藍黑／白金洋裝」所觀察到的現象，以測試 SURFPAD 的情形。

在沃利許的家裡，他讓我看看他和同事卡洛維奇做研究的地方：高度連站直都不夠，整個區域一片漆黑，擺滿了各種顏色的鱷魚鞋和筒襪、LED 燈條，還有一堆又一堆的文件。在在證明著在那刻頓悟之後，他們瘋狂的跑遍紐約搜集各種材料，想打造出那枚認知領域的核彈。

沃利許坐在他的辦公椅上轉啊轉，告訴我，他之所以說自己想做的是認知領域的核彈，是因為我們對科學的理解總有一定的階段——從**描述**開始，接著是**解釋**，再到**預測**、再到**創造**。像是講到「草」，就會先描述在乾燥地區發現哪些類型的草，接著加以分類，再來解釋這些草為什麼長成目前的形態，接下來就是據以預測如果到了某個尚未探索的乾燥地區，可能會發現怎樣的草。至於最後的「創造」，則必須是已經完全理解某項事物，能夠在實驗室裡加以再現，才有可能來到這個階段。

時至今日，我們還是沒辦法憑空做出草來，但倒是能夠製造核彈了。想要召喚像是核反應這樣的玩意，就得真正理解原理背後的科學：從**描述**、到**解釋**、到**預測**、再到**創造**。我們並不是說這樣就已經做到完美，總是有些什麼地方還能夠再進步。但重點在於：物理學的發展早就遠遠超越「預測」階段了，相較之下，心理學的進展多半遠遠落後。

沃利許對這件事十分興奮，想讓社會科學也回歸原點，學習物理學做實驗的研究方法。在他看來，整件事必須徹底重來，回歸最基本的原則。而「藍黑／白金洋裝」正是天賜良機，因為這原本只是個別、獨一無二的一張照片。沃利許的第一步，就是去

描述一項在特定情況下、或許也很罕見的情況下所發生的事情。而為了真正檢驗他的 SURFPAD 假說，就得走向科學理解的下一步。所以，沃利許對這件「藍黑／白金洋裝」做了描述和解釋之後，就該開始預測與創造。他和卡洛維奇找來了鱷魚鞋加襪子，開始製造他們的認知核彈。

為了複製「藍黑／白金洋裝」的效果，他們得先找來某個顏色不固定的物體，拍下這個物體的照片：如果你看到這個物體的黑白照，必須認出來這是什麼東西，但又必須仰賴無意識的先驗知識來猜測顏色為何。此外，他們還需要設法讓受試者得到不同的顏色提示根據。如果受試者過去體驗的光線不同，現在就會有不同的猜測，於是製造出不同的現實。

卡洛維奇的專業本來就是研究色彩視覺，所以他假設，如果把一個無法判斷顏色的 A 物體，和另一個應該有明確顏色的 B 物體放在一起，受試者就會以 B 物體理論上十分明確的顏色為根據，判斷 A 物體的顏色。

💡 溫室裡的鱷魚鞋和襪子

卡洛維奇花了好幾個星期，想找到合適的 A 物體。他試驗過一大堆東西，從雞蛋（有些人會說蛋黃當然是黃的，但因為蘇斯博士的童書，也有人會覺得蛋黃可能是綠色的）、到火鶴模型（有些人會覺得是火鶴是白色，也有人覺得是粉紅色）。經過一再的失敗，某天他忽然想起自己讀研究所的時候，有一次去幫忙

某位朋友照顧植物，當時整個房間都是用綠光照明。

　　卡洛維奇解釋說，綠色植物會吸收大部分波長的可見光，而將某些特定波長的光線反射回來、進入眼睛，這些特定波長的光線被大腦解讀為綠色。所以，如果直接用特定波長的綠光做為照明，綠色植物會覺得自己好像在一片黑暗當中。綠色植物沒辦法「看到」綠色，於是只要用綠色的光線，就能製造出人工夜晚，避免干擾植物的晝夜節律。

　　當時還有另一位朋友一起照顧植物，而卡洛維奇忽然注意到一件奇怪的事。卡洛維奇一直以為朋友穿了一雙灰色的鱷魚鞋，因為在綠光之下，那雙鞋看起來就是灰的。但後來到了戶外，站在陽光底下，鞋子看起來是粉紅色的。奇怪的事來了，讓卡洛維奇大吃一驚：等他們又回到室內，那雙鞋現在看起來就是粉紅色的！那雙鞋在他眼中的顏色，與幾分鐘前不一樣了，而且他再也無法找回先前的色彩視覺。

　　既然研究色彩正是卡洛維奇的科學專業，他對這件事有一項可靠的猜想。如果用綠光去照一雙粉紅色的鱷魚鞋，之所以看起來是灰色，是因為這雙鞋沒有遇上任何粉紅色的光線，所以無法反射粉紅色的光。但到了陽光下，因為陽光裡有一些粉紅色波長的光線，就讓人能夠看到鞋子的真實顏色。而等他回到溫室，鱷魚鞋在他的腦中卻並未恢復灰色，也就代表雖然客觀現實沒有改變，但他的主觀現實已經改變了。他腦中處理這些過程的步驟，應該是發生了某些新的事情。

　　這就像是那幅草莓錯視圖，因為卡洛維奇現在已經認定這雙

鱷魚鞋是粉紅色的，所以就算並沒有粉紅波長的光線進入他的眼睛，他也會覺得自己**看到了**粉紅色。

就在尋找能代替「藍黑／白金洋裝」的 A 物體時，卡洛維奇想起自己以前在溫室裡的那個奇怪經驗，顯然鱷魚鞋就是理想的 A 物體了。至於要搭配的 B 物體，只要到美國的沃爾瑪商場或家得寶五金商場，總會看到有人穿鱷魚鞋加襪子，而且大多數穿的是白襪。於是，B 物體也找到了：襪子。而且重點不只是襪子，而是鱷魚鞋加襪子。

所以要做的實驗是這樣：找來粉紅色的鱷魚鞋，加上白襪，再打上綠光，這時的鱷魚鞋會像當初在溫室裡一樣，看起來是灰的，但襪子則會反射綠光，看起來是綠色。如果你覺得襪子本來就是綠的，就會覺得照明沒問題，於是接受眼前看到的顏色，腦中也不會多做編輯。但如果你預期襪子本來應該是白的，眼前也就會覺得看到的是白色襪子，大腦會在你不知情的情況下，自動減去綠色的過曝，並且把粉紅色加回鱷魚鞋上。如果卡洛維奇與沃利許說得沒錯，就算不同的民眾看的是同一幅圖，只要無意識間有了不同的假設，所看到的顏色就會有所不同。

定出這項假設之後，他們兩人開始跑遍曼哈頓各地商店購買所需用品，全部帶到沃利許那個小地方，由卡洛維奇穿上襪子和鱷魚鞋，再由沃利許拍下打了綠光之後的照片。他們接著找來受試者，問問他們在照片裡看到了什麼。

結果如何？和他們的預期完全相同！有些人看到的是灰色鱷魚鞋和綠色襪子，也有些人看到的是粉紅色鱷魚鞋和白色襪子。

而且就像「藍黑／白金洋裝」一樣，只要看到其中一種，就看不到另外一種。

💡 兩種主觀真相

　　他們成功製造了這枚認知核彈。這樣的東西原本只能等著它自然產生，機率大概只有百億分之一，但是他們成功從零開始，一手打造。光是這一點，就科學方法與實驗設計來說，已經是一大勝利，但對沃利許與卡洛維奇而言，更成功的是在神經元層次上證明了 SURFPAD，原因就在於資料裡還有更深的發現：老年人比較容易覺得鱷魚鞋是粉紅色，而年輕人比較容易看到灰色。

　　為什麼？因為年紀愈大，看過的白襪子就愈多，愈容易預期看到的是白襪，覺得襪子本來就該是白的，於是在情況難以判斷的時候，也就會用這樣的預期，來消除歧義、做出判斷。這樣一來，他們的大腦預設這裡打了綠光，所以實際上的鱷魚鞋一定是粉紅色的。

　　至於比較年輕的人，因為比較常看到不同顏色的襪子，所以先驗機率告訴他們，那些襪子本來就是綠的，這樣在看到照片的時候，腦中就不會進行任何無意識的編輯修改。

　　沃利許在紐約大學的研究室裡，有一臺跑步機，前面掛了一個大電視螢幕。這時候他把那張鱷魚鞋加襪子的照片放上螢幕，說：「如果單純就打到你視網膜的光線來說，你會看到灰色的鱷魚鞋和綠色的襪子，但是老人家會告訴你『才不是這樣，我可懂

襪子了！我以前就看過，這些襪子肯定是白色的！光線也應該要是白的。』所以，他們會下意識把整張照片的綠色去掉一些，於是這雙鱷魚鞋在他們腦中就成了粉紅色。」

而讓一切更複雜的是：這雙鱷魚鞋在自然光下**確實是**粉紅色的！所以把鞋看成粉紅色的人，看到的是**照片背後**的真相。然而照片本身並沒有粉紅色像素，所以把鞋看成灰色的人，看到的是**照片本身**的真相。一張照片、兩個真相，就看民眾過去對襪子的生活經驗為何。所以對我們來說，這兩個主觀真相又是哪個「比較真」？

沃利許一想到這件事的延伸意涵，就格外興奮。這裡兩方都沒有絕對的對錯，如果只站在其中一方，就無法理解得更深：客觀真相和主觀真相本來就可能有所不同，必須結合這兩種真相、結合這兩種觀點，才能警惕大家還有更深入的真相。也就是說，雙方必須對話，才能夠解開這個謎團。

沃利許撰寫這項研究的論文時，大膽提出：「人的信念有可能明顯改變對顏色的感知。」而他又補充說：「對於意見分歧這件事，我們推論出了本質上的一項潛藏的原則，」這樣一來，科學家未來就能一手創造這樣的分歧，但「反過來說，也就能瞭解各種一般的分歧如何產生。」看到白襪的那群人，在看到眼前的事物時，並沒有去更新自己的先驗知識，而是把眼前的事物放進自己認定適當的模型中，於是只會看到自己預期會看到的東西。換句話說，這張鱷魚鞋加襪子的照片，其實是強化了他們對生活的假設。

💡 天真的現實主義

在我訪問沃利許與卡洛維奇的最後一個下午，沃利許花了大部分時間，向我介紹為什麼這項鱷魚鞋加襪子的研究至關緊要，有助於瞭解在人單純看到證據本身的時候，會出於何種原因與方式，最後改變或不改變自己的想法。沃利許與卡洛維奇相信，對於圍繞著政治、陰謀論、時事、否定科學的各種兩極化分歧，這項研究確實就像帶來一道曙光。

「在一個圖像進到大腦的意識之前，視覺處理的步驟超過三十步，」沃利許說。而你有意識的只有結果，但是對過程則渾然不知。處理「藍黑／白金洋裝」這個圖像的過程中，沒有任何人意識到其中有那種模棱兩可的不確定性，自己必須做出判斷。於是，那份不確定性是在暗中被默默抹除了——既然未經意識，也就無可反駁。

但這也就帶出一場最難以控制的爭論。每個人都因為有著不同的經歷、不同的動機，要判斷意義的時候，也就各有不同的選擇，到頭來就是無可避免的，出現了意見分歧。只不過，在出現這種意見分歧的時候，我們根本不知道是**為什麼**。結果就是大家不斷端出自己的主觀感受，希望對方會相信這是個客觀事實；因為在自己看來，這就是個原始、未經過濾、無懈可擊的真相。

像這種情況，你對於自己腦中消除歧義的過程視而不見，形成認知上的盲點，心理學上正好有個術語，稱為「天真的現實主義」（naive realism，又稱素樸實在論）：天真相信自己感知到的就是

真實的世界，覺得自己沒有任何的前提假設、也並未添加詮釋、完全沒有偏見、感官也沒有受到限制。已故心理學家羅斯讓「天真的現實主義」這個術語廣為人知，而羅斯告訴我，正是這個盲點，讓許多人一心認為自己的信念、態度與價值觀，都是經過了仔細的理性分析，都出自於未受外在因素干預的思想與感知。大家都沒發現，自己不同的先驗知識會在消除歧義時，帶出不同的判斷，於是一直以為自己多年來都只接受著純粹的現實，以為自己都是好好研究了最赤裸裸的事實，才得出心中所有的結論。羅斯認為，正是因為這樣，才讓大家在辯論的時候都覺得，只有自己才是站在事實的那一邊。

而一旦雙方在消除歧義的時候，做出不同判斷（像是藍黑／白金洋裝的例子），就會覺得另一方究竟是在搞什麼？為什麼證據明擺在眼前，對方卻還是有不同的看法？

框架競爭

沃利許與卡洛維奇發表的其中一篇論文，就是在解釋為什麼這項研究如此重要：因為「目前談到時事，兩極對立的程度來到史上新高。」皮尤研究中心（Pew Research Center）的一項研究，證實了這一點。據皮尤研究中心調查，「比起過去二十年間任何時候，美國目前共和黨與民主黨的意識型態分歧更加嚴重，對另一黨的反感也更深更廣。」

從氣候變遷、水力壓裂法採油、選舉舞弊、再到醫療改革，

全美民眾就像是活在完全不同的現實當中。這一點在關於新冠肺炎的黨派分歧中，表現得最為明顯。根據皮尤研究中心的民調，共和黨支持者有將近 75%，認為政府在疫情最嚴重的幾個月裡，應對得當，但是民主黨支持者與獨立選民只有 30% 這麼想。而等到民主黨接管了白宮，反對口罩的陣營就和支持口罩的陣營正面對決，反對疫苗的陣營也和支持疫苗的陣營吵個不停，有時甚至是吵到臨死前一刻，雙方仍認為自己對現實的詮釋才是事實。

沃利許與卡洛維奇討論到自己這項研究的重要性，認為科學必須「更瞭解意見分歧，才能避免那些令人搖頭的結果。」但想要研究政治意見分歧的時候，問題在於雖然乍看之下，結果再簡單不過（亦即：兩個不同意識型態的陣營，位在整個信仰光譜的兩端），但背後的人類互動系統是經過怎樣的層層疊疊、環環相扣，才會導致這樣的兩極結果，情況卻是非常的複雜。

若想要對兩極分化的情況提出完整解釋，不能只談政治，而需要整體完形的理解，知道心理學上如何討論動機、推理、社會獎勵、社會成本、規範、信仰、態度與價值觀；而且也不能只談到人類互動的層面，而是需要深入到個別的大腦，一路研究到神經元、荷爾蒙與神經節。

「想避開這個問題，一個可行的研究策略就是改為探究感知上的分歧，」沃利許和卡洛維奇在他們的鱷魚鞋加襪子研究論文裡這樣寫道：「在這種主題上，可以說幾乎沒有過去的成見（夠天真無邪了），大家應能放開心胸，接受可能的研究結果。而我們又剛好很幸運，先有了『藍黑／白金洋裝』這個事件——僅憑

一張照片，就讓大家的感知起了強烈的分歧。」

「藍黑／白金洋裝」讓我們學到的第一課，在於對感知的假設，知道所有的現實其實都是虛擬；但這絕不只是感知上的分歧而已。正如沃利許所言，一個人腦中的世界是他在這個世界上所有過去經驗的總和，包括從信念、態度到價值觀，分級分層、愈來愈抽象，而「支配著感知的那些原則，也正是造成眾人意見分歧的背後原因。」

從這裡開始，有一個核心謎團開始變得不那麼神祕了：為什麼那些對維奇有效的事實，對其他 911 陰謀論者（或是最後把維奇趕了出去的陰謀論社群）就是沒用？你會看到答案在本書裡愈來愈清楚：我慢慢瞭解到，在各方帶著不同的心理模式，要對某個各方都覺得模棱兩可的事物做出判斷、消除歧義的時候，這個過程會如何受到文化力量與動機認知的影響。

面對不確定性的時候，我們通常並不會發現自己還不確定，而且在試著解決這種不確定性時，我們也不是真的會用到所有的先驗知識來加以判斷，往往只是根據當下的身分認同與歸屬感的需求、社會成本、信任與名聲等等，挑選著自己當時想用的先驗知識。在這裡，雙方對於事實本身有共識（例如，都同意大規模槍擊事件是必須解決的問題），但對於事實的詮釋則有異見（一邊認為原因是出於 X，另一邊則認為原因是出於 Y）。心理學把這種情境稱為「框架競爭」（frame contest）。

正如 SURFPAD 所預測，就是因為這樣，我們才會常常去吵一些兩方都覺得再明顯不過的問題。由於沒有意識到是怎樣的過

程導致雙方意見分歧，就會覺得另一方是對於現實、對於我們眼中的真相有爭議。而在各方的意見出現這樣的分歧時，常常就讓不同的群體之間針鋒相對。因為人如果擁有類似的經歷、類似的動機，在消除歧義時所做的判斷也多半雷同，於是不論這些人是在網際網路上或現實生活中認識彼此，都會覺得有值得信任的人與自己看法相同。這讓他們充滿信心：肯定自己這群人是對的，另一方則是在事實上或道德上大有問題。

「光是提出一些挑戰對方想法的證據，並無法改變對方的信念，甚至還會讓對方的信念變得更堅定，」沃利許解釋道：「你可能覺得這也太奇怪，但是從 SURFPAD 的思考框架，就完全說得通。」

沃利許說，可以想像一下，有個你信賴的新聞來源，總是提出對某個政治人物的負面報導。這時候如果又有另一個新聞來源對這個人物做正面報導，大腦並不會直接把資訊更新取代，而是會像前面提到的那雙白襪子一樣，覺得肯定是照明出了問題，於是把這項新的資訊刪除，而且主觀上還認為自己完全客觀。

錯誤的代位思考

這就把我們帶到「藍黑／白金洋裝」給我們的第二課。既然這裡會把主觀以為是客觀，天真的現實主義會認為：要改變別人的想法，方法就是讓對方看到那些支持你觀點的事實，因為如果對方讀了你讀的東西、看了你看的內容，只要對方能像你一樣好

好仔細思考，自然就會有和你一樣的思路。

於是你會認為，如果有人和你的想法結論不同，很可能他們只是沒有取得完整的事實，等他們拿到所有事實，對這個世界的看法就會跟你一模一樣了！就是因為這樣，你才會一直複製貼上那些你覺得值得信任的消息來源連結，覺得其他人似乎都是受矇騙、瘋了、懂得不夠多、或者單純就是犯了錯。但問題是，對方對你的想法也是一模一樣。

真相是：在我們得到任何結論之前，大腦都需要做出許多判斷、消除許多歧義，但我們並不會意識到這個過程。我們唯一會感覺到的，只有最後來到意識中的那個結果。每個人都覺得自己體驗到的是最真實的世界，但結果就是可能有一票人覺得自己體驗到的是「真正的」現實，卻有另外一票人覺得才不是這樣，覺得他們的體驗才真正呈現了這個世界。於是，我們除了會看到有些令網際網路分裂的爭議（像是「藍黑／白金洋裝」），還會看到宗教裁判所、百年戰爭、匿名者 Q，以及在新冠全球疫情期間的反口罩抗議活動。

別再浪費時間打筆仗

沃利許在他的辦公室裡，讓我拿著那件藍黑／白金洋裝。雖然這時候我能親眼看到它顯然是藍黑條紋，但我可不敢那麼確定了。這讓沃利許很高興，覺得這就是一種啟蒙。

沃利許是研究科學的，對他來說，任何結論都必須有證據支

持，否則根本不值得談。而如果能抱持開放的態度，承認我們目前的思考模式可能有錯、承認目前的詮釋可能就只是其中一種詮釋，就能讓人放開心胸，在有新證據挑戰當前的理解時，願意改變心意。

而且，沃利許的名字（Pascal）與十七世紀法國哲學家帕斯卡（Blaise Pascal）有巧妙的相似。帕斯卡去世之後，他種種關於爭論的名言金句，給編成了《思想錄》，其中一篇就寫道：「知道自己只是沒有看到所有面向，並不會令人不悅；但人不喜歡出錯的感覺，原因或許在於人本來就無法看到所有面向，所以在自己能看到的面向上，基於眼見為憑，自然是不會出錯的。」帕斯卡又接著寫道：「一般而言，比較容易說服人的理由，是那些他們自己發現的理由，而不是別人想到的理由。」

沃利許同意帕斯卡的想法，甚至還把自己的個人部落格，就命名為「帕斯卡的思想錄」來紀念帕斯卡。

「我們需要一套關於 SURFPAD 的言論，需要讓大家都能瞭解、或者至少要有很多人瞭解這些正在發生的事，」沃利許一邊說，一邊把那件藍黑／白金洋裝摺起來，也把他們研究用的粉紅鱷魚鞋收起來。「你知道人類並無法感知第三個維度嗎？」我知道他不是真的要我回答，所以我放下鱷魚鞋，打開筆記本。

沃利許解釋說，視網膜的表面是二維平面，所以接收光線的時候，也只是接收到二維平面上，是大腦接著根據各種熟悉的線索提示，根據童年時期伸手去拿遠的東西、頭又撞到近的東西的經驗，構建出三維空間。這就像是黃檸檬的黃色一樣，所謂第三

個維度也從頭到尾就是個幻覺。但從過去到未來，都一直會在我
們的腦海中，所以我們才能看 3D 電影、繪出逼真的畫作。藝術
家會重新創造我們所熟悉的視覺線索，而我們則是在經驗的幫助
下，在腦海中將景象再現。但就本質而言，大腦又是用了一個謊
言，來向我們呈現所謂的立體真相。

　　沃利許說，大腦必須做出種種的假設，才能優游於這個充滿
不確定性的世界。這種做法對我們來說通常也很方便：事實上，
人類已經這樣度過了幾百萬年。然而，一旦把這些假設應用得太
過度，問題也就跟著出現。沃利許表示，這就像是打字的時候，
盲目接受所有自動修正建議一樣。

　　沃利許主張：「我們得要跳出這個層次，要能夠承認：『我
受到 SURFPAD 的限制，你也受到 SURFPAD 的限制。』接著就能
夠來到後設的層次，去問：『我的先驗知識是什麼？我有什麼假
設？我們有不同的先驗知識嗎？我們有不同的假設嗎？』或許到
這個層次，我們就能對另一方的背景有所瞭解。因為在社群媒體
上，老實說我看過很多很可怕的想法，但現在我不會和他們打筆
仗，我什麼都不會說，因為過去試著和他們打筆仗的時候，情況
只會變得更糟。所以我覺得，我們需要有一種新的文化，來應對
彼此意見的分歧。我們需要一套 SURFPAD 的文化。」

　　我認為沃利許最後的發現，應該會非常重要。畢竟，類似的
科學思想已經多次讓人類對自己有了全新的認知。哥白尼革命、
天擇帶來的演化、疾病的細菌說、將意識的所在地從靈魂改到大
腦，以及心理學讓我們知道有各種無意識的力量驅策著我們的思

想、感覺與行為——這些都為人類提供了工具，重新思考那些曾在過去極為實用、但也有時錯得離譜的種種假設。未來我們要面對的，可能是個永遠相互連線連結的扁平化世界，永遠能得到所有的資訊，但也就使得一切都不確定、一切都模棱兩可；在這樣的世界，雖然真理確實存在，卻很難得到眾人的信任。而在我最樂觀的時候，就覺得未來的人類將會善用 SURFPAD 的概念，提升言論的品質。

讓光照進來

根據沃利許與卡洛維奇的研究結果，我們不能光是提出挑戰對方論點的證據，而是必須要能夠詢問和理解另一方究竟是如何得出他們的結論。我們必須先知道，原來別人有著不同的先驗知識與處理過程，你才能夠瞭解，原來自己以為再確定不過的事，在其他人看來不見得是這樣。我們必須接受，人就是分成了不同的社群（甚至在網際網路上也分了許多社群），有不同的問題、目標、動機和憂慮，而且最重要的是，人就是有不同的經歷。我們也必須承認，如果我們也走過別人的經歷，搞不好也會出現與他們同樣的想法。

有爭議的議題之所以有爭議，正是因為大家在心中消除歧義的時候，各有不同的方式，而且這是出於潛意識，而不是刻意為之的選擇。能瞭解這一點，或許就能做到沃利許與紐約大學等人所稱的「認知同理」（cognitive empathy）：知道其他人認定的真相

是在無意識間進入他們的腦海，所以實在不用浪費時間去爭論別人心中的結論。

沃利許等人認為，更好的方式是讓雙方都把重點放在「處理過程」，強調大家是**怎麼看到、為何看到**目前看到的情況，而別去強調大家究竟**看到了什麼**。如果看看關於大腦如何更新先驗知識的科學研究，就會知道這才是正途；而且事實上，人類過去的所有阻礙都是這樣克服的。這才是真正改變想法的方式。只不過還有一個問題，我們會留在下一章來探討。

沃利許與卡洛維奇的下一個實驗，要測試的是：如果讓看到白襪子與粉紅鱷魚鞋的人，事先得到一些其他資訊，能不能讓他們看到照片本身的顏色？這裡想測試的是能不能透過教學，讓受試者放下自己的假設，學會用不同的方式來看鱷魚鞋，以規避自己的假設。換句話說，就是靠著讓人接觸新事物，來改變他們的想法。這項實驗的假設認為：只要讓人有新的體驗，應該不用太久，就能意識到自己過去可能錯了，認清應該更新自己的先驗知識，得到新的觀點。沃利許說：「應該要讓他們從某些體驗裡，明確瞭解『光』是什麼。」

我告訴沃利許，我打算去認識一些待過邪教、仇恨團體與陰謀論社群的人。根據我過去讀到的資訊，成員之所以會離開那些團體，並不是因為相關的信念受到直接挑戰，而是因為一些完全與意識型態無關的事，讓這些前成員對這些團體徹底改觀。

沃利許打斷了我的話。「就是這招了！得先想辦法敲開一條裂縫，才能讓光照進來。」

第四章

失衡

—— 想法如何改變

我就教於沃利許及其他紐約大學神經科學家一段時間之後，相信自己已經大致瞭解想法如何形成。大腦像是被關在一個黑盒子裡，但它會緩慢而努力的建構出一個模型，來模擬現實；隨著時間過去，對於身邊環境那些有規律、會固定刺激某些神經通路的現象，這個模型會愈來愈能解釋與預測。

人類在世界上，最早體驗到的就是形狀、聲音和顏色，隨著我們愈來愈善於感知這些要素，就愈來愈會和周遭的物體互動，也開始加以分類。等到長得夠大，靠著同樣曾經歷這些過程的人協助，我們學習如何使用語言。一開始，我們先把一些已經達成共識的聲音，連結到這些聲音所描述的現實；接著我們學會了如何在紙上，以某些線條來代表這些聲音；再來則是能藉以瞭解某些我們或許永遠不會直接體驗的事物，像是在書上神遊巴拉圭、在播客上聽連環殺手的故事、在電影上看到會說話的泰迪熊。

可是如果哪天我們發現，自己一向以為真實的事，其實是假的，會有什麼後果？如果我們學到的新事物，和過去的舊事物互相矛盾，會發生什麼事？如果我們聽到的論點，不符合自己的世界觀，情況會是如何？如果我們新經歷的事情，開始質疑自己過去奉為圭臬的看法，又會有什麼影響？

在我已經更瞭解想法如何*形成*之後，現在我想進一步研究想法如何*改變*。

人類想探討事物真假的對話，已經持續了兩千年，許多比我更聰明的人，最後都決定放棄，跑去深山隱居，專心刺出最精美的刺繡、煎出最完美的煎餅。

　　為了避免這種結局，我不會深入談什麼知識的哲學問題，多半只會談心理學和神經科學。這不是我在小看哲學。只不過，只要你讀過任何一本談知識論（也就是關於如何知道各種事物）的書，就會發現可能得花上幾百頁的篇幅，來討論「自由意志是不是一種幻覺」，但最後還是沒有一個令人滿意的結論。如果不想走這條鑽研推敲語義的路，另一個選擇就是把重點放在瞭解大腦如何生成這些語義背後的基礎。

💡 大腦 —— 資訊處理機器

　　前面稍微提過，編寫在大腦裡的資訊，形式就是神經元斷斷續續的放電，雖然是寫在一個活的基板上，但如果靠近點看，和把文字寫在紙上並沒有什麼兩樣。

　　而我們所謂「大腦會儲存資訊」，意思只是大腦在透過感官與外界互動、或是透過思考與自己互動的時候，會出現一種實際的物理程序：化學和電活動重新排列大腦中的分子與原子，就實情而言，「互動前」的大腦和「互動後」的大腦就是有所不同。所以在你聽到某首歌、遇到一隻小狗、或是討論什麼才叫芥末的時候，都會讓神經元之間的連結有所加強、或削弱、或刪節、或改變，在某些最微小的地方，大腦的形狀與排列就是不一樣了。

　　這會怎樣變成「資訊」？這就像你用筆在紙上往下壓、寫出字來，或是拿印章壓在蠟上，紙或蠟的物理形式就此改變。在感官對自然世界做出反應的時候，就會向大腦發出訊息，讓大腦的

物理結構有所改變。這也像是一隻腳踩進泥裡、或是拿個烙鐵印在木材上，某個原因帶來某個結果，而那個結果就承載著資訊。接著，靠著某些生物機器能注意到那些資訊、某些生物機器能注意到其中的模式、還有某些生物機器能看到模式中的模式，就能構成我們所謂的「想法」。

這些模式還能協助我們找出隱藏其中的真相。著名心理學家平克（Steven Pinker）就曾經舉過一個想像實驗，來證明這一點。

平克說，現在想像你在鋸一棵樹，再想像有一臺機器，能夠感應到這棵樹裡的年輪。每鋸到一個年輪，就會做一個標記。五個年輪，就有五個標記。於是，年輪所形成的模式，就能編碼記錄到另一個地方。

接著，平克再請我們想像有另一臺機器，無須「思考」就能製造出真理真相。這臺機器是這樣的：在鋸樹的時候能夠感應到樹的年輪，每鋸到一個年輪，就會做一個標記。五個年輪，就有五個標記。接下來，再用這臺機器去鋸另一棵比較小的樹。三個年輪，做了三個標記。這時候，我們再給機器加上一個功能：在小樹上每感應到一個年輪的時候，就磨掉大樹年輪所留下的一個標記。這樣一來，我們就有了減法。五個年輪減掉三個年輪，剩下兩個年輪。於是，一個純粹機械式的過程，就能產生一個隱藏在模式背後的真理真相。

年輪對應到年，而標記又對應到年輪，所以經過減法運算，所留下的兩個標記就代表著種下小樹時的大樹年紀：兩年。但我們還可以繼續談下去。因為樹的年輪也是某個因帶來的果：樹之

所以會留下有的較亮、有的較暗的年輪，是因為樹幹在地球繞太陽公轉一圈的過程中，歷經四季交替而逐漸變粗，所以兩個年輪也代表繞了太陽兩圈。也就是說，在種下第一棵樹之後，地球繞太陽公轉了兩圈，第二棵樹才發芽。

以上這些講法都是對的，但這不是因為這個機器「本身有智慧或具備理性」，而是因為這個機器能產生「一系列尋常的物理事件，而第一個環節就在於如何配置可承載資訊的物質」。

大腦裡的情況也是這樣。大腦會根據自己在外部世界感知到的模式，不斷給神經元「烙上」標記，也不斷在發現其他模式的時候，把原本的標記磨掉。大腦裡面就像是有許許多多的生物機器，各自發現了什麼相關性的時候，就會在共享的整個神經元網路裡，做出對應的改變。接著，大腦就會根據這些內部變化，改變其運作方式。如果新的運作方式會讓大腦更成功，那些新的神經模式就會逐漸強化；如果不會更成功，則會逐漸弱化。

智慧生物 —— 學習的機器

隨著時間，在天擇的影響之下，更能感受相關性、並據以反應的生物機器就能勝出。簡單來說，如果生物的神經系統能夠為資訊編碼、進行比較及比對相關性，就會愈來愈能運用這些資訊來生存繁衍、蓬勃興盛。像蜘蛛和蠕蟲這樣會對周遭環境的刺激做出反應的生物，是從單細胞生物和浮游生物那樣的前輩，一路趨吉避凶演化而來。在一代一代的演化過程中，也就產生出更優

秀的生物機器，擁有更優秀的感官與反應。

慢慢的，從第一級的機器當中逐漸發展出第二級的機器，開始能夠像是感知外部世界模式那樣，也能讀取自己內部的訊息。而這些生物機器能將這些模式應用到更高的層次，從相關性轉化為推論與預測，於是更能搜尋資源、避開威脅。

這樣不斷演進，最後終於出現最早的複雜神經系統。腦中的許多生物機器能夠互相利用，共享並交互參照各種資訊，實現了一定程度的複雜性，而讓生物開始有了智慧、有了評估與規劃的能力。這樣的生物為了追求「不挨餓」、「不被吃」等等目標，會在面對不確定性的時候，拿新資訊來和過去已經編碼的舊資訊做比較，再做出判斷與決定。換句話說，生命學會了如何學習。從神經科學的角度，這才是真正的改變想法：這樣的生物就是一臺學習的機器，不斷同時烙下與磨去各種編碼的資訊。

多巴胺 —— 左右你我的動機系統

對複雜生物而言，能否生存，就要看如何根據過去的經驗，來預測接下來的事。或許乍聽之下不可思議，但人類是靠多巴胺來注意到自己的預測是否有誤。多巴胺這種神經傳遞物質，深深左右著人類的動機。正如神經科學家漢弗瑞斯（Mark Humphries）所言，大腦就像泡在充滿多巴胺的「湯」裡，而從這一秒到下一秒鐘，這碗「湯」的多巴胺濃度，就會影響你判斷究竟該繼續做手上的事、或是放棄改去做別的事。

正是大腦裡的多巴胺濃度，讓我們想要繼續工作、讀書、看電影、排隊、或是努力和人聊天，而一旦濃度改變，我們就可能覺得興趣全失，想改做點什麼別的事。又或者像是在滑社群媒體的頁面、打電動、賭博之類的時候，我們也可能會覺得現在就是這件事情最重要，於是犧牲其他動機，專注投入在當下。

在這個動機系統裡，在事情的結果與預期有出入的時候，多巴胺就會影響我們當下的感覺，推動我們去注意、學習與調整未來的預期。

舉例來說，如果你搭上一班前往冰島的班機，領取行李箱的時候，忽然聽說入境旅客都能領到那座機場提供的免費冰淇淋，你的多巴胺濃度就會飆升，讓你注意到這個意外的好結果。這樣一來，你就有動機在原本的日常裡加上一項新的行為，在未來選擇那座機場。然而，如果你本來就到過那座機場，這次也是特地為了領冰淇淋才又選擇了這裡，到了領取行李箱的時候，多巴胺的濃度只會維持穩定。而因為經驗符合預期，這種行為大概還會繼續下去。然而，要是你預期能領到冰淇淋，但到了機場卻得知現在取消了這項迎賓禮，就可能會因為這項意外的負面結果，而導致多巴胺濃度下降，以後可能不想再來這座機場。

心理學家魯賽爾（Michael Rousell）告訴我，一旦出現體驗與期望不符的意外，多巴胺會激增，持續大約一毫秒，讓我們停下手上的任何事，集中注意力。碰上意外之後，我們就會想從新的體驗裡學習，以減少未來可能會犯的錯。

魯賽爾說，對我們的祖先而言，「『意外』可能是迫在眉睫

的危險、或是千載難逢的契機。如果光只是思考，卻沒有行動，就可能會陷入危險、或是錯過良機，兩者都可能會讓你被踢出基因庫。」

💡 同化 & 調適

　　要是心裡的預期模型與當下的體驗有了出入，不管是家門前冒出意外的訪客，或是外送餐點居然漢堡少了一個，這樣的意外都會鼓勵我們更新自己的行為。隨著大腦悄悄更新我們的預測模式，就會讓我們在不知不覺中改變想法，希望讓未來的預測更準確，減少出現意外的情形。

　　所有主觀現實都是這樣打造出來的：一層又一層的模式、一層又一層的預測機制，而且由於大腦的可塑性，這項打造計畫永遠沒有結束的一天。神經元這個砌磚工人，就這樣不斷為我們的信心大教堂加蓋房間；從這一刻到下一刻，我們的大腦都會不斷將現實的模型拆掉重建，好讓我們能夠理解各種新奇與意外的事物。人腦中的思想總是不斷在變化、更新，不斷在寫作、編輯。也幸虧有這樣的可塑性，不論我們過去以為的真實或不真實、真相或非真相、好或壞、道德或不道德，許多判斷都會隨著我們知道了一些自己過去「不知道自己不知道」的事，而讓一切有了改變。

　　你在本章會看到，大腦並不只是把各種信念與聯想雜七雜八混在一起。這種烙印與磨去的過程雖然或許是從感官開始，但接

著還是會形成抽象的層次架構。最底層的是各種原始感官感受，像是形狀、聲音、顏色。中層則是有明確的構想觀念，像是毛毛蟲和手風琴。至於最上層則是一些更抽象的概念，像是謙遜和颶風。想理解不同層次的概念，都得先懂前一個層次的概念才行。

我們所謂學到新東西的時候，多半使用的仍然是原有的層次架構，只是稍做整理。但也有一些時候，需要把原有的層次架構大幅擴充。舉例來說，如果你學到一道用雞肉做的新菜，就只是讓自己會做的食譜多了一道菜而已。就算接著將這項知識吸收、**同化**（assimilate），應用到其他食譜、甚至是與雞肉無關的其他食材，層次架構仍然維持原樣，只有一些小處更新。

然而，如果你是參觀大型養雞場，發現裡面養著有八條腿的雞、並且用完全沒有腿的雞隻當做飼料，這下你可能就得要經過**調適**（accommodate）的過程，而對層次架構有重大的更新。

正是「同化」與「調適」這兩個過程，推動了所有想法的改變。多虧了偉大的心理學家皮亞傑，讓我們瞭解大腦是如何創造知識、與知識互動。但在我們深入探索之前，似乎值得先再回頭一次，迅速回顧一下究竟「知道」任何事情是什麼意思。

信念與知識是兩回事

在哲學裡，所謂「知道」某事，指的不是你「相信」自己知道某事，而必須是知道某項剛好是事實的事。舉例來說，就算你**相信**「在澳洲與加拿大同時沖馬桶的時候，兩邊的水旋轉的方向

會不一樣」，但因為這並非事實，所以並不能說這是你所**知道**的知識。馬桶裡的水要往哪邊旋轉，永遠都是看你開始沖水的方向而定；所以如果你所相信的說法並非事實，就不能算是你知道的知識，只能說是你相信的信念。對哲學家而言，「信念」與「知識」是兩回事，因為人確實能把某些假的事情信以為真。

想回答「我們如何判斷某事是真相」這個問題的時候，問題就在於我們還得先判斷自己對「真相」的定義究竟是不是真相。就是因為這樣，才讓 know 這個動詞有大概兩千六百種解釋的方式；等到你讀完一個哲學學位，聽到「椅子」時，可能比較會先想到這是個信念與概念的集合，而不是覺得這是木頭和布料做成的家具。

這樣一來，要談「後真相」這個詞就顯得有點蠢了，因為就哲學而言，大家吵了大約兩千年，就連「真相」的定義都還沒能達成共識。而要是我們從來就不曾活在充滿真相的天堂，又怎麼可能活在一個後真相的世界？幾千年來，我們除了在爭論什麼叫真相，也在爭論真相究竟該如何判斷。想跳出這個迴圈，唯一的辦法就是研究人類到底如何在各種事實上達成共識，而這門學科就是「知識論」（epistemology，又稱認識論）。

知識論研究的是知識本身的種種，包括：事實、虛構、合理解釋、正當辯解、合理性、邏輯。早在我們給它定下「知識論」這個名稱之前，它早已是哲學本身的一大核心考量。在人類發明顯微鏡和雷射之前，「思考物質是如何構成」也能成為一種謀生方式：靠著深入思考，創造出另一套知識論，再和其他知識論公

開競爭，比比看誰更能找出事實。這也就是知識論的本質——就是一套思考框架，用來找出什麼才是「真的」。正因為這樣的難度實在太高，所以常看到有許多人在網路上打筆仗，打到難以收場，不管吵的是「熱狗算不算三明治」，或者爭論「地球是不是平的」或「911是不是美國政府的陰謀」，都叫人覺得真是太辛苦了。

心理學與哲學的相關探討，多半認為知識大致上分成兩種形式。第一種是知道「何事」，例如：有布丁這種東西存在，樹很高，昨天下雨，明天是星期天。這種屬於陳述性知識（declarative knowledge）。第二種則是知道「如何」，像是如何跳霹靂舞、怎麼換輪胎。這種屬於程序性知識（procedural knowledge）。而不論哪一種，如果有人對知識提出主張，長久以來我們都會使用命題（proposition）來檢驗該主張是否為真。

命題本身並無真假，而只是提出一種可能為真、也可能為假的說法。舉例來說，我們可以用一句話來陳述某項可能為真的事情，像是：「在《雷霆殺機》裡，是由派屈克‧史威茲來演詹姆士‧龐德。」接著，挑戰這項命題的方式，就是要求對此提出正當的辯護。像是就這項命題而言，根據證據指出，過去曾扮演詹姆士‧龐德的幾位演員當中，沒有任何一位是派屈克‧史威茲，所以就命題的標準而言，無法提出正當的辯護，也就代表該命題為假。

有了命題之後，也就能有所謂的命題邏輯。譬如：「休士頓有一百二十萬隻流浪狗。休士頓是德州的一座城市。因此，德州

有超過一百二十萬隻流浪狗。」但是有些時候，就算證據充分、邏輯合理，也不能光靠一個命題，就想推論出明確的結論。舉例來說，如果你主張所有天鵝都是白的，理由是你見過的所有天鵝都是白色；這時候只要能找到一隻黑天鵝，就能證明你的主張為假。就這個例子而言，不論你再怎麼深信不疑，你的主張就仍然只是一項信念；因為可能會出現一隻你沒見過的黑天鵝，所以從哲學上來說，這不算是一項知識。

而到頭來，知識論的重點就在於讓證據轉化為信念。針對我們所相信的事，用某種系統加以整理，進行排列、組織與分類，再與現有的證據做比較，而我們對這件事是否為真的確信程度，應該就會上升或下降。然而，在你想知道的東西不一樣的時候，就會有某些整理的方式比其他方式更好。像是在 A 知識論框架裡，或許能讓我們有一定的信心，認定月亮控制著地球的潮汐。但到了 B 知識論框架裡，則或許是讓我們有一定的信心，認定月亮控制著我們的夢想。

💡 不知道自己「有多少事還不知道」

算我們運氣好，如果要談的是實證上的真相，最後是由我們稱為「科學」的這套知識論勝出，畢竟只有這套知識論讓人類得以製造出 iPhone、開發出疫苗。

大約是在十七世紀的某個時候，人類發展出「科學」這種系統性的方法，來測試各項基於事實的信念，也針對那些可觀察、

可測量的內容，找出在實證上認定為真相的共識。在科學這套方法裡，會覺得任何結論都有可能，而驗證的過程既不是針對命題拚命腦力激盪，也不是用迷幻仙人掌（peyote）讓自己進入冥想狀態，而是花時間設計出有嚴謹控制對照的種種實驗。得到結果之後，就能有大批大批的證據，用來檢驗判斷你當初的各種假說。如果有某些證據累積得愈來愈有規模，假說就會成為理論；再進一步就成了模型，能夠預測未來的實驗可能會有怎樣的結果。只要未來的實驗確實帶出所預測的結果，模型就會繼續成立；如果結果與預測不符，就是模型需要更新。

　　對於某些完全只看事實的主題而言，「科學」這套知識論再適合不過。例如為什麼天空是藍色？石油是從哪裡來的？然而，如果要討論什麼才是最佳的政治與政策、倫理與道德，科學就只能做為其他知識論的參考。但即使在這些領域，仍然應該抱持著科學方法的基本精神：無論對於自己的結論或他人的結論，我們都應該要有所懷疑，而不是一心想去確認（但我們常常都寧願相信、一心想去確認）。

　　我們在後面會談到為什麼人們喜歡確認自己的結論，但在那之前，我想再次談到哲學、心理學與神經科學的重疊之處。這些領域看起來的一項共通點，在於認為各種原始的感官訊息（以及我們對這些感官訊息的看法）還不能算是知識，而需要我們在思考的時候，搭配各種條件的限制才行。

　　有了搭配的條件，就能定出規範，不但能定義何者為真，也能定義何者不為真。這樣一來，就讓我們能夠用上一個非常重要

的表達方式：假／錯。根據各種條件，我們就能說有各種事情是假的或錯的。這套方法不只能用在幾何學上，也能用在千層麵的料理方式上，還能用來判斷各種事物的好壞或正義與否。

舉例來說，在談什麼叫做「正方形」之前，得先就所謂正方形的條件達成共識。我們或許可以說：「如果一個平面圖形有四個等長的邊、四個直角，這就是正方形。」而這樣一來，如果有人看著一個三角形、卻說這是個正方形，我們就能說他錯了。更重要的是，我們還能更上一層樓，將正方形的定義應用到更複雜的概念之中。例如，定義了「四邊等長、四個直角的平面圖形」叫做正方形之後，就能描述立方體是「由六個正方形構成的立體圖形」。而在定義了立方體之後，就能用來描述其他在三維空間中的物體，發展出更高一層全新的、大家會有共識的概念。

這些概念逐一成為更大概念的一部分，最後也就讓我們得以辯論正義之類的抽象概念，以及理解像是地殼板塊構造之類的現象。到了最高的層次，所有概念都需要依賴下方那些各方達成共識的條件做為支撐，每一層概念也需要下方各層做為證據，證明自己沒有事實上的錯誤，因此能夠稱為「知識」。

唯一的問題在於：這套做法行之有年，我們已知道了許多，但現在還是不知道自己「有多少事還不知道」。更糟的是，我們甚至是不知道「自己不知道自己不知道」這件事。因為要建立共識的時候，我們只能以我們的確實所知（或者是相信自己所知）做為基礎，所以在我們其實錯得離譜的某些狀態下，我們卻是渾然不察，難以發現。

　　榮獲普立茲獎的科普作家舒茲（Kathryn Schulz）就指出，無論對於個人或是有同樣想法的群體來說，在知道自己錯了之前，感覺起來就跟自己是對的毫無兩樣。

鵝樹傳奇

　　正因為大腦並不知道自己不知道些什麼，所以在建構因果敘述的時候，會想出一些臨時的解釋，填補現實的漏洞。問題是，如果有一群大腦都用了同樣的權宜之計，拿些得過且過的解釋來糊弄，隨著時間慢慢過去，這種共同的臨時解釋很可能會變成共識，然後就用這樣的**常識**來判斷究竟何為真、何為假。幾個世紀下來，這種做法就衍生出許多怪異的共同信念，在今日看來覺得荒謬愚蠢至極。舉例來說，有很長一段時間，大多數人以為雁鵝是長在樹上的。

　　幾個世紀前，常常看到一種藤壺長在漂流木上，有一根長長的柄，從白色殼板裡延伸出來，殼板上還帶著一些黃色的條紋。在至少七百年間，中世紀歐洲相信這種藤壺是某種原始的雁鵝，因為在同一個生長區域有幾種常見的雁鵝，頭部和頸部就酷似這種藤壺的外觀。一些能夠追溯到十二世紀的博物學文獻，還記載著神祕的「鵝樹」，提到樹上會掛著奇怪的果實，鳥類在其中成形、孵化、垂掛，最後終於脫落而飛離。

　　當然，雁鵝不是從樹上長出來的。但又為什麼有這麼長的一段時間，幾乎人人都深信不疑？答案是世界上有些事，這些人根

本不知道自己不知道。特別是他們不知道有些雁鵝住在英格蘭的沼澤地，只是飛到歐洲大陸來繁殖和產卵。對於十二世紀及更早的人們而言，候鳥的遷移仍然是他們不知道自己不知道的事，這在他們腦中甚至不是個選項。

人類只能用手上擁有的材料來打造現實的模型，所以當時的人就是根據他們所知道的事情（至少是他們以為自己知道的），建構出他們以為的現實模型。他們在推論的過程跳了一步，而且當時覺得再合理不過：在他們看來，漂流木一定是從樹上斷掉落下的樹枝，所以這種附著在樹上的奇妙玩意，肯定就是某種長在「鵝樹」上面的「鵝芽」，只可惜還來不及長成完整的一隻鵝，就已經脫落。

在當時，生命的自然發生（spontaneous generation）是各方公認的真理，所有人的現實模型裡都會有這麼一項。人人都相信，腐肉會生出蒼蠅，成堆汙穢的破布會長出老鼠，燃燒的木頭會生出火蜥蜴。至於大多數其他東西，都是從黏液或淤泥裡生出來的。這樣看來，樹上長出鵝的芽似乎再合理不過，特別是在過去五百年間，都沒有人見過這種禽類下的蛋呢！而且據說，這個過程都是由學識淵博的修士記錄下來的，更讓這一切顯得更為可信。

修士為了佐證，還特地畫了插圖來呈現這種神祕的雁鵝樹，表現這個奇特的生長過程。這些著作只能說相當精采好看。修士還會告訴你，大齋節禁食期間吃藤壺鵝（barnacle goose，白額黑雁）不算破戒，因為這不算是鳥。這項信念根深柢固、相當流行，讓教宗英諾森三世在 1215 年還得特地宣布，雖然人人都知道藤壺

鵝是從樹上長出來的，但教會還是必須嚴格禁止在大齋節期間食用，這才終於堵上了狡猾的修士鑽出來的漏洞。

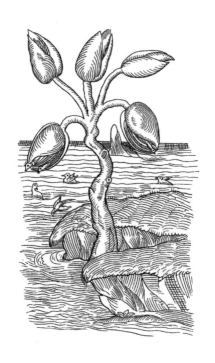

　　對於「鵝樹」這件事，大多數人手上並沒有自己的證據，所以他們決定相信權威，也讓這件事成了普遍接受的概念。他們雖然錯了，但這項錯誤並沒有真正在他們生活造成什麼重大影響，所以這則迷思也就一路延續下去。

　　直到十七世紀某一天，格陵蘭的探險家發現了藤壺鵝築巢的地點。那是人類對這件事發現的第一項異常。接著，許多人開始

仔細檢查漂流木上那些奇怪的芽,又發現了種種異常。蘭克斯特（Ray Lankester）在 1915 年的著作《博物學家的消遣娛樂》提到,這項信念在十七世紀初開始消失,因為「以不預設立場的眼光來檢視藤壺殼內的結構之後,發現和鳥禽實在差了十萬八千里。」如今,這兩種生物仍然稱為藤壺鵝和鵝頸藤壺,依稀可見過去信念的蹤影;這種信念曾經存在於當時該地所有人的大腦之中,但如今已經煙消雲散。

有些古早的共識現實（consensus reality）,當時也說得煞有介事,像是:有兩頭巨狼會追逐吞噬日月;醫學的體液學說,認為人類的健康要靠黑膽汁、黃膽汁、血液與痰液,這四種體液達到平衡;宇宙的地心說,認為整個天空有幾個同心而透明的天層包圍,以這個模型來解釋太陽、月亮、恆星和行星如何運動;疾病的瘴氣論,認為所有疾病都是聞了太多有毒臭氣所致。

如果單從這些學說的內部來看,並不會覺得它們太沒道理。所有過時的世界觀都是如此,只有在事後看來,才驚覺原來如此荒謬。而且儘管錯得離譜,當時用這些信念過著生活的人,可不會輕易放棄。

光是幾個博物學家找到了反對的證據,無法立刻撼動民眾對藤壺鵝的信念。民眾一開始的反應是加以同化:在解讀證據的時候,認為這只是證明了一些自己早就知道的事。所以必須出現更多全新打臉的證據,從各個不同來源指出一系列的異常現象,讓現有模型完全無法解釋,才能讓像是藤壺鵝這種信念澈底消失。

在二十世紀中葉,科學哲學家孔恩（Thomas Kuhn）與認知心

理學家皮亞傑都發現，如果觀察那些遭到淘汰的科學理論（像是鵝樹），就能夠瞭解想法究竟是如何改變、或是如何不變。於是兩人各自提出一套可用來解釋心智模式的理論。孔恩提出的理論是「典範轉移」（paradigm shift），皮亞傑提出的則是我在前面提到的「同化」與「調適」這兩種心理機制。

我個人比較偏向皮亞傑，但兩人的理論都是本書接下來討論時的參考。為了要瞭解這些理論，讓我們先看看異常現象會如何在個人的腦中逐漸累積，最後終於超出限度。

💡 感知危機、識別衝擊、頓悟

在 1949 年，哈佛大學的心理學家布魯納（Jerome S. Bruner）與波斯特曼（Leo Postman）設計了一項實驗，使用撲克牌來測試人類更新心智模式的能力。

在螢幕上，他們會一次迅速閃示一張撲克牌，再請受試者大聲說出自己看到什麼牌，接著再按下按鈕，閃示下一張牌。「梅花 A」、按鈕，「方塊 3」、按鈕，就這樣繼續下去。

受試者不知道的是，這些撲克牌裡有一些他們沒看過的異常撲克牌，顏色會突然互換，像是出現「黑心」或「紅桃」之類。一開始，受試者並不會注意到有這些奇怪的牌，唸出撲克牌花色數字的時候，一切就好像都完全正常，再熟悉不過。但受試者沒發現，他們的大腦已經發現有什麼怪怪的，於是需要的反應時間愈來愈長，而那些異常撲克牌出現的頻率也愈來愈高。

在整個牌組裡，出現異常撲克牌的數量愈來愈多。大多數受試者還是會繼續把異常看成正常，但這時也會開始提到覺得好像怪怪的。看到那些顏色有問題的撲克牌，受試者常常說這些牌看起來是灰灰的咖啡色、黑黑的紅色，甚至有人會看到紫色。他們覺得好像有什麼不對，但就是說不出來，由於覺得困惑，也讓反應時間大受影響。

科學家把更多顏色錯誤的假撲克牌加到牌組裡之後，有些受試者開始體驗到科學家所謂的「感知危機」（perceptual crisis）。看到假牌的時候，會有一半的受試者說「我他媽的根本不知道那是紅色還是什麼色！」或是「那張看起來根本不像撲克牌」，或是「天啊，我現在連黑桃長什麼樣，都覺得不敢確定了！」

最後，在認知上被搞得渾身不對勁到極致之後，受試者來到了布魯納與波斯特曼所稱的「識別衝擊」（shock of recognition）。他們突然頓悟，彷彿有電流通過全身，意識到有些牌就是被改過了，才會看起來這麼奇怪。他們終於鬆了口氣，「哦！牌的顏色不對嘛！」從這時候開始，受試者就不再試著想讓異常現象符合自己的預期，而是會有一套新的預期，來解釋那些新的撲克牌。

受試者識別出顏色**可能**有問題之後，也就立刻能讀到對的撲克牌。而在這之後，受試者在後續實驗中，都能夠正確輕鬆讀出撲克牌，反應時間也恢復正常。

孔恩在《科學革命的結構》書裡指出，布魯納和波斯特曼的實驗完美說明了無論在科學或非科學的領域，想法是如何發生變化。一開始，受試者對於顏色錯誤的牌視而不見。再來，等到異

常現象多到無法忽視的時候，受試者會試著把異常現象同化到現有模型當中，於是覺得這些牌似乎處於某種感知上的中間地帶，不特別紅、也不特別黑。但等到同化失敗，大腦終於屈服，另外創造出一個新的永久分類：被改成另一種顏色的撲克牌。

在我們第一次發現預期與體驗有了出入，懷疑自己可能錯了的時候，會發自內心覺得不舒服，而且還是想要繼續套用自己目前對於現實的模型，不願意開始調適。必須等到大腦終於認命，承認現有模型永遠無法解決眼前不協調的現象，才會乖乖打造出新的抽象層次，才願意更新自己的模型，調適包容眼前的全新情境。結果就是一場頓悟；而所有頓悟都一樣，真正令人震驚不已的並非變化本身，而是有意識的感受到自己的想法有了變化。

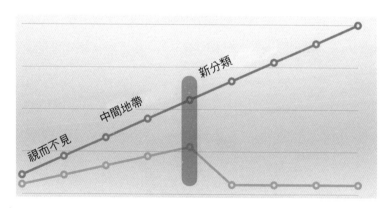

異常現象的數量逐漸累積，終於不再能視而不見。

反應時間漸漸拉長，直到頓悟之後，才恢復正常。

　　孔恩寫道：「在一個以預期構築而成的背景之中，新奇事物的出現，必然伴隨著困難，表現出來的就是受到的阻力。」換句話說，如果我們根本不知道自己不知道什麼，一開始就只能看到自己認為會看到的內容，而事實上，眼前所見有可能完全與我們的預期不一樣。等到我們產生「我可能錯了」的感覺，一開始會想透過不同的解讀方式來解決——面對眼前的新奇現象，會想要再次確認過去的想法，設法證明過去的模型依然正確，於是編出一套說法來合理化自己先入為主的概念。除非是真的一次就被徹底推翻，否則我們總會一再給心裡的模型再一次機會，直到最後才不得不開始調適。

　　在科學領域，等到某個模型再也無法容納更多的異常，不得不被淘汰的那一刻，孔恩稱之為「典範轉移」。而為了說明典範轉移的速度可以有多快，孔恩用的例子是那些有兩種看法的視錯覺：有一個盒子，似乎朝著兩個不同的方向；又或者是像鴨兔圖這樣的雙穩態視錯覺，一個方向看起來像鴨，另一個方向看起來像兔子。

孔恩想表達的是：在我們更新模型的時候，真正改變的並不是證據本身，而是我們解讀證據的方式。從這個典範到下一個典範的過程中，自然世界從未改變，只是我們原本提出的解釋遇上的異常愈來愈多，最後讓我們不得不想出其他說法，來解釋那些我們原本以為自己已經澈底瞭解、掌握真相的議題。孔恩就說，到了某個時點，「科學家的世界裡原本看到的鴨子，在革命後就成了兔子。」

忒修斯之船

皮亞傑與孔恩的看法大致相同，但對一項重點有不同想法。皮亞傑研究兒童的發展階段之後發現，舊的模型其實永遠不會真的被拋棄，而是用來做為後續發展的基礎。所以在他看來，思想的改變就像忒修斯之船（Ship of Theseus），在海上航行的時候，一點一點的更換著各項零組件，而永遠不會有棄船的風險。

這兩種主張有相當程度的交集，確實可以說它們根本大致相同，但孔恩談的是科學界的典範如何轉移，皮亞傑談的是個體如何產生改變。合而觀之，確實我們有些時候會意識到自己過去的舊模型就是「錯」了，但我們並不會真的把這些模型就丟進什麼認知垃圾箱，一切從頭開始。

對於這種時刻，孔恩稱之為「革命」或「典範轉移」，然而皮亞傑則說這時是在「統整」（integration），並不會說這是在「替代」。皮亞傑提到，所有的知識「不論再怎麼新奇，在最初的一

開始，都不會是真正與先前的知識完全無關，而肯定只是對現有知識的重組、調整、修正或補充。就算是在過去一段時間內完全不為人知的實驗數據，也必須要統整到現有知識之中。但這種事不會自行發生，而是需要眾人加以同化與調適。」

皮亞傑這輩子有一大部分的時間，是在談大腦如何運用體驗來創造知識。提到他這位心理學家，我們通常想到的就是他提出了兒童的認知發展階段與「物體恆存」（object permanence）概念。他提出了許多有趣的實驗，想知道兒童是到什麼時候才發現，把果汁從矮胖的玻璃杯倒到高瘦的玻璃杯裡，並不會神奇的變出更多果汁。但皮亞傑的所有研究，其實都是在探討同化與調適，他稱之為「發生知識論」（genetic epistemology，又稱發生認識論）。皮亞傑這套論點認為：要創造出主觀現實、帶出對世界的理解（或說就是「知識」本身），是一個主動積極的過程，這並不是一種狀態。

舉例來說，某個小孩第一次看到某種有四條腿、一條尾巴的小動物，爸媽說那是「狗」，小孩在心裡就會創造出一個分類，所有四條腿、非人類的動物都屬於這一類。所以等到後來，同一個小孩看到一匹馬，大喊「狗！」的時候，爸媽還得糾正。「不對，那是一匹馬。」而在這時候，小孩會放棄同化，追求調適，重新修改過去那個包含了所有四足動物的舊分類，打造出一個能夠容納更多動物的新分類。

皮亞傑把同化和調適這兩個概念，納入了他的「建構主義」（constructivism）學習理論。這套理論目前在教育界廣泛使用，根

據人類認知發展的科學概念來制定教案。在孔恩看來，思想的改變就像是演化史上的疾變平衡：會有長時間的穩定與抗拒，但又會在很短的時間內爆出突然、常常是災難性的改變。但在皮亞傑看來，思想的改變是一個連續、平衡的過程，是生物不斷適應環境、追求最佳環境，直到覺得自己充分掌握了環境為止。在那個時候，生物就達到了皮亞傑所謂的「平衡」。

平衡既是同化（將新資訊統整到既有的結構中），也是調適（改變與建立新結構，以理解資訊）。正如一位學者所言：「等這兩個過程取得平衡，就會出現適應（adaptation），達到一定程度的平衡。」

失衡

想把孔恩與皮亞傑的學說整合起來，關鍵就在於皮亞傑所說的「失衡」（disequilibrium）。

大腦是一個可塑性很高的實體，總是在學習、總是在更新，但必須小心謹慎，步調的快慢既不要招來危險，也不要造成停滯或混亂。而一旦這種謹慎的步調被打亂，像是遭遇了極端的環境變化或令人難以承受的不確定性，就會讓我們落入極度的失衡，於是想要積極的開始同化與調適。在這種時候，我們會刻意、堅決、甚至是痴迷的追求這些機制；也是在這種時候，我們能見到最大的改變。

如果某個人的核心期望是突然被完全顛覆了，無法以穩定的

方式有所改變，就可能讓他經歷到強烈而難以避免的心理創傷，讓他過去用來理解這個世界的現實模型忽然崩潰。

研究這種創傷的心理學家就發現，這樣的人很容易走上兩條路。第一條路是陷入適應不良的惡性循環，開始使用毒品或表現出其他類型的自我毀滅行為，不斷惡化，直到陷入黑暗的停滯。對於走上這條路的人來說，極度的心理困擾常常會催化出其他新的精神問題，又或者加劇那些暫時還不明顯的潛在傾向。然而，如果能有夠強大的社會支持系統，大多數人並不會走上這條路，而是走上第二條路：只要靠著本能，就能立刻開始在朋友、家人與網路上搜尋新資訊、新觀點，用以重建自我。

從 1990 年代末到 2000 年代初，特戴斯基（Richard Tedeschi）與卡宏（Lawrence Calhoun）等心理學家蒐集證據，對於人類如何應對巨變，提出了一套新的理論。他們發現對大多數人來說，從創傷中倖存能引發正面的適應性循環，透過他們所謂的「創傷後成長」（posttraumatic growth），喚醒一個新的自我。

在他們的一項研究中，特戴斯基與卡宏採訪的是一位終身癱瘓、無法再演奏的音樂家，但這位音樂家就和許多先前接受訪談的人一樣，表示這是「我碰過最棒的事」。這位音樂家說，就算他能回到過去改變些什麼，他也不想。他以前是個渾渾噩噩的酒鬼，除了下一場演出、下一個酒吧之外，沒有任何計畫。他寧願當現在這個癱瘓的自己，也不想再回到過去那個自我毀滅的音樂家生活，抱著各種錯誤的假設、滿滿的無知。

兩位學者的許多受訪者也是這麼想，這些人碰上像是飛機墜

機、房屋失火、四肢截肢等不幸,讓生活一夕變天。這些人表示「經歷創傷之後,恐懼與困惑餘波蕩漾,生命的種種基本假設受到嚴重挑戰」,他們必須更新「自己對世界的理解、以及所處的位置」,要不然,他們的大腦會陷入恐慌,無法接受現實。想解決這種恐慌,需要有新的行為、新的想法、新的信念、新的自我概念。

💡 預設世界

並不是每個人都像這位音樂家,覺得一切都是最好的安排,然而特戴斯基與卡宏的研究顯示:那些罹患末期癌症、喪子、失婚、車禍生還、或從戰爭或心臟病倖存的人,常常認為正是他們忍受了那些無可避免的負面情境,讓他們成了更好的人。在他們遇上那些慘劇與創傷之前,一直抱著各種過時的假設,但從來沒有理由去質疑,也就從來不知道原來裡面有各種錯誤。而這時候就像是打開了心裡從未探索過的空間,準備好要接受各種新體驗帶來的新知識。

雖然這樣的轉變聽來有不少好處,但一般人要是沒有碰上墜機、沒罹患癌症,卻很難做到。因為我們總是會擔心,太漫不經心就拋下舊有的世界觀與身分認同,災難很可能就會隨之而來,所以總是千方百計避免這種情況。要是沒有強大的思考框架,我們的各種信念、態度與價值觀就像失了依靠,讓我們覺得找不到意義何在,彷彿赤裸裸面對著整個世界,完全不知所措。

　　話雖如此，有時候我們就是不得不澈底重啟人生，而發生這種事情之後，日常生活很有可能大大受創。面對這樣的危機，一切看起來都不正常了。特戴斯基與卡宏提到，像這樣「心理的大地震」有可能「使許多過去能讓人理解事物、做出決策、感受意義的思考結構，化為斷垣殘壁」。過去認定的背景脈絡、過去會做的種種預測，在遭遇重大創傷之後受到挑戰，甚至有時候是被澈底推翻，讓人不禁質疑「人的存在到底有什麼目的或意義」。

　　特戴斯基與卡宏順著這個比喻發展下去，認為在發生這樣的創傷事件之後，認知的重建也就像是地震後的建築重建一樣。首先，只有最堅固的結構才能倖存，我們會慢慢發現那些結構依然適用。至於又有某些結構成了殘垣破瓦，則肯定不會再依樣重建這些不可靠的結構了。這樣一來，我們就帶出了嶄新的世界觀，「比起過去的抗震能力遠遠更強」。遇上危機的時候，我們才會變得更願意放開心胸、改變想法。

　　成長的過程就是以一種通常不可見、持續不斷的漸進過程，更新著我們的先驗知識，更新著我們沒發現是猜想的猜想；而創傷後的成長過程，就像是把油門踩滿、大幅加速。英國心理學家帕克斯（Colin M. Parkes）把那些先驗知識與猜想，稱之為我們的「預設世界」（assumptive world）：匯集各種心理現象，為我們提供可預測性與控制性，其中大部分都是承繼並內化自我們所屬的文化；文化就是一整套的指導知識、信念與態度，會指引我們的行為，協助我們瞭解事情的因果，也能為我們打造自我的形象，讓自己覺得有歸屬感、有意義、有目的。

　　預設世界能給我們帶來的好處有三種。第一，提供對於「當下」的脈絡，在每分每秒，讓我們掌握重要的人、事、時、地、因果。譬如，我的媽媽是誰？我該在什麼時候上床？我的郵箱在哪裡？蛋掉到地上為什麼會破？

　　第二，預設世界能給我們一整套「如果……，就會……」的陳述資料庫。這些因果敘述告訴我們，如果我們以某種方式與世界互動，未來可能會發生什麼事。就短期來說，我們知道如果去轉汽車鑰匙，引擎就會發動。失手把蛋掉到地上，就會搞得一片髒。打老闆一巴掌，就別想拿獎金。預設世界也讓我們得以制定計畫，思考如何在現在、下週、幾個月後達成怎樣的目標。至於就長期來說，我們會預設如果自己在學校把書念完，就能得到學位；如果一直大吃蛋糕，就得買更大號的新衣服；存退休金是件好事，而且也覺得自己應該能活得夠久，來得及享受。

　　預設世界協助我們理解現實的第三種方式，是讓我們知道：若想讓自己的社會支持網路得以維繫，就該表現出怎樣的行為。如果想和朋友、配偶、情人與家人維持親密關係，我們就會去做一些預設覺得該有的行為，也避免做一些預設覺得不該做的事。

💡 創傷後成長

　　所謂的「創傷後成長」，就是突然出現了某種影響深遠的重大挑戰，讓人懷疑自己預設世界的準確性，於是想法開始迅速改變。發現自己的預設澈底失靈的時候，大腦就像是進入了認知的

緊急狀態。為了向前邁進，為了重新感覺一切都在控制之中、覺得有信心走下去，你會意識到自己肯定有某些知識、信念和態度必須改變，只是還無法確定是哪些。

但很明白的是，這時候你已經不能再當縮頭烏龜，假裝目前的模型沒有問題，所以你會進入一種主動積極學習的狀態，會立刻開始不斷考慮其他觀點，誠實評估自己的弱點所在，並且設法改變自己的行為來解決危機。最後，那些構成你心中舊現實模型的知識、信念與態度，有許多都會遭到淘汰替換，而到了一定程度，可以說你的那個**自我**也已經有所不同。

這是一個自動的過程。沒有人是自己選擇了要在創傷後追尋意義、要在事件的餘波之中成長出一個新的自我，但這是一種生物開關，一種隨著需求而自然啟動的生存機制。特戴斯基與卡宏表示：必須記得，創傷倖存者其實並不覺得自己是在創傷後「開始尋找意義，或試著想從那些經歷得到好處」，大多數時候，大家只是求一個生存。

特戴斯基與卡宏提到美國詩人普萊斯（Reynolds Price）怎麼談那場令他癱瘓的癌症。普萊斯談到，如果你的身分就是已經遭到顛覆，會逼得你「變成另一個人，變成下一個可行的你 ── 那是一個赤裸裸、而又帶著清晰觀點的人。」普萊斯回顧當初確診罹癌的時候，他說希望當時有人早點看著他的眼睛，告訴他：「普萊斯已經死了。現在的你會是誰？而你又能變成誰？能不能加速變成那個人？」

💡 認知失調

在神經科學領域裡，對於「同化」與「調適」各有不同的名稱，分別叫做「保存守護」（conservation）與「主動學習」（active learning）。每次有新的證據質疑著我們的預期和結論，眼前冒出愈來愈多不協調的問題，似乎現有的模型就是無法解決，總有一天不得不改變。在這個懷疑的時刻，發自內心感覺到「我可能錯了」，心理學家稱之為「認知失調」（cognitive dissonance）。一開始面對與既有先驗知識不一致的新資訊，認知失調就會引起我們的注意，提醒我們可能需要更新那些先驗知識。要是我們無法有這種感覺，就永遠不會改變想法。

伊葛門（見第 82 頁）就有一位病人 G 太太，中風損傷到她的前扣帶皮質（anterior cingulate cortex，這部位涉及情緒、衝動控制、決策等功能），症狀明顯到叫人同情。

伊葛門第一次見到 G 太太和她先生的時候，G 太太已經是在中風後的康復期。伊葛門為她檢查，請她閉上雙眼，但她卻只能閉上單眼。伊葛門發覺情況嚴重，問她是不是兩眼都已經閉上，她回答確實都閉上了，這讓伊葛門很驚訝。檢查繼續，伊葛門舉起三根手指，問她能看到幾根。她回答三根。於是伊葛門問，如果她兩眼都閉上了，又怎麼知道自己舉了幾根手指？

G 太太一語不發。

伊葛門接著請 G 太太來到一面鏡子前，問她能不能看到自己在鏡中的樣子。她說可以，這時伊葛門再請她把兩眼都閉上。

等她說自己都閉上了，伊葛門又問她，是不是還能看到自己？她說可以。伊葛門又問她，如果她兩眼都閉上了，又怎麼可能看到自己呢？

再一次，G太太一語不發。

G太太沒有一絲困惑或驚慌，雖然眼前的證據明擺著自相矛盾，卻沒讓她想要去更新自己的信念，就只是靜靜的坐了一會，像是電腦在重新開機。

伊葛門說，病覺缺失症（anosognosia）的病人常有這種症狀，這種病症會讓病人否認自己有其他疾病。他稱之為「認知阻撓」（cognitive filibuster），也就是信念與感知的不一致。G太太的大腦裡處理這種不一致的部位（特別是前扣帶皮質）受損，所以就算「自己兩眼都閉上了」的信念顯然不符合鏡中的證據，也無法讓她改變想法。伊葛門說，這種案例叫人感到不可思議、又十分令人不安，親眼看著最後「兩邊都累到放棄」，把這件事就這麼放在一邊，沒有得到任何結論。

🔆 大腦更喜歡同化、而非調適

能讓人感受到認知失調的系統，如果處於休眠或受到損傷，人就無法感受到衝突通常會帶來的警報。這時候，會讓一般人感覺不適的矛盾感受與主張，卻是在腦中自由來去、順暢自然。正因為G太太感受不到認知失調，就無法加以處理。就算知道自己錯了，但無論在生理或心理上，都無法改變自己的想法。

　　我和伊葛門見面討論的時候，他也同意皮亞傑與魯賽爾（見第 125 頁）的想法。他說，事情與我們預期不符的時候，我們心中會產生警覺，發動所有的感官與認知能力，想搞清楚是什麼令我們感到意外。一旦發現自己每天用來追尋目標、計劃行動的因果模型，居然與眼前的結果不符，我們就會意識到自己可能需要「改變想法」。

　　每當期望落空、得不到自己想要的東西、預測失敗，就會讓人進入一種學習的狀態，會小心更新自己的模型。但大腦想要的只是解決那種「失調」的感覺。也就是說，不太妙的是，光是有「我可能錯了」的感覺，只代表大腦感覺到可能有衝突，但並不代表人會選擇進行調適。只要沒有特別的動機，大腦就會比較喜歡用「同化」的方式來解決問題：把新的資訊納入自己過去對世界的理解當中。換句話說，光是感覺到「我可能錯了」，通常的解決方案會是「但我也可能沒錯嘛」。

　　大腦就是這麼走著一條適應性的鋼索，不斷的在「保存舊資訊」與「取代舊資訊」之間搖晃。換句話說，我們總是想在「同化」與「調適」之間達到平衡。一方面，在不該改變想法的時候改變了想法，就可能讓自己誤入歧途；但另一方面，在該改變想法的時候堅持己見，也可能讓自己一頭撞上危險。

　　為了找出正確的路，我們對想法的更新，十分小心謹慎。所以在感受到新資訊要求我們更新信念、態度或價值觀的時候，就會出現認知失調的感覺，直到我們決定是要改變想法、或是改變對事情的詮釋。

這方面有個經典案例，是心理學家費斯廷格（Leon Festinger）在 1956 年的觀察實驗，當時他臥底混進了芝加哥的一個末日邪教。邪教的領袖泰德拉修女告訴信眾，將會有一艘宇宙太空船降臨，拯救大家逃離將在 1954 年 12 月 21 日毀滅世界的大洪水。這群邪教信眾拋下了財產與房屋，和朋友家人告別。

說好的那一天到了，又過去了。太空船沒有來。在期望與現實不符的情況下，一場嚴重的認知失調如洪水般衝擊著這群人。如果要解決這個問題，這些人大可開始調適，承認自己被騙了。但這些人並沒有這麼做，反而是告訴記者，正是因為他們滿滿的正能量，才打動了上帝，阻止了大洪水。他們很快就把那些異常現象，詮釋為對自己模型的確認，將這些現象與他們共同的現實進行同化，也就無須再改變他們的現實。認知失調的問題就這樣解決了。

洗腦實驗

所以，究竟要感受到多麼嚴重的認知失調，才會讓一個人從「同化」轉向「調適」？大腦裡有沒有一個量化的指標，能夠意識到自己的模型不正確或不完整，於是放下保存守護模式，轉為主動學習模式？我們能訂出一個明確的數字嗎？

為了回答這個問題，政治學家雷德羅斯科（David Redlawsk）的研究團隊，試著在 2010 年模擬美國總統選舉，在受試者選定支持對象之後，慢慢讓受試者得知該候選人背後愈來愈多不堪的

資訊。雷德羅斯科的實驗設計是模擬美國總統初選，所以受試者只會接觸到自己黨內的候選人。受試者在一開始會先登記自己屬於共和黨或民主黨，接著實驗會推出四位模擬的政治人物，並就二十七項不同議題，為受試者提出幾百項資訊，讓受試者瞭解這四位候選人的立場。

為了模擬選舉期間媒體不斷的轟炸，研究團隊會在電腦上不斷發布一條又一條的新聞訊息。實驗進行過程中，會有個計時器不停倒數，而受試者可以自由選擇對這些訊息是要讀多、還是讀少。受試者不知道，自己在實驗一開始填寫問卷的時候，研究團隊就已經在用那些答案，量身訂做支持對象的負面新聞。像是支持墮胎權的選民，可能會發現原來自己支持的候選人是反對墮胎權的。重視文化修養的選民，可能會發現自己支持的對象不但極度自負，而且對同事充滿敵意。

雷德羅斯科的研究團隊把受試者分成五組，所收到的負面資訊量各有高低不同。控制組不會收到任何負面資訊，其他四組則分別會收到 10%、20%、40%、80% 的負面資訊。

隨著模擬選舉活動的進行，每隔幾分鐘，研究者就會打電話給受試者，詢問「如果今天要投票，你會投給誰？」研究者記下答案，在圖表上呈現四位候選人的支持率隨著時間的變化。

在兩次的調查之間，受試者一直會閱讀新聞報導，但要讀多讀少卻是個人的選擇。有些人閱讀的資訊量確實極大，像是少數受試者在二十五分鐘內，就看了高達兩百條新聞訊息。

結果如何？就像 911 陰謀論者，也像泰德拉修女的信眾：那

些接受到 10% 或 20% 負面資訊的人，反而變得更加死忠。事實
上，到了研究結束的時候，這些人對候選人的印象變得比控制組
（完全沒有接收到負面資訊）的人更為正面。

根據雷德羅斯科的說法，新資訊引發負面情緒，與這些人心
中的正面情緒產生交互作用，讓他們在認知上努力處理這些新資
訊，以減少認知失調的程度。雷德羅斯科解釋說：「這種過程可
能會讓態度更為強化。」

然而，接收到 40% 或 80% 負面資訊的組別，情況就大為不
同了。雷德羅斯科告訴我：「這些人的態度變得負面，而且負面
態度從頭到尾相當一致。」等到選舉活動結束，這些 40% 與 80%
的組別已經完全改變了心意，澈底移情別戀。

「環境充滿威脅性，讓人愈來愈焦慮，就會想要更瞭解這個
環境，才能準備好如何應對，」雷德羅斯科這麼解釋：「這樣一
來，焦慮帶來學習，通常也就讓人更能正確的更新自己的評估預
測。」

💡 情感臨界點

雷德羅斯科研究團隊還發現，同化有一個自然的上限。他們
將這個上限稱為「情感臨界點」（affective tipping point），達到上限
之後，人就無法再對排山倒海而來的反證視若無睹。雷德羅斯科
告訴我，這是生物生存所必需的故障防護機制。人一旦達到情感
臨界點，大腦就會從保存守護模式，切換成主動學習模式。

如果威脅程度還不高，雷德羅斯科稱為「少量不一致」，我們雖然會有所警覺，但在評估新資訊的時候，還是會錯誤的站在自己的先驗知識那邊。就他的那群受試者而言，自己屬意的候選人如果壞新聞的比例來到 14%，就會讓他們開始產生「我或許錯了」的想法。失調程度如果只有這樣，受試者依然會看到自己預期該看到的東西，依然會嘴硬反對，也依然會抗拒更新模型，結果就是他們的觀點反而比過去更堅定。

但如果壞新聞的比例再提升到更高的程度，害怕自己可能錯了的焦慮感，就會讓這些受試者開始想要更新觀念、改變想法。雷德羅斯科說，對於大部分人來說，如果有 30% 傳入的資訊顯示失調不一致，就會達到臨界點。

雷德羅斯科說，在現實世界中，民眾很有可能各有細微的情感臨界點差異，有些人就是需要得到更多反證的資訊，才會開始改變想法。

此外，有許多人或許就是處在不太可能接收到反證的情境，碰觸不到任何會挑戰現況的想法，所以永遠達不到情感臨界點。而根據不同的消息來源、個人動機、身邊的議題、能接觸到多少挑戰現況的想法之類，可能會讓情感臨界點更難達到。

所以，重點並不是這項研究找出來的數字究竟是多少，而是確實有這麼一個數字、有這麼一個可量化的懷疑水準，能讓我們承認自己可能錯了，不得不更新自己的信念、態度與價值觀。然而在到達那個程度之前，就算感覺到失調，也只會讓我們更加深成見，而非放棄成見。

💡 跨過門檻，就進入學習模式

雖然孔恩和皮亞傑兩人的用語和比喻不同，但結論相似。兩人都意識到，人類改變想法的方式，與科學領域新理論取代舊理論的方式，大致相同。

在科學領域，如果某項實驗的結果出乎預料，與現有的模型不符，科學家通常就像是會在旁邊準備一個小水桶，可以先把那些異常現象都倒進水桶裡。科學家仍然會繼續以現有的模型與工具來解決問題；但如果異常現象還是不斷累積，甚至是滿到溢出來，這時再停下手上的動作，好好處理。

出現異常結果的時候，科學家會先假設模型並沒有問題，出問題的或許是測量方法、工具、又或者是科學家本身。但如果慢慢的，桶子裡的異常現象愈來愈滿，總會到某個時點變得無法再無視。經驗法則開始不再適用，例外開始推翻規則。看到各種差異與不同之後，過去的成見也會逐漸被扭轉。

皮亞傑告訴我們，人的想法更新也是如此。還記不記得前面提過的撲克牌實驗？一開始，受試者並不會發現裡面有異常的現象。在受試者不知道撲克牌的顏色有可能不一樣的時候，心裡沒有那個類別，就不會預期可能看到這種撲克牌，結果也就是確實看不到。但等到受試者真的**看到**了，一開始還是會試著把這些現象放進舊模型（也就是沒有這些異常撲克牌的類別）。要再等到舊模型真的無法容納眼前的體驗，受試者才會覺得被迫走上調適一途，改變了自己的想法。

　　我們用有限的感官來體驗客觀現實的時候，會在腦海裡建構出主觀的景象，再根據這些資訊，來判斷如何讓身體優游於外在世界。如果在充滿不確定性的時候，又出現全新資訊，我們當下別無選擇，肯定得優先相信腦海中的景象。犯錯當然很危險，但無知的危險也不遑多讓，所以如果有新資訊指出現有模型可能不正確或不完整，我們還是會先試著將異常現象放進舊有的理解模型。只要還放得進去，舊模型就會繼續適用，直到最後終於再也放不下、再也無法無視為止。

　　但對創傷後成長與情感臨界點的研究顯示，人人都會有這麼一個門檻，只要跨過了，就會進入學習模式，開始渴望解讀源源不絕的不確定資訊。

　　除非你是獨居的隱士、又或是邪教的信徒，否則大多數人都常常發現，別人眼中的世界似乎和自己眼中的世界不太一樣。上一章提過紐約大學的鱷魚鞋加襪子研究，指出我們常常會在一開始覺得，如果別人的結論和自己的結論不同，他們肯定是錯了。

　　SURFPAD 模型告訴我們，面對重大不確定性的時候，如果有不同的先驗知識，就會得到不同的假設，而且在天真的現實主義影響下，結果就是各方意見大不相同，對於什麼叫做真實良善有道德，難有共識。

　　但是雷德羅斯科的研究告訴我們，我們可能到了某個時點，就會意識到，繼續嘴硬的風險太高，實在應該改變想法了。而為了更瞭解我們怎樣走到這個時點，我想去訪談一些有親身經歷的人，下一章就讓我們來看看這些過程。

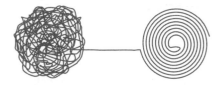

第五章

從對抗到對話

—— 什麼機緣，會讓想法開始改變

情人節那天早上，堪薩斯州的托皮卡市依然寒冷，而我敲了敲威斯特布路浸信會（Westboro Baptist Church）的門。太陽顯得黯淡，感覺比平常更遙遠，照到堪薩斯的時候顯得無力，只讓小鎮邊緣的一片黃色田野的溫度，勉強來到冰點以上。

在我當初的想像，威斯特布路浸信會大概會是坐落在一條長長蜿蜒的泥土路底，四周有許多逐漸陳腐的樹木。所以等我繞過住宅區街角，發現它就是一棟普通的房子，實在出乎意料。這棟房子或許是比其他房子大一點，幾座屋頂斜斜指向不同方向，有棕色的山牆、白色的屋牆，但就是一棟普通房子，位於一個普通的郊區街角，兩個路口以外就有星巴克。乍看之下就是傳統的美式木屋，只是有人開了個很糟的玩笑，釘上一條巨大的布條，寫著「godhatesamerica.com」（神恨美國.com）。

我兩耳和雙頰這時凍到快沒知覺，發現幾道大門後面有個籃球場，場上的旗竿飄揚著倒掛的美國國旗，下方則有教堂的拼字看板，高出圍欄一截，所以不管是沿著這條繁忙的街道要去鎮上的音速小子快餐店、或是前往美國任何地方，都會看到看板寫著「死 gay 的愛＝色慾！情人節的偶像是犯罪的藉口！神憎惡這一切！〈羅馬書〉第 1 章」，另一幅拼字看板則寫著「死 gay 的婚姻會害死所有國家」。

開門的年輕人穿著粉紅色的襯衫，打著色彩斑斕的領帶，搭了時尚的背心，自我介紹說他叫以賽亞。我們握手的時候，他問我有沒有打電話預約？我說沒有，只是想來看看能不能參加今天的禮拜？

「好吧，但你得小聲點，別大聲嚷嚷，」以賽亞說著，帶我進去。

💡 想法改變的機緣

我前一天才見過查克‧菲爾普斯－羅珀（Zach Phelps-Roper），他待過這個教會，也是教會創辦人的眾多孫輩之一。查克和他的幾位哥哥姊姊一樣，最近決定永遠脫離這個教會，而我想知道他到底離開了怎樣的地方。

我之後還會拜訪查克的姊姊梅根‧菲爾普斯－羅珀（Megan Phelps-Roper），問問她和查克為什麼能在這麼短的時間裡，就拋下長期以來的信念和態度。

研究了「想法如何改變」的科學概念之後，我現在想知道的是其他人能夠如何推動這種改變：**人的想法，能如何改變其他人的想法**？所以我想知道，查克和梅根這樣的人是被什麼原因說服，而離開了像威斯特布路浸信會這樣的團體。我知道兩人都說過自己離開後立刻被逐出教會，或者用現代宗教團體比較常用的用詞：「開除會籍」。整個故事似乎與維奇相當相似，只不過在查克與梅根的情況裡，離開這個團體也代表要與父母和其他親戚斷絕關係；這些人在他們離開教會之後，都立刻、而且可能是永遠與他們斷了所有連繫。

在我看來，這些案例肯定有某些共通點，可以用認知科學來解釋。這些案例究竟有何不同？畢竟在網路上有許多人，面對的

觀點爭議性遠遠不及這些案例，卻就是不願意改變想法。目前這個時代充滿爭議，似乎大家永遠難以達成共識，公民參與也成了遙不可及的夢想。那又是為什麼，才讓維奇、查克和梅根的心意這麼快就有了這麼大幅度的改變？

儘管查克和梅根的故事還是有些不同，但我發現仍然有些地方與維奇的故事相當類似：有一項根本的事實，讓咱們那些最死硬的人，就是不願意改變想法。

🔅 聲名狼藉的家族式教會

南方貧困法律中心（Southern Poverty Law Center）是一個專門研究仇恨組織的機構，在他們看來，威斯特布路浸信會「可說是美國最可憎、也最狂熱的仇恨組織」。

已經有好幾部紀錄片、書籍、新聞系列報導，都在研究威斯特布路教會究竟是怎麼回事。幾部好萊塢電影也以威斯特布路教會為嘲弄戲仿的對象，像是其中一部電影《血國》的結局，就是在一座和威斯特布路幾乎一模一樣的教堂裡，以一場與美國菸酒槍炮管理局的血腥槍戰收場。至於另一部電影《金牌特務》的某個場景，柯林‧佛斯宰了整座教堂的會眾，而美國國家公共廣播電臺就說那個場景「顯然是模仿」威斯特布路。

從這些電影可以發現，威斯特布路已經變得夠有名，能夠很方便的用來代表「激進的基督教仇恨人士」的概念。

威斯特布路其實是那座教堂所在郊區的名字，所以有些當地

店家也會以此為名，看起來或許會覺得有點尷尬。像是沒離多遠就有「威斯特布路購物中心」，裡面有畫廊、花店、室內設計公司，還有古董行。而對於某些人來說，會注意到威斯特布路這個詞，是因為威斯特布路教會在 1998 年謝巴德（Matthew Shepard）的葬禮上抗議鬧場。謝巴德是一位年輕的同性戀者，在懷俄明州的一個偏遠地區要從酒吧回家，兩名男子說要載他一程，最後卻將他毆打折磨致死。在謝巴德的葬禮上，威斯特布路教會的會眾到場舉標語，寫著「不用為怪咖流淚」。有超過十年的時間，威斯特布路教會的網站都放著一張 GIF 動畫，是謝巴德正在火焰中燃燒，而旁邊還有計數器，計算他已經下地獄待了幾天。

很快的，威斯特布路教會就因為那些令人髮指的刺眼標語，加上一年到頭四處管人閒事，而變得愈來愈有名。但是，他們真正的發跡事件還不是始於謝巴德的過世，而是在離教堂不遠的蓋奇公園。1991 年，菲爾普斯（Fred Phelps）一家舉辦了一場號稱為「蓋奇公園偉大正派運動」的抗議活動，起因是他們有家人聲稱自己在這座公園被男同志勾搭追求。這場活動先引起當地的關注，之後引發了全美國的關注。

在這之後，威斯特布路教會就開始定期到處扮演糾察隊的角色，刻意煽風點火，終於讓他們有了全世界的知名度。但正如南方貧困法律中心所言，威斯特布路一直就是個小型、「家族式的邪教，組織就奠基在對大家長菲爾普斯的個人崇拜」。在蓋奇公園事件的四十年前，《時代》雜誌就曾有一篇對菲爾普斯的簡短報導：菲爾普斯當時聚眾約百人，在加州帕薩迪納市的約翰繆爾

學院（他自己就是在該校取得副學士學位）的路上，大聲向學生說教，要他們控制自己的色慾。

根據威斯特布路教會自己的統計數字，現在教會成員約有九十人，多半都是菲爾普斯的子孫，而他們發動的糾察抗議活動已將近六萬場，其中有超過五百場是到葬禮上抗議。

2006 年，就有一個馬里蘭州的家庭，上法院向威斯特布路教會求償，因為他們的兒子史奈德（Matthew Snyder）從軍之後，在伊拉克因非戰鬥事故而喪生，威斯特布路教會卻在葬禮上鬧場抗議。這個案子一路來到美國最高法院。菲爾普斯有十一個孩子擔任律師，其中一位瑪姬・菲爾普斯（Margie J. Phelps）在本案擔任家族的辯護律師，侃侃而談他們怎樣一切合法，說他們都有保持一定距離，只會在警察允許的地方抗議。最後，最高法院以八票對一票，裁定威斯特布路教會勝訴。而在整個審理過程，教會成員就在外面示威，舉著標語寫著「感謝上帝讓士兵去死」。

被遺棄者的世界

我是和查克在距離教會幾個路口的黑鳥咖啡館見面，雖然當時很冷，他還是穿著短褲，但又戴了一雙巨大的膨膨手套。這個二十五歲的年輕人一頭亂髮、一把鬍子，戴著一頂寫了 SMILE（微笑）的棒球帽。

查克和我講他的故事，過程中常常會望向我的後方，看向窗外，或是有長時間的停頓，重新整理思緒。查克解釋，自己之所

以離開教會，並不是因為他不同意教會裡關於同性戀的教義，也不是因為他們去士兵的葬禮鬧場；他是在離開教會之後，才對這些教義感到無法苟同。他當時之所以離開，是因為不能接受教會對醫師的看法。起因是他背部受了傷，想得到適當的醫療照護，卻被教會阻止，他才憤而離開。

在查克當護理師的第一天，正在將一位體型較大的老人家抬上輪椅，自己卻撞了輪椅一下。輪椅滑開了，查克只能想辦法死撐住病人，一步一步跛著過去。「情況很糟，因為他真的很重，而且他那臺小小的電動輪椅有點跑掉，不在該在的地方。要是我不用大動作讓他回到之前安全的坐姿，他就要摔在地上了。就只有這兩種選擇。」

查克最後是大動作讓病人回到原來坐姿，卻傷了自己的背，得要好幾個月才能恢復。雖然最後他還是不得不接受打針治療和一些其他療法，但一開始還想先試著用些居家自然療法來舒緩疼痛。當時查克是在醫院值夜班，回家之後，因為自己行動不便，得要每天幾次，請家人幫他冰敷下背部。他說雖然症狀似乎能夠緩解，但只是暫時的。疼痛愈來愈嚴重，他也開始愈來愈擔心，「不確定自己到底怎麼了。」

查克翻遍了自己的醫學教科書和其他醫學文獻，想找找看接下來該做些什麼。但在這段時間，父親卻一直告訴他，之所以還在痛，是因為他禱告不夠虔誠。查克剛從護理學校畢業，覺得這聽起來太扯了。要他禱告沒問題，但查克的重點是想要趕快從疼痛裡解脫。

「他們也不是什麼藥都不信，」查克解釋道：「威斯特布路並不是那樣。只不過，在他們眼中，醫師就只是像服務人員一樣的角色，神賦予醫師能力來幫助你。我們該讚美的不是醫師，而是要讚美神。」

查克解釋說，在家族看來，是你的信仰讓醫師有了治癒你身體的力量。當時，查克去看教科書、翻舊考卷、查閱文獻，在父親眼中，就成了對教會信仰與家族的大不敬。

查克說，早在他背部受傷之前，就已開始覺得對家族有點失望。當時菲爾普斯身體愈來愈差，於是教會改組了權力結構，由九位長老接手管理，其中包括查克的父親。而在改組後，關於服裝的規範愈來愈嚴，職業的選擇也從選項變成規定。原本查克在解剖與生理學課堂上解剖了一頭豬之後，一心想成為醫師。但一告訴父母，他們卻說他不能當醫師。他想問原因，他們只說「我們不需要回答你。」

父母說，查克最重要的事，就是尊重九大長老、聽長老們的話，所以別再問，做就對了。所以等到後來，長老們向教會成員說在威斯特布路裡人人平等，聽在查克耳裡，只覺得這兩件事也太過矛盾了。等到長老們告訴他，他只能在護理師或程式設計師裡挑一個；雖然他選了護理師，但滿腔怒火並未平息。

後來，查克的姊姊梅根買了一本講情緒商數（EQ）的書，查克在休息時間讀過之後，開始試著給自己的感受，加上情緒標籤。「我說『好，我現在覺得滿難過的。』」因為我媽媽在電話裡大罵了我一場。『好，這是憤怒。』」因為我爸說了『查克，你一

點肩膀都沒有」之類的話。感覺我爸就是要讓我覺得自己很不能見人，所以我也再標記了這另外一種情緒。」

查克開始想像，如果自己存點錢搬去夏威夷會怎樣？受傷五個星期後，他的背部實在痛得太嚴重，他不得不拜託爸媽帶他去掛急診。而在他們拒絕的時候，他開始考慮要逃出這個地方了。

「我看清楚自己必須離開的那一刻，是我爸直接對著我的臉大吼大叫。我覺得害怕，而且我清楚覺察到自己的害怕，」查克說：「這已不是他第一次對我大吼大叫。」他當時懇求父親協助處理背傷的問題，而父親卻告訴他：「查克，你知道這是你今天第三次跟我說這件事了，我現在只想要你閉嘴。」

查克問父親，是不是根本不信他講的話。他父親說：「我是不信。」查克問：「從以前到現在，我是有做過什麼事讓你不信我嗎？」

等他爸開始大吼大叫，查克也不甘示弱了，他大喊：「我今晚就走！」

查克打包的時候，他爸一直在附近走來走去，想緩和一下局面。但查克告訴他：「爸，別麻煩了。我不愛這個宗教了。」

對於威斯特布路浸信會來說，不論是為了什麼原因要離開，就等於是要加入外面那個該死的、扭曲、邪惡、屬於被遺棄者的世界，加入那個他們幾十年來試圖要拯救的世界。若想要在神的怒火中倖存，唯一的選擇就是與威斯特布路教會的抗議示威人牆站在同一邊，加入他們在托皮卡市的教會，除此之外別無他法。一旦站到了人牆的另一邊，就等於是加入了撒旦的大軍，沒有人

比這種背叛信仰的人更可恨的了；對威斯特布路教會來說，這個決定就代表要與會眾斷絕一切往來。

查克的母親衝上前，一把搶下他的手機，刪掉他所有的聯絡人資訊。查克逃下樓，整個嚇呆，在電腦桌前坐了幾分鐘，終於鼓起勇氣衝出門外。在一片夜深人靜之中，他足足跑了八個路口到某個親戚家，把他們叫醒。隔天早上，父親打電話給他，要他去把自己的東西帶走。而他到家的時候，發現自己房間裡的東西已經被堆在門外。幾天後，查克搬到了與教會關係比較遠的另一個親戚家裡。

🏮 艱苦的重生過程

查克離開的那天，腦子裡對於所有 LGBTQ 族群的信念與態度，與從小站在抗議人牆裡的那個自己並無不同。但過了幾個星期，他跟妹妹葛瑞絲一起坐在連鎖餐廳「橄欖庭園」裡，一切卻開始有了轉變。葛瑞絲是在幾年前和梅根一起離開了教會，當時她們也對長老們感到不滿，雖然試過說服長老們改變做法，但最後是葛瑞絲首當其衝，遭到他們的重重反擊。葛瑞絲本來想讀藝術，但就像查克一樣，被長老擋下。

葛瑞絲認識了一對剛加：賈斯丁和琳賽。他們在信教之前曾經環遊世界，葛瑞絲和梅根會聽他們講那些外面的故事，一聽就是好幾小時，也會寄簡訊給他們，計劃出遊、問問他們的生活情況。後來，琳賽向長老們抱怨葛瑞絲會寄簡訊給賈斯丁，讓琳

賽覺得不太舒服，而結果正如梅根所說：「懲戒很快就來了。」
葛瑞絲、梅根和查克都被要求，不准跟這對夫妻再有接觸。長老
們後來也要求賈斯丁，在琳賽同意受洗之前，把她留在家裡，不
能接觸威斯特布路教會的其他人。

　　對於威斯特布路的教會文化，那些長老提出的多半都是這樣
的訓令，特別要求女性就是該端莊嫻淑、乖巧聽話、事事順從。
而為了懲罰葛瑞絲竟敢對已婚男子發簡訊，他們要求葛瑞絲去堪
薩斯州的稅務處上班，負責輸入資料。而且在輪班結束之前，葛
瑞絲還不准離開那棟大樓，所以她只能在化妝室的沙發上休息。

　　但那天在橄欖庭園改變查克的人，並不是葛瑞絲，而是餐廳
的服務生。服務生在他們吃完飯的時候，不是把帳單拿來，而是
告訴查克，他想請他們吃這一頓。事實上，他已經把帳結了。查
克想拒絕，但服務生告訴他別客氣，說他聽到查克最近離開了威
斯特布路教會，而他身為同性戀者，想向查克展現一點善意。

　　對於眼前這一切，查克覺得腦袋打結，好像怎麼想都不通。
他這輩子一直相信 LGBTQ 族群就是一群可怕的異類，而且有許
多年的時間，他也一直高舉著標語牌，想讓大家都這麼相信。回
憶那一刻，他說到當時自己對男同性戀者「一個都不認識，就只
是一心以為他們都是禽獸。」

　　查克在那頓飯之後開始懷疑，自己在過去生活裡抱持的一切
觀點，都是對的嗎？如果他對男同性戀的看法是錯的，會不會還
有對其他事物的看法也是錯的？他第一個想到的是女神卡卡和凱
蒂・佩芮，想到威斯特布路教會當初告訴他，去參加這些歌手音

樂會的女生都是「沒腦的小賤貨」，腦袋簡單、愚蠢、且淫蕩。這是查克第一次，腦中開始質疑這個想法。許多他過去以為只是雜訊的東西，化成了資訊的洪流，將他淹沒。查克在突然之間，感到一股強烈的不確定感，再也分不清什麼才是真的，也想不清自己究竟是怎樣的人。

查克說自己覺得最可怕的一點是：要是他在還沒離開教會的時候，就去了橄欖庭園，那位服務生善心的舉動可能並不會有任何效果，而會被自己在心裡找出另一種解讀方式。查克不斷想著這一切的意義，而令他震驚的另一點，是發現自己原來有能力對各種改變抱持開放的態度。就在他意識到這點之後，過去許許多多覺得是異端的信念、態度與價值觀，都突然變得能夠接受了。

「我第一次跟猶太人講話的時候，腦中會先想起過去威斯特布路教我的東西，接著就告訴自己『我不想聽那套。』但我現在想要試著真正看清現實的本質，想要用開放的心態來思考、來發現。在這個宇宙、這個我走進的世界，還有好多神祕的謎團要解開。」如今，查克說：「我有同性戀的朋友、雙性戀的朋友，還有泛性戀的朋友。」只不過，他也還在努力，還在重建自己的心智模型，還在擴大自己的想法。查克說，他最近也開始涉獵一點佛教的東西。

查克再次強調，他不是因為改變了想法，才離開教會，而是因為離開了教會，才改變了想法。而他之所以離開教會，是因為有其他原因讓他覺得再也忍不下去了。離開之後，才讓他發現自己過去可能犯了許多錯，接下來開始了一段艱苦的重生過程。他

現在還是有信任方面的問題，和人交往一直很不順利，而且三不五時就會陷入嚴重憂鬱。有時候幻想著要自殘之後，他會自己找心理醫師治療。他說，這就像是要從井底爬出來一樣。

「我在威斯特布路學到的一件事，就是得要非常小心判斷別人。這讓我覺得很兩難，因為我心裡有一部分，想要無條件去愛所有的人；但你也知道，你就是不能什麼人都相信。」

親身入「險境」

聽完查克的故事，我在隔天，去敲了威斯特布路浸信會的大門，被引導走過擺放著一排一排廉價長椅、鑲著木板牆的會堂，來到最後方，在三排給賓客的小小長椅坐下。

我到得比較早，會堂裡還沒人，只聽得到燈光器材低沉的嗡嗡聲。會堂最前面是一座舊舊的管風琴，旁邊還有一部舊舊的電腦。至於最後面則有一排舒服的椅子，下面放了許多保鮮盒，裡面裝滿 knick-knacks 小點。奶油色的地板，深色的紅木牆壁與柱子，有一種郊區低調的風格，像是一間在 1980 年代翻新的地下室。就在一片安靜當中，我試著想像當初，菲爾普斯如何在祭壇上高聲嘶喊。

我面前長椅的椅背放著護貝過的讚美詩，我就這樣翻閱著，直到大約有四十名會眾慢慢來到。教會裡大多數人都是鄰居，整個街區外面有一道隱私柵欄，把這些屋子連在一起，彷彿一個私人社區，教會就在整個社區的一角。這些人想上教會的時候，只

要打開自家後門，走過草坪就到了。

　　會眾魚貫而入，有幾個人停下來歡迎我。女性穿著長裙，戴上頭巾遮住頭髮。至於男性，有的穿牛仔褲、有的穿休閒褲，有的穿慢跑鞋、有的穿正式皮鞋，有的穿毛衣，也有人穿了安德瑪（Under Armour）的夾克。

　　眾人就座之後，手上都拿到了當天講道內容的紙本。當天的傳道士是長老之一，就這麼一字一字把內容唸出來，所有人也這麼跟著讀下去。整篇內容用的是對話口吻，就連笑話和一些閒聊內容也都全部印在上面。梅根後來告訴我，這是長老們做出的改變。在他們接手之前，菲爾普斯講道並不用筆記，會從一段引文就這麼跳到另一段引文，臺下會眾一陣手忙腳亂，還沒找到他在講《聖經》裡的哪一段，他已經又跳到下一段了。

　　那天，講道的內容是關於《聖經》裡的世界末日與猶太人。從 911 事件後，威斯特布路浸信會就開始對世界末日十分著迷，覺得 911 是神的訊號，指示著他們就是天選之人，要做好準備。雖然當時教會前門掛的標語暗示著 LGBTQ 的情人節 Hallmark 賀卡就像一條大道，直通現代的「萬惡之城」索多瑪與蛾摩拉，但在講道過程中，其實只有一語帶過當天是個「慶祝通姦與雞姦的萬惡世俗節日」，沒有提到任何其他時事或政治現況。講道的過程並無岔題，一直談的就是世界的末日，會眾該如何做好準備。

　　講道結束之後，我跟隨會眾唱了幾首讚美詩，和幾個人握了手，講到我為什麼來這個地方，也聽了他們的幾場對話，聊的都是該多吃纖維質啦、孩子長多大啦之類的話題。現場大家都很開

心，洋溢著微笑，親吻著現場的小孩；那些小孩根本不管大人在做什麼，只是開心讀著那些用卡通人物教拼字的幼兒書。

我本來以為會聽到講道內容炮火猛烈，說同性戀死後會受到火與硫磺的永恆灼燒，說美國大兵之死可喜可賀。我本來也以為自己會被挑出來針對，被逼著離開、或是被擋著無法離開。總之就是會遇到可怕的事。但結果並沒有。而我後來愈想，就愈覺得不安。

我在密西西比州長大，每個禮拜天也都會去像這樣的地方。總之，我在威斯特布路浸信會的會堂也唱著聖歌〈Gently, Lord O Lead Us〉，感覺起來和我去過的其他浸信會教堂並無兩樣。裡面的一切不論是好是壞，都不令我感到陌生意外，反而是再熟悉不過。

💡 井水不犯河水

禮拜結束後，我走出威斯特布路教會前門，跨過馬路就到了平等之家（Equality House），在前廊與卡梅倫（Caitlyn Cameron）會面。

在 2013 年，「播種和平」（Planting Peace）這家非營利人道組織，以八萬一千美元買下威斯特布路浸信會對街的房子，在外牆漆上「同志驕傲」（Gay Pride）彩虹旗的顏色。這些年來，平等之家演過變裝秀、賣過檸檬水、辦過鄧布利多和甘道夫的模擬婚禮；等到美國最高法院裁定同性婚姻合法之後，還立刻有一場真

正的同志婚禮，在這裡舉辦。

「這放出一個訊號告訴大家，威斯特布路教會的看法不是我們整個社區對同性戀的看法，也不是美國對同性戀者的看法，」卡梅倫解釋道：「他們的看法是一種看法，但除此之外，還有其他人的觀點，我們就是希望為此站出來。」

卡梅倫說，自己是因為擔任美國志願隊的志工而來到這裡，很多志工都會在完成社區服務後，暫時在平等之家繼續服務。她告訴我，平等之家的人其實很常在早上喝咖啡的時候，跟威斯特布路的人閒聊，因為威斯特布路的人會在那個時候走到拼字看板下面，更換每週不同的仇恨標語。一般來說就是互相揮揮手，講個幾句，接著就會帶著各自的真理，退回各自的現實。

卡梅倫說，她曾經在當地監獄裡，與威斯特布路教會的一名高層人員一起工作。她說那個人在工作上很好相處、十分風趣，會跟她和大家一起出去玩，一起開玩笑。「從禮拜一到禮拜五，我每天都會見到他。然後到了禮拜天，我看到他跑到平等之家前面，舉著抗議標語，我腦子想到的都是『嘿，就是他嘛——』」卡梅倫還刻意停頓了一下做效果，「就工作上認識的啊。」

我說，其實這也算是文明有進步了啦。這種事在以前可沒這麼簡單好解決，兩個立場相異的團體肯定會想盡辦法，要把對方的房子給燒了。「他們就是去演一場，」卡梅倫說：「從他們做的事就看得出來，他們頂多就是去鬧場抗議一下。雖然這確實是很沒禮貌，會讓人很受傷、也很不尊重，特別是還去鬧到軍人的喪禮，真是太不敬了，我不能接受這種事。但如果他們最壞也就

是這樣，我得說，其他文化裡還有很多更壞的。」

　　卡梅倫表示，對她而言，看到威斯特布路教會確實存在，而且得到大家的包容，也看到威斯特布路會眾一定會乖乖守住法律的界線，絕對不會出現丟燃燒彈來燒教堂這種事，這一切都是進步的象徵。這些人知道外面世界的想法不一樣了，也知道外界都認為自己這群人的態度、信念與價值觀是錯的。

　　但我就問卡梅倫，如果是這樣，為什麼在和她這樣的人、和平等之家的人有了這麼多互動之後，威斯特布路教會還是不斷換上新的仇恨標語？每一天，他們都會看到這些支持同志的人並不是怪物。但為什麼他們還是堅持己見？

　　「如果你長大的過程一直都相信著某些事，你所愛、所信賴的人也不停告訴你這些事，你又只是個孩子，一切都只會內化吸收進去，」卡梅倫說：「我敢打賭，很多威斯特布路的成員根本不是真的想把那些跟他們不一樣的人殺掉、逐出社會、或是丟進烈火裡燃燒。只不過，如果你生活裡一直相處的人都對你有這樣的期望，你肯定不容易改變想法，你就是得演好那樣的角色。」

💡 一線之隔

　　我回到外面，坐在車裡，又看了一眼籃球場，看著倒掛的美國國旗在上頭飄揚，回想起以前禮拜天聽佈道的熟悉感覺，那些聖餐、詩歌吟唱、在一群信徒裡的安全感、那種家的感覺。我參加的浸信會教會，對 LGBTQ 的態度與威斯特布路教會其實沒

有兩樣。雖然我的教會不會派人去抗議，也不會控制我要在哪裡工作，但我還是知道自己有些事情不能做、不該做，有些工作會觸犯禁忌，也有些衣著、言語或想法，會讓其他會眾覺得非我族類。

我是在十歲左右離開了浸信會教會，當時我去上假期聖經學校，老師講了挪亞方舟的故事。後來在讀一本有獅子和羚羊插圖的兒童繪本，我問老師為什麼獅子不會把羚羊吃掉？老師的回答是「哦，我們不問這種問題。」

我當時覺得問了這個問題好像很丟臉，但我後來告訴爸爸這件事，他說如果我以後不想去，就不用去沒關係。他的床頭總是放著一把槍和一本《聖經》，但自從他從越戰倖存回來，就不再參加任何有組織的宗教。每次問他理由，他也只說他不相信那些傳教士。但我媽媽希望我上教會，希望我能和她的兄弟姊妹們好好相處。我不再上教會之後，她很傷心，除了得幫我爸找藉口，現在還得幫我也找藉口了。

我的車就停在威斯特布路浸信會與平等之家中間，我坐在車上，想著我真的是個心胸開放的人嗎？我現在心裡的那些信念、觀點與感受，有多少只是因為我所信任、所愛的人會那麼想？我判斷對錯的時候，標準究竟是出於自身、還是外界？要不是有了在假期聖經學校的那一天，如果有一個我，就是那樣一路成長，會不會也一心相信，人最崇高的目標就是要從地獄裡把 LGBTQ 族群拯救出來？在那個我現在看來滿是仇恨的地方，另一個我，看到的會不會是同情？

🔆 有勇氣、思路清晰的人

我訪談梅根・菲爾普斯－羅珀的時候，她住在南達科他州。她和丈夫很愛 HBO 的影集《化外國度》，約會期間還一起瘋狂追劇。後來他們住過這裡的一家民宿，愛上了這個地區，很快就搬到了附近的小鎮。梅根說，自己現在多半都把時間花在照顧她的女兒索薇。索薇給她帶來無比的快樂，但也每天讓她想起自己拋下的家人。她說自己很希望媽媽能來看看索薇，而且她現在還沒有放棄這個希望。

梅根和妹妹葛瑞絲在 2012 年一起離開了威斯特布路教會，但接下來是梅根在媒體聚光燈下，待了將近十年的時間。這句話說來輕描淡寫，但事實上，她承受了全球民眾排山倒海的關注，接受世界各地的訪談，現身在紀錄片與談話節目，而且成為運動人士，多年來不斷對大大小小的群眾發表演講。

2015 年，《紐約客》雜誌對梅根的介紹在社群媒體上瘋傳，於是她寫下了自傳《停止跟從》（*Unfollow*），2019 年發行後，迅速在全球登上暢銷書榜。她的 TED 演講觀看次數已經超過六百萬次，TED 總裁安德森（Chris Anderson）對她的評語是「你很少會遇到像梅根・菲爾普斯－羅珀這麼有勇氣、思路清晰的人。」梅根後來也為監控極端團體的執法機構擔任顧問，並任職於推特的信任和安全委員會。

至於現在，「我的女兒最重要，我從這裡先談吧。」梅根告訴我：「她現在兩歲半，絕對是最棒的。我完全著迷在照顧她，

真的太奇妙。好像我就是該養孩子，因為這是要重新學習對小孩有完全不同的看法。」

我問那是什麼意思。梅根談到威斯特布路教會，說：「他們非常專制，什麼都要掌控。」他們希望所有人都應該壓抑住那些不可接受的情緒，特別是兒童。「有一段經文，說我們必須『將人所有的心意奪回，使他都順服基督』。」

我告訴梅根，從孩子身上能夠清楚看到，科學研究發現到的大腦如何更新。她想要我盡量解釋得詳盡一些。我很快的介紹了SURFPAD 的概念：遇上不確定性的時候，我們自己常常並不會覺得有那麼不確定，因為大腦會在我們毫不知情的情況下，運用我們的先驗知識來做出判斷、消除歧義。我繼續解釋說，在這種時候，我們可能會覺得，那些對世界有不同觀點的人是被騙了，或者在最極端的情況下，會覺得他們根本是瘋了。梅根大笑，說這跟她在教會裡的體驗完全符合。

接著，我又告訴她同化和調適的概念，說到我們會先試著把新奇、造成挑戰的資訊，都塞進自己現有的世界觀模型，直到某個時間點，終於意識到不得不更新自己的世界觀模型，才有足夠的空間呈現那些資訊。而在像索薇這樣的小孩，學到馬不是狗的時候，她也會學到狗與馬是某個新分類的一部分，是用來理解世界的另一個新的抽象層次。

我告訴梅根，皮亞傑說在我們學習像是跳棋這樣的遊戲時，除了學到遊戲的規則本身，也會學到「遊戲有規則」這件事。所以如果後來要再學西洋棋，我們已經知道有遊戲規則這種概念，

也知道要如何學習新遊戲的規則，這樣一來，就會比一開始就學下西洋棋更簡單。

梅根開始兩眼泛淚。「到現在，我還是會覺得真是想不到，事情的改變就是這樣一點一點的。而且你描述的過程完全沒錯，就是會試著接收那些新資訊，放進我相信的框架裡。就是那樣的過程。在那個時候，我記得當時覺得花了好久好久的時間，但現在我會覺得『一年半。真的就只花了一年半嗎？』」

梅根說，自己跟查克一樣，起初就是開始覺得長老們制定的新規則有些不對勁。教會一向都會去釘一些「找麻煩的人」，但看著他們如何對待像是妹妹葛瑞絲這樣的家人，就是覺得不對。

在琳賽告訴教會，葛瑞絲會給她先生發簡訊之後，威斯特布路浸信會召開了一場會議。這種會議他們很常開，梅根說「基本上，教會裡的所有人」共聚一堂，像是在召開一場法庭審判，被告就是葛瑞絲。不管當時誰說了什麼，「看起來是壞事的，就是壞事，看起來是好事的，也是壞事。所以，就算你的行為沒錯，那肯定就是你的意圖有問題，是你的心錯了。那太可怕了，光是看那場面都很可怕，因為你會希望，這種事千萬別發生在自己身上。」

梅根說，她在小時候覺得像這樣的爭議，就像是家庭養育的延伸。那些都是大人的事，大人比較懂得怎麼處理。她知道那個團體裡永遠輪不到自己帶頭，所以總是什麼都沒說。但是，「我常會覺得，好像他們看到了什麼，我卻看不到，一定是我漏掉了什麼，一定是我搞錯了。」

🔆 不吵不相識

但後來，推特讓她打開了視野，發現原來錯的可能是教會。

2009 年，梅根註冊了推特帳號。她在宗教信念上的反轉，就是開始於一條她談參議員泰德・甘迺迪（Ted Kennedy）之死的推文：「他每次都在挑戰神，教唆別人反抗祂的律法。泰德現在下地獄了！」之後，梅根又發了幾條推文，提到威斯特布路教會怎樣到一場《美國偶像》的音樂會上舉牌抗議。梅根的推文被喜劇演員和其他名人轉發嘲笑，而她也火力全開回文反駁，很快就引來許多鄉民看熱鬧。

威斯特布路教會很支持梅根，覺得她是在把福音傳向社群媒體，而且在被那些有幾百萬粉絲的帳號霸凌的時候，勇敢挺身反抗。梅根就像他們在舉牌抗議的時候一樣，面對著外界的憤怒、侮辱、敵意與憎惡，但她扛下了如此龐大的壓力，雖千萬人吾往矣！只不過，推特上並不是每個人都對她如此帶刺刻薄。

「我第一次感到矛盾，是認識了艾彼柏（David Abitbol），他有一個叫做 Jewlicious 的部落格，」梅根告訴我：「他說他並不是要說服我。他說我們之所以要公開進行對話，是想讓大家都能看到我們的想法，有助於讓其他人也能用這樣的語言表達，來反駁彼此的概念。而我覺得他說的並沒錯。但我也認為他看到了我的人性，知道我真心相信自己做的是對的事。所以，我接下來要告訴你的那些對話，其實是我們的私訊，並不是公開的對話。」

當時威斯特布路的會眾，會在猶太會堂前或猶太節慶的時候

去舉牌抗議。艾彼柏也是大約在這個時候開始回覆梅根的推文。艾彼柏是一位運動人士兼網路工程師，幾年前曾經打造《網路仇恨》（*Net Hate*）這個目錄，把網際網路上所有白人民族主義、反猶太主義與仇恨網站，都列出來。早在社群媒體讓打筆仗變得快速、簡單又方便之前，艾彼柏就已經在和極端份子打網路筆仗。所以這時候，他也開始直接回覆梅根的推文，挑戰她對《聖經》的詮釋。

梅根在網路上搜尋艾彼柏的資訊，發現猶太電訊社將艾彼柏列為推特上影響力第二大的猶太人；在梅根看來，這可是個能夠直接向全球猶太人傳教的大好良機。

一開始，他們會互開玩笑。艾彼柏不斷酸梅根，她也會搞笑酸回去，兩人就這樣鬧了幾個月。梅根聽說艾彼柏要在加州長灘舉辦 Jewlicious 節之後，提議威斯特布路教會飛去舉牌抗議。消息在網路上傳開，有幾個團體也集結起來，準備反抗議。

梅根說：「我妹妹舉著一個牌子，上面寫著『你們的拉比就是個妓女』。結果對方有一大群人，情況一片混亂。」現場來嘲笑威斯特布路會眾的足足有幾百人，很快警方就到場了。有些反抗議者開始揮起拳頭，但威斯特布路會眾這方並未反擊。「那些人穿著復活節兔子裝之類的打扮，肢體動作非常暴力，把人推來推去。現場氣氛真的有點失控。」

但在那時候，艾彼柏認出了梅根，一路擠過人群，先把自己當肉盾，再要反抗議者往後退，接著他開始笑她手上的標語牌，開了些玩笑。兩人辯了起來，充滿幽默與諷刺。梅根說：「就是

那種感覺，很像是我們在推特上的相處模式，好像有點做作、有點挑釁，但也真的就像在說『嘿，你好嗎？』」

梅根一向都很注意《聖經》裡的邏輯，總是謹遵《聖經》的教誨，還會引用章節段落來證明自己的信念。艾彼柏就問梅根，為什麼威斯特布路教會不譴責吃蝦、不譴責在經期有性行為，還做了許多〈利未記〉不允許的事？梅根回想當時心裡一片慌亂，艾彼柏的論點揮出一記重擊，但她卻沒有任何現成站得住腳的論述。兩方散去的時候，她告訴艾彼柏，那年的猶太人聯合會將在紐奧良舉辦年度大會，她還會到場抗議。而艾彼柏則說，他很期待到時候再繼續聊。

「一樣的情況，」梅根說：「他一來，就說給我帶了一盒哈爾瓦酥糖，是在他耶路撒冷住處附近的市場買的。至於我，則是送他我最愛的高級薄荷巧克力。我把巧克力遞給他，他就把巧克力翻過來，看看包裝上有沒有猶太教潔食（kosher）的標誌。」梅根對這件事很感興趣，所以當時就是艾彼柏站在那裡，告訴她猶太教潔食是怎麼回事，而梅根還舉著牌子，上面寫著「神憎惡猶太人」。

化敵為友

回到家裡，兩人開始轉為私訊溝通，艾彼柏的語氣也變得比較像面對面聊天的那個樣子。梅根發現，艾彼柏不只是個《舊約聖經》專家，用希伯來文研究過《舊約聖經》，還非常風趣、迷

人、有耐心、善解人意；而在艾彼柏看來，梅根也是如此。雖然雙方歧異仍多，但已經成了朋友。

「所以，我們開始談到那些教規。我不記得那些教規是哪來的，但他特別提到了我媽媽，」梅根告訴我：「我媽媽在結婚前就生了我大哥，所以偶爾也會有人當面罵她，說『你看吧，你也是個罪人。』但我們總說『是沒錯，但神要的不是沒有罪，而是有罪要懺悔。她已經懺悔了，所以就算你說這是她的罪，跟我們講的並沒有矛盾。』」

艾彼柏則指出，威斯特布路教會那裡有一張標語，寫著「同性戀都該判死刑」。梅根說，《聖經》的〈利未記〉就是這麼說的。但艾彼柏說，是沒錯，但耶穌不是也說了「你們中間誰是沒有罪的，誰就可以先拿石頭打他」？

梅根說，對這個問題，威斯特布路教會一貫的回應就是「沒錯，但我們又不是在丟石頭，我們是在人行道上傳道。」艾彼柏的回應則是，但那個標語寫的就是要政府去丟石頭呀。「而我當時就覺得『哦，天啊！』這好像真的很蠢，而且是現在才看出來有多蠢。」梅根說她覺得不知道怎麼回答，「就好像你其實都有答案，也都覺得是個好答案，覺得那是對的、就是真理真相。但等到有人真的點出問題的時候，就讓人恍然大悟，覺得『哦老天啊，哦老天啊，那則標語真的說的就是政府啊，死刑嘛！』」

梅根當時在家裡上推特，已經整個人縮在椅子上，覺得「被逼得無路可退」。但艾彼柏還沒放過她。艾彼柏說，如果照梅根對《聖經》的解讀，她媽媽應該要判死刑呀。梅根告訴我：「這

樣我媽媽就不會有機會懺悔、不會得到寬恕，我們全家也就不會
存在了。」梅根又想到另一張標語，寫的是「神就是愛、恨、憐
憫與憤怒」，但威斯特布路浸信會除了在教會內部，從來沒想過
憐憫這回事。「憐憫只適用於自己人。」

　　梅根怎樣都解不開這些矛盾。接下來幾天，她愈想愈清楚：
要是同性戀者沒有懺悔的機會，這件事會直接違反他們的核心教
條。她第一次真正開始思考：「我們是在做什麼？」這些日子以
來，威斯特布路教會已經變得太需要展現自己與外界的不同，讓
這幾乎成了最重要的事。所以只要是外界支持的任何價值觀，不
管《聖經》怎麼說，威斯特布路會眾就是會反對。

　　「我還記得，當時我完全不知所措。」梅根在教會裡把這個
標語的問題提出來，但其他成員就是沒有她那樣的想法。他們還
是會帶著那張標語去抗議，但梅根決定不要再舉那張標語了，她
已經沒辦法再支持那則內容，也害怕如果有人要求她為那則內容
辯護，她該怎麼辦。

　　梅根說，就是因為那一項矛盾，讓她彷彿睜開了雙眼，開始
看到教義裡的其他矛盾，開始滿是懷疑。與此同時，梅根在推特
也變得更為活躍，和更多像是艾彼柏這樣的人對話。那些人會跟
她開玩笑、會為她著想，會問她除了舉牌抗議，都還做些什麼。
梅根除了跟這些人對談，還開始瞄一瞄這些人的動態，看一看他
們平常生活的照片，讀一讀他們關於食物和流行文化的推文。在
這些人似乎心情不好的時候，梅根會去問問怎麼了，也開始聊到
一些《聖經》以外的事。

💡 點滴在心頭

在葛瑞絲被帶到長老面前批判的時候，梅根意識到這種事情從來沒有發生在她的其他家人、一個比她還年輕的人身上。「而在這件事發生的時候，我已經在推特上得到那些其他體驗，發現教義裡就是有矛盾的地方。我這輩子第一次，覺得稍微可以信任自己的判斷，覺得那比教會的判斷更可靠。我開始覺得自己可能是對的，而教會是錯的，以前我絕不會有這種想法。」

葛瑞絲和梅根互傳簡訊，私下質疑長老們的決定。也在這段時間，梅根開始和外面的人有了打情罵俏的經驗，喚起她對浪漫伴侶的渴望，但她一直只能壓抑在心裡。威斯特布路教會禁止女性成員和外面的人交往，所以梅根和推特認識的一個男生有進展的時候，還改到 Words with Friends 這個應用程式聊天，免得被人發現。對方沒透露真實身分，只說自己叫 C.G.。在這段地下戀情裡，梅根讀了他提過的書，聽起他談到的音樂。

與此同時，梅根說她們受到的各種日常生活限制也變得愈來愈嚴格。所有限制都可以用「各樣的惡事要禁戒不做」這段經文當藉口，但這段經文實在太語焉不詳，好像要講什麼都講得通。葛瑞絲不能再去公園爬樹，就因為他們說那是惡事。而且也不准擦彩色的指甲油，女性穿的上衣必須遮住脖子，裙子必須蓋過膝蓋。要是她們想去買東西，衣著還得先通過男性的檢查。梅根有位親戚因為不願意遵守這些規定，就被逐出教會。

雖然有這些新規定，但琳賽的丈夫賈斯丁還是在推特上和葛

瑞絲聯絡。葛瑞絲害怕被教會發現，決定自首，但是長老們挑明了說，如果再犯就會把她逐出教會。在長老們把這項決定告訴葛瑞絲的家人的時候，梅根再也忍不住了。她當時和葛瑞絲正在油漆一位親戚的地下室，突然感覺「一瞬間，一切都清楚得叫人害怕」。

梅根告訴我，真正的關鍵並不是推特、不是長老的那些新教規、不是艾彼柏的善意，也不是她和 C.G. 的對話，而是那一切綜合的結果。如果只是個別的異常，每個都可以個別被同化，雖然那些新資訊都在她人生的某個時候，造成大量的認知失調，但她本來都還能說服自己，說其實一切都只是證實了自己的世界觀；然而把這一切加總起來，就讓梅根覺得這套世界觀被澈底推翻。

雖然如此，還是必須要有什麼無可爭辯、不可避免的事情，才會讓梅根決定再也不回頭；而這個催化劑就是葛瑞絲可能被逐出教會。梅根在自傳《停止跟從》裡提到隔天的情形，自己和葛瑞絲躺在房間床上閒聊，她問葛瑞絲：「如果我們不要待在這裡會怎樣？」葛瑞絲問她什麼意思。梅根說：「如果我們去別的地方呢？」

接下來的幾個星期，梅根一直安慰著葛瑞絲，而葛瑞絲則是非常害怕事情可能的發展。一開始，葛瑞絲甚至怕到讓梅根改變方向，想試試看能不能說服教會接受自己的新價值觀。她們就像是想要挽回關係的戀人，在下定決心要逃離之前，還是想嘗試讓教會知道她們反對的點，看看能不能讓教會有所改變。

梅根先從自己最親近的家人開始，指出他們對於遵守教規的

標準並不一致。她和母親談過，母親的態度稍有軟化。她和某個兄弟談過，但他毫無改變。她與妹妹貝卡談過，貝卡說梅根最好把這些疑慮拿去跟長老們談談。梅根也用 Words with Friends 找上賈斯丁和琳賽；自從葛瑞絲的事之後，這對夫妻完全接觸不到梅根家裡其他人。他們三人一起考慮，是不是安排某種公開形式，讓葛瑞絲向琳賽道個歉。但等梅根把這個想法告訴父親，他卻是勃然大怒。梅根放棄了，該離開了。

接下來幾個月，梅根和葛瑞絲把自己的東西打包裝箱，貼上標籤，搬到一個親戚家裡。她們拜託了梅根的英文老師，老師也願意幫忙。本來一切順利，但琳賽卻突然寄了一封電子郵件，給她們的父親，透露梅根和葛瑞絲打算離開的消息，還指控葛瑞絲跟她先生私通。梅根和葛瑞絲的父母把她們叫進臥室，母親用手機錄影，父親則大聲唸出那封電子郵件。梅根意識到大事不妙，葛瑞絲肯定會被逐出教會，自己或許也難逃這個下場。她轉向葛瑞絲，低聲說：「我們得走了。」

兩人衝回臥室打包剩下的東西，父親則在大吼大叫。母親懇求她們，要她們去向爺爺求情。但梅根雖然走過共用的後院到了爺爺家，卻只是抱了抱爺爺奶奶，和他們道別。

等長老們也來了，梅根就走回自己的臥室，沿路擁抱遇到的家人，向他們告別。幾個小時後，在父親的協助下，她們把東西裝上自家的小貨車。父親帶她們去了一家汽車旅館，付了房費，把東西搬下貨車，擁抱了她們，接著就開車離開。

她們後來打電話給梅根的英文老師，那天晚上最後就在老師

家的地下室落腳。老師和她們坐了幾小時，後來她們就在兩張長
椅上過夜。隔天早上，她們找了一輛自助搬運倉儲公司 U-Haul
的車，把車裝滿，從此離開。

🔆 離開同溫層之後

「我離開教會之後，對很多事情的想法都改變了，」梅根說：
「而且我真的沒想到，很多改變竟然那麼簡單。像是我對同性戀
或猶太人的想法，那些我們過去鎖定攻擊的人，那些我們在教會
針對的團體。過去我們相信關於他們的事，根本都是錯的。」

跟查克一樣，梅根離開教會的原因，也在於無法忍受自己的
家庭生活。梅根也跟查克一樣，是在離開之後，才改變了自己對
於其他特定信念與態度的看法，特別是關於同性戀者。可是梅根
說：「我要轉換一點都不難。當然，有部分原因是我們相信自己
是在愛他們。並不是以前討厭他們、現在變得愛他們了，而是我
以前也以為自己是在愛他們，只是後來意識到，其實那不是愛。
現在這種愛法好多了。」

我問梅根，她跟查克還在教會的時候，怎麼就沒懷疑過？他
們在全國各地舉牌抗議的時候，或是在社群媒體上互動的時候，
早就見過那些有不同觀點的人不下幾千次，早就看到許多其他事
證，告訴他們可以怎樣對待別人，怎樣去思考、感受和相信。

「因為社群，」梅根說，講的正是卡梅倫在平等之家前廊跟
我說過的概念，「我當時身邊所有那些我愛的人和愛我的人，都

用各種最實際的方式告訴我，他們愛我。就像是你呼吸的空氣一樣。所以如果你在那樣的環境裡長大，特別是像威斯特布路教會那樣脫離現實——」她一下想不出合適的用詞，「—— 我們想的談的都是《聖經》經文，都是有什麼證據支持我們的觀點，所有時間都在做這些事。我們要讀《聖經》，每天讀。我們要背誦經文，每天背。我們要站到街上和民眾交談，宣揚捍衛那些信念，也是每天去。你知道的就是那一套，每個人跟你說的故事就是這個樣子。你有太多理由應該相信這套故事，所有經驗都告訴你，那就是對的、那就是真理。習慣了就太難改變。」

我說她確實說得有理，相關研究也支持她的說法，可是他們去抗議的時候呢？為什麼真的都沒有引發一絲絲的懷疑？

「從我五歲開始，就站上人行道，被要求去宣揚捍衛那些信念。要當個宣道者，必須真的很熟悉那些內容、瞭解那些道理，而且必須當下立即做出反應。因為在抗議的時候，現場可能非常混亂，像是會有人衝過來，怒氣沖沖，對你充滿敵意。你得有萬全準備，才能回答這些問題。而那也是一項要求。你知道的，要隨時準備好做出回答。〈彼得前書〉說：『有人問你們心中盼望的緣由，就要常作準備，以溫柔、敬畏的心回答各人。』而你愈能夠捍衛這些信念，就愈能得到救贖。當時的感覺就是這樣。」

梅根說，她到現在還會發現自己有哪些錯的地方。在女兒索薇出生的三年前，她把所有的育兒書都找來讀了一遍，但如果要說真正讓她覺得收穫最大的，是觀察教會以外的世界到底是怎麼對待小孩。看到小孩在公共場合大吵大鬧，但爸媽卻十分淡定，

讓她「覺得很不可思議」。

我說那讓我想到之前提過皮亞傑的論點：一旦我們知道某件事是錯的，就會知道那件事的來源可能也有問題，於是就像忽然睜開了雙眼，發現搞不好自己相信的資訊來源還有其他太多錯的地方。或許這就是沃利許跟我說的，敲開了一條裂縫，讓光照進來。

「沒錯，我就是這樣！我有時候會想到，我在一年前、幾個月前，到底經歷了多少這樣的發現？又到底是有多少的累積，才會讓一個人變成我之前那個樣子？」梅根還說到她自己、葛瑞絲和查克曾經受過的虐待、毆打與更糟糕的對待。

「情況絕對不在什麼可接受的範圍，」梅根說：「而且也不是什麼偶爾一次兩次。當然，我知道自己永遠不會做那種事，我不想打我女兒，永遠不會。」但梅根更深的一項體悟是，對小孩來說，給予肯定的效果竟然有效那麼多。

「真的很神奇，面對所有負面事物的時候，如果你放手讓小孩去體驗，事情過去的速度真的快得多。你就是去提供支持，讓他們感受過那些情緒，而不是去壓抑那些情緒。真的很神奇。而以前，除了看到我的父母，還會看到我哥哥怎麼養小孩，管得愈嚴，小孩就反抗得愈凶，只是讓大人跟小孩都更難過。而且有些事，我家人可能會說我是在溺愛女兒，說我不該這樣養育，可是索薇對這些事的反應真的太讓人驚喜了。她居然可以那麼善解人意，譬如她看著自己的寶貝，就是一個小娃娃玩偶，說她的寶貝在哭，但她會說哭也沒關係喔，不高興也沒關係。」

💡 放下仇視，擁抱愛

菲爾普斯已經有四個兒女、二十多個孫子女，離開了威斯特布路。還待在教會裡的人，並沒有過著與世隔絕的生活。大人在社區裡有正常的工作，孩子也會正常去上學。就算還在教會裡的時候，查克能玩《暗黑破壞神》和《真人快打》電玩遊戲，也能上網看電影、看電視。而梅根也能讀華萊士（David Foster Wallace）寫的那種小說，看福格內斯特（Jake Fogelnest）那樣的喜劇節目，聽「擁抱人群」（Foster the People）那樣的樂團。

對威斯特布路浸信會來說，這些都是小事。他們要對抗的是全世界真正的邪惡，所以就算有哪個孫子女想在電玩裡面宰掉幾隻數位惡魔，或是聽龐克樂團對資本主義發發牢騷，實在沒什麼大不了。教會從來沒有禁止他們去接觸外面罪人的世界，但是接觸的過程則受到嚴格控制，而且態度幾乎就是帶著敵意與對立。

雖然如此，但查克告訴我，他以前沒有朋友，從來不跟家族以外的人說話。只要出了教會，他就像個幽靈。查克雖然讀完了護理師學校，也說他喜歡自己的同學，卻沒和任何人有交情。他當時相信，世俗世界的所有人都在走向地獄，不像教會裡都是神的子民，所以他一向都是和那些人維持一個友善的距離。查克一輩子都被困在教條裡，就像日日夜夜都穿著一件潛水衣。雖然抗議的時候會和另一邊的人在同一個世界互動，卻從來沒有和那些人有真正的人性連結。

查克已經脫掉那件潛水衣，甚至還跑去參加了對街那個平行

宇宙。他去過平等之家,還參加了反對威斯特布路教會的抗議活動,舉的標語牌寫著「你很美」、「寬恕與遺忘」之類的訊息。在那些抗議活動裡,他會高喊著:「讓我們用善意淹死他們」和「讓他們看到什麼叫愛你的鄰居。」

離開教會五個月以後,查克在 Reddit 社群媒體網站,開了一個「放膽來問」(Ask Me Anything)的直播,任何人都能上網向他提問。查克告訴觀眾,他現在完全支持 LGBTQ 的權利。「在我看來,他們都是人,都應該得到法律的保護。我哪有資格不讓人去愛,哪有資格說『你不能結婚』?」

查克也請求觀眾要用愛,來對待威斯特布路教會的成員,說自己離開教會之後,已經拿掉了心中所有的恨意。有很多年的時間,他一直在祈禱要人去死,但他現在希望人人都能得到快樂。他說自己很遺憾當初跑去軍人的葬禮舉牌抗議,也解釋了當時一心以為是在做「全世界最善良的事」,是想警告大家趕快回頭,不要走向罪惡、走進地獄。

「你曾經到我哥的葬禮上舉牌抗議,」一位觀眾說:「他是在阿富汗陣亡的士兵。知道你們當時在想什麼,讓我稍微釋懷。我很高興你離開了威斯特布路教會,不管怎樣,我原諒你,我原諒你的家人。我希望他們能找到自己真正想要的平靜。」

查克仍然相信威斯特布路教會能夠改變,但唯一的辦法,就是外界在面對他們的輕視時,實在不能抱著想教訓回去的念頭。在教會一心認為外界充滿仇恨的時候,如果反而得到愛,才能向他們證明他們的信念出了問題。

「罵他們髒話，他們根本不會記在心上。這不會改變他們的信念，只會讓他們覺得世界果然就是這樣，」查克解釋道：「如果我們讓他們感受到善良，他們才會發現，原來自己對《聖經》的解釋錯得離譜，他們才會打開心門，我非常相信是這樣。」

🔅 巨痛帶來巨變

查克告訴我，他還是想回去做醫療，因為在他這輩子的前二十三年，給世界帶來的就是刻薄冷漠。而他現在對安寧照護很有興趣，不希望看到有人在最後的日子感到孤獨。

查克說他之所以會有這種想法，是因為他的爺爺、也就是成立威斯特布路教會的人，在生命最後六個月多半就是孤單一人。他在 2014 年去世，享壽八十四歲。在他過世前，查克每星期都會去看他一兩次，跟他一起看《茱蒂法官》，那是菲爾普斯最愛的節目。查克說，爺爺把《茱蒂法官》叫做「喜劇藝術」。而且，當初也是爺爺大概每三個月幫查克理一次頭髮。「對於那些可能跟他一樣絕望的人，我不想要狠心轉身離開。」

雖然威斯特布路教會否認，但是查克說菲爾普斯也遭到逐出教會，所以臨終時是孤身一人。威斯特布路教會是以菲爾普斯的信念為基礎而成立，但長老們卻將菲爾普斯逐出了教會，而原因以查克的說法，就是菲爾普斯「想法改變了」。「他被逐出教會的時候，我也在場，」查克說：「他走出教堂前門，朝著彩虹屋高喊『你們是好人！』」

我問查克，在過了充滿仇恨的一生之後，是什麼讓菲爾普斯有了這樣的改變？

查克說，他認為是因為奶奶的健康急劇惡化，進了醫院，得要插管治療。奶奶和爺爺當了六十二年的夫妻，有十三個孩子、五十四個孫子、七個曾孫。一想到奶奶要過世了，就讓爺爺無比心痛。

「我不是完全確定，但根據我自己的經驗，是在我很難過的時候，才真正開始想讓自己變得更好，想要改變想法，想要用不同的方式來對待世界，」查克說：「我想說的是，遇到巨大痛苦的時候，會帶來巨大的改變。」

起點在於與外界有了連繫

在我拜訪查克和梅根之前，如果要問他們為什麼離開威斯特布路教會，最容易以為的答案會是他們對同性戀有了不同看法、發現自己與教會的意見不同，所以決定離開。但事實並非如此。查克和梅根對 LGBTQ、對猶太教、對如何養育孩子、甚至是對自己的態度，都是在離開之後才發生改變。

查克和梅根的故事有很多不同的地方，但共通點在於都是在失去某種歸屬感、某種社群意識之後，讓他們決定離開。而「離開」這件事讓他們變得有能力改變想法，於是能夠開始重新思考那些以前彷彿看不見、不合理、無關緊要的證據。

雖然如此，但在他們一開始感到懷疑的時候，還是需要有那

些在外界的貴人，願意傾聽他們，願意用善意來包裹對他們的反駁，才真正將他們拉出了威斯特布路教會。對查克來說，他的貴人先是護理學校，再來是像卡梅倫這樣的人。而對梅根來說，她的貴人先是推特，再來是像艾彼柏這樣的人。就他們兩人而言，都是等到發現外面還有一個社群願意歡迎接受他們，才終於能夠放下自己原先的世界觀。

　　現在，我們已經有了這樣的概念、也瞭解了背後的科學，趁著記憶猶新，我覺得可以回頭再談談維奇的故事了。聽到梅根的說法，讓我想起維奇對 911 陰謀論者的描述：在他試著想說服他們、讓他們發現自己錯了的時候，他們卻是去嘲笑那些死者、挪揄那些死者的親友家屬，而讓維奇覺得這些人簡直禽獸不如。在這樣的往來爭論當中，當時那些同儕的信念愈來愈強，而維奇的信念卻逐漸被壓過。

　　我當初聽維奇的故事，錯過了一個重點，但現在看來則十分明顯。維奇也和梅根一樣，起點在於與外界的人有了連繫，但是維奇不一樣的地方，在於當時他並沒有直接住在威斯特布路教會那樣的社區裡，而整個 911 陰謀論者社群也不是把維奇養大的家庭。

　　話雖如此，維奇當時仍然就是 911 陰謀論者社群的一份子；雖然這個社群主要是存在於網路上，而且十分年輕。但下一章就會提到，這種社群控制成員的心理機制，就跟威斯特布路浸信會控制成員的心理機制一模一樣。事實證明，讓維奇離開社群的原因，也與查克和梅根等人離開的原因殊無二致。

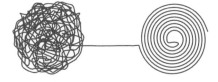

第六章

真相是由部落說了算

—— 團體認同、從眾行為、集體擁抱

　　距離維奇想給我看的複合唱片咖啡店還有一個路口，他停下腳步，要我看看遠方的一幅壁畫，他說那其實在騙人。

　　從我們站的地方，那幅噴漆藝術看起來是磚牆上有一隻美麗而逼真的鳥，停在一把扭曲的藤蔓上。但走近點就能看到，在形成拱形的藤蔓下面、鳥的右下方，畫了匡威（Converse）運動鞋的品牌商標。維奇笑了起來，想等我自己想通這是什麼道理。我壓力超大，不確定維奇到底是想講什麼。對他來說，似乎所有圖案都有祕密。每次在街口轉個彎，他似乎都在努力找出眼前各種隱藏的意義，想看出種種的平凡無奇是怎樣結合在規模更大的思想與議題體系當中。當時我猜，或許在他看來，那幅壁畫就像是噴漆畫成的煤礦金絲雀？

　　就連塗鴉也可能是企業編造的謊言。有些人會覺得那就是個訊號，要讓人看穿世界背後的真相。我唯一能做的，就是用鼻子哼了一聲，表達對他的贊同，然後搖了搖頭。維奇微笑，又在街口轉了個彎，帶我們繼續往前。

　　我一路上抬頭看著那幅壁畫，創作的藝術家是來自英格蘭雪菲爾市的法娜（Fauna，她的個人簡介及作品請參閱 faunagraphic.com），麗可得顏料公司和宜家家居公司也是她的客戶。這次是她接受匡威公司委託，進行一項名為 Wall to Wall 的廣告專案，在英國各地噴製壁畫。法娜的工作團隊找來兩臺大型起重機，在兩天內就噴製完成這幅作品。這幅作品究竟是好是壞？我不知道，但這肯定算是一層真相，而要不是有維奇當嚮導，我也肯定不會再往下鑽研。

💡 需要歸屬感與接納感

　　我問維奇，他當初是怎麼成了一個陰謀論者？他告訴我，在陰謀論團體伸出雙手歡迎他之前，他從來沒有感受過穩定的歸屬感。維奇的父親是蘇格蘭船員，在油輪上當大副。他在里約熱內盧工作的時候，認識了維奇的母親。維奇出生之後，在巴西住了七年，再跟弟弟與母親搬到了坦尚尼亞，再搬到父親被派駐的任何地方——西非、卡達、沙烏地阿拉伯等地。每隔幾年，維奇就得離開剛交的朋友，重新去適應新學校、新的城市、新的國家、新的文化。

　　維奇永遠就是個異類，永遠都被霸凌。等他大到可以自己生活了，爸媽就把他送去英國一所寄宿學校，而他們則是繼續留在沙烏地阿拉伯。在學校裡，維奇每天都因為黝黑的膚色與巴西口音，飽受種族歧視。

　　維奇說，四處漂流之後，他忽然就這麼進了辦公隔間，但他沒感覺到半點安慰。他拿到哲學學位後，找了一份銀行的工作。每天就是睡覺、通勤、工作、看電視，日復一日，讓他覺得自己已經不像是個「自然的人」。他逼著自己勉強適應白領生活的日常，而過去的哲學訓練也被漸漸淡忘。維奇覺得自己不屬於任何地方。他沒有歸屬的部落。

　　到了 2006 年，維奇看到一部影片，是瓊斯（見第 20 頁）在解釋為什麼 911 事件就是美國政府籌劃的陰謀。出於好奇，維奇開始投入大量時間，在網路上看著各種類似瓊斯論點的影片。維奇

很快就參與一些陰謀論團體的留言討論，最後也成了陰謀論團體的一份子。

「我當時就是個憤世嫉俗的年輕人，不滿整個權力結構，不滿那些精英階級，不滿世界的不公平，所以這剛好能滿足我想要得到一套論述的欲望，而且我也認為，這就是大多數人會相信陰謀論的原因，」維奇說：「你想找個怪罪的目標；你的生活毫無意義。你本來什麼都不是，但突然間，能夠覺得自己好像是個精英團體的一員，知道一些重要的事。」

「覺得自己屬於那群得到啟蒙的人，」我說。

「沒錯，就像是《駭客任務》裡去見過祭司之後、坐在車裡的尼歐，你看著所有其他人，心想著『哇塞，你看這個母體，所有這些可憐的人，他們什麼都不懂。但我什麼都懂，我知道唯一的真相。』這就是自我（ego）的問題。你知道的，會掉進這種事裡，很多時候都是自我的問題。」

維奇開始拍自己的影片，先是諷刺山達基教會，再來則是談地方上的一些抗議事件，以及談談 911 事件後的倫敦如何活在政府監控之中。維奇和其他陰謀論的 YouTuber 合作，一起拿著大聲公，在倫敦市中心諷刺嘲弄，發布歐威爾式的公告宣言。他們的花招引來了人群、警察，以及幾十萬的觀看數。

警方常常只是要求維奇必須離開，但在維奇到美國大使館前拍片那次，卻是遭到警方阻攔，勒令他停止拍攝。警方的勒令遭到拒絕，維奇繼續拍攝。愈來愈多警察圍了上來，有些還拿著步槍、穿著防彈衣，告訴他，根據英國《恐怖主義法》，警方有權

查看他的影片，確保他並未使用相機進行有計畫的恐怖主義、或是為恐怖主義目的而蒐集資訊。

維奇把整段經過放上 YouTube。當時，陰謀論者心心念念，就想找到一個歐威爾式監控的證據，而這段影片就像是皇天不負苦心人，終於證明了他們最害怕的事。

影片立刻在網路上瘋傳。幾天之內，維奇已經和全球知名的陰謀論者瓊斯通上了電話。對於維奇來說，這就像是從當初激發他這股熱情的影片當中，伸出了一隻歡迎的手，將他從觀眾席請上臺，一起對話。

維奇和他的美國大使館影片登上瓊斯的電臺與 YouTube 節目是在 2009 年，維奇也趁機邀請瓊斯的觀眾來看自己的 YouTube 頻道，說自己還做了幾十部類似的影片，揭露威權國家的魔掌儼然已來到眼前。維奇得到愈多觀看數，就製作出愈多的影片。他很快就大賺了一筆，等到被銀行開除，也沒再另找工作。

我問維奇，第一次見到瓊斯和艾克（見第 20 頁）時，是什麼印象？當然，維奇事前就已經上谷歌搜尋了他們的資料，知道瓊斯相信流感疫苗是一種要奴役人民的工具，相信飛機的「化學凝結尾」（chemtrail）會讓蛙類成為同性戀，也相信地球上的各個政府正在打造針對不同種族的生物武器。艾克則認為自己與太空中的爬行動物有心電感應。

維奇說，當時他太想要得到歸屬感與接納感，於是那些不尋常的細節也顯得無傷大雅。他願意放下懷疑、任人擺布，只要能夠不覺得孤單就好。

大腦保護自我的機制

在和梅根‧菲爾普斯－羅珀與她弟弟查克相處一陣子之後，我覺得似乎看到了他們與維奇的一項共通點。而這點在我訪談三位神經科學家時，得到了第一批線索，他們當時是請受試者仰臥躺上大腦掃描儀器，接受檢查。

2016 年，認知神經科學家吉姆貝爾（Sarah Gimbel）、哈里斯（Sam Harris）與卡普蘭（Jonas Kaplan），找來了一群有強烈觀點的受試者，列出許多政治性或非政治性的陳述，再請他們依自己相信的程度，給每句陳述標上 1 分到 7 分。接著，科學家請受試者進入磁振造影（MRI）機，再向每位受試者提出五項反駁論點。舉例來說，如果受試者覺得是愛迪生發明了燈泡，就會有資料提示燈泡的發明時間「比愛迪生早了七十年」。如果受試者覺得槍枝管制應該更嚴格，就會有資料提示：「每年被廚房刀具殺害的人數，是被攻擊性武器殺害人數的十倍。」做這項實驗的目的，並不是要說服受試者改變主意，只是想知道在受到挑戰的時候，他們的大腦裡發生了什麼事。

讀到反駁的論點之後，受試者會再次看到原本的陳述，科學家也會再次請他們依自己的感覺打出 1 分到 7 分。科學家比較這兩次反應後發現，民眾對於非政治性的陳述比較容易態度軟化，但如果是墮胎、同性婚姻和死刑之類的話題，情況卻大不相同：一旦發現反駁論點對自己的信念造成威脅，受試者的反應簡直像是自己的人身性命受到威脅一般。

　　對於墮胎、福利、槍枝管制這樣的政治楔子議題，一旦信念受到挑戰，磁振造影掃描顯示受試者的大腦就進入了「戰鬥或逃跑」（fight-or-flight）模式，腎上腺素爆增，讓血液從非必要器官排出，而讓肌肉充血。吉姆貝爾告訴我：「我們看到的大腦反應就像是你走進森林，結果遇到一隻熊。」

　　身體為什麼會有這樣的反應？因為血液湧入大腦的預設模式網路（default mode network, DMN）。預設模式網路是由大腦許多區域互相連結而成，會在人類思考自我與他人相關的議題時，變得很活躍。你知不知道，透過冥想與迷幻藥物，能讓你覺得稍微抽離自己的身分，而與萬事萬物更加合而為一？抑制預設模式網路的活動，也會有這種效果。

　　至於刺激預設模式網路的活動，則有反效果──會減少自身和其他事物的連結，而且更堅持自己的身分。受試者考慮自己的程度愈高，流入杏仁體（amygdala）和腦島皮質（insular cortex）的血液就愈多，而這兩個大腦區域參與調節憤怒與恐懼，以及檢測心率與發汗。

　　「別忘了，大腦的首要之務就是保護自己，」卡普蘭教授告訴我：「而且除了身體上的自己，也會延伸到心理上的自己。一旦這些信念、態度和價值觀成了我們心理自我的一部分，大腦保護它們，就像在保護身體一樣。」

　　但究竟是為什麼？我問。

　　卡普蘭說他不知道，但覺得應該與團體認同（group identity）有關，建議我去找研究團體認同如何影響信念的心理學家。

🔆 團體認同實驗

自從第二次世界大戰以來，學術界一直在研究團體如何影響成員的心智，而從眾（conformity）與團體衝突（group conflict）也成為心理學實驗的核心。

這也發展出著名的艾許（Solomon Asch）實驗：在受試者身邊安插許多暗樁，都說某條短線其實和另一條長線一樣長，想看看受試者會不會否認自己眼前的真相。實驗結果顯示，有三分之一的受試者屈服於社會壓力，說他們認為那條短線與長線一樣長，但後來他們也表示，自己心裡其實與團體有不同的意見。

這也發展出米爾格蘭（Stanley Milgram）關於服從的實驗：受試者以為自己在對陌生人進行電擊，但實驗者成功控制了三分之二的受試者，讓他們願意將電壓提高到致命的程度。

但關於團體認同的研究，其實是開始於 1954 年（時間上就在前述兩項實驗中間），有一群心理學家創造出兩個兒童部落，差點讓他們互相殘殺。

那是在《蒼蠅王》出版的同一年，在奧克拉荷馬州的強盜洞穴州立公園，心理學家謝里夫（Muzafer Sherif）的研究團隊假裝是夏令營顧問，舉辦了一個夏令營，將二十二名五年級男孩（都是十一、十二歲）用不同的巴士，載到兩個相鄰的營地。

剛開始一段時間，兩個營地都不知道有對方的存在，各自逐漸形成自己的文化──在幾天之內，兩方團體已各自發展出固定的規範與行為準則。這兩個團體分別將自己命名為老鷹隊與響尾

蛇隊，各有不同的儀式與禁忌。謝里夫的研究團隊後來告訴這些男孩，其實營地裡還有另一隊的人，然後兩隊就開始說對方是入侵者、外來者。接著，兩隊碰面，玩了一些比賽：棒球、拔河、橄欖球等等。兩隊的選手互相辱罵，場邊成員也抱怨另一方的比賽手段有多骯髒。到了就寢時間，兩隊都整晚在抱怨另一隊有多噁心，說那些**他們**真是糟透了。

很快的，任何一隊只要碰上什麼倒楣事，都會說是另一隊在搞鬼。游泳的地方比平常冷，就會說一定是另一隊往裡面丟了冰塊。在沙灘上看到垃圾，就會說一定是另一隊丟的，完全不記得那是自己幾天前留下的垃圾。

最後，實驗不得不在第三週喊停。兩邊的憎惡已經太過，老鷹隊從棒球場上把響尾蛇隊的隊旗偷走、燒毀，才還給他們。而為了反擊，響尾蛇隊也策畫一場突襲，同樣燒了老鷹隊的隊旗。響尾蛇隊後來在身上塗了油彩，偷襲老鷹隊的小屋。老鷹隊也有樣學樣反擊。在晚上，他們已經在談要來場公開大戰。最後，兩隊已經到處蒐集石頭，準備全面開戰。科學家決定出手干預，把兩邊的營地都搬到有一段距離的地方，免得真的鬧出人命。

1970 年代，心理學家泰弗爾（Henri Tajfel）對強盜洞穴州立公園的實驗很感興趣，打算做個延伸研究。泰弗爾在波蘭長大，身為猶太人，很希望解答一個問題：為什麼會有一個團體恨另一個團體入骨，甚至覺得發動種族屠殺也不為過？

泰弗爾於 1950 年代都在研究「偏見」這個概念，而當時大多數心理學的假設認為，團體之間之所以有敵意，是因為具有攻擊

型人格的人掌權，對他人造成影響。泰弗爾對此表示懷疑。他看了許多不同的種族滅絕案例，發現在不同案例裡，人們所指稱的仇恨來源，似乎說不出個一定的道理；就像老鷹隊和響尾蛇隊，其實都是來自同一個城鎮的五年級男孩，不論家庭、教養背景或世界觀，都極為相似。

泰弗爾想知道，如果是在實驗室情境下，去掉兩組人之間所有的顯著差異（甚至包括個性差異），就只是單純告訴受試者，他們屬於某一組、而不屬於另一組，這樣會發生什麼事？

泰弗爾接下來也想知道，如果開始每次增加一個小差異，像是一組戴眼鏡、另一組不戴，要到什麼時候，受試者才會開始表現出偏袒自己的組別、厭惡他人的組別？如果能找到一個起始點，稱為「最小團體典範」（minimal group paradigm），就能做為比較的基線，知道怎樣的差異會造成偏見與歧視。但是泰弗爾最後發現，偏見與歧視根本沒有基線。只要有任何一點差異，就會啟動人類與生俱來區分「我們－他們」的心理。

在一項實驗中，泰弗爾找來了布里斯托市一所學校的男孩，很多都有同樣的背景、很多彼此還是朋友，接著個別在匿名狀態下，拿出一張畫了四十個點的紙，讓每個人看了大約半秒鐘，再估計紙上大概有多少點。不論受試者回答了什麼答案，其實都會被隨機分組，接著告訴每個人屬於高估組或低估組。

泰弗爾接著告訴受試者，既然人都來了，想拜託他們再協助團隊完成另一項「分錢」的實驗任務。這次泰弗爾告訴他們，有一群和他們一樣的男孩，也完成了一樣的實驗，分成高估組和低

估組；現在他們正在決定，要怎樣把獎金分給這些人。

　　泰弗爾讓受試者來做決定，可以將獎金多分一點、或是少分一點給某個組別，也就是可以偏袒其中某一組。泰弗爾以為，在幾乎沒有任何身分標記、只有高估組或低估組差別的時候，受試者應該會盡量將獎金平分。接著他就能夠加入更多差異，並開始觀察什麼時候會表現出偏見。但最後泰弗爾發現，光是標上高估組或低估組的標籤，就已經足以讓受試者去偏袒自己所屬的組別了。更糟的是，只要是能讓自己想像中所屬的團體，比其他想像中的外人拿到更多獎金，他們給起另一組人超低獎金，可是毫不手軟。

　　泰弗爾的研究概念被複製了許多次，測試受試者對畫家、眼睛顏色、帽子、甚至是隨機分配奇數偶數的偏好，實驗結果都相同：只要有任何明顯的共同特點，都可能形成一個團體。而在「我們」的概念出來之後，「我們」就會開始厭惡「他們」，而且只要能讓權力的天平朝自己的團體傾斜，我們甚至願意犧牲整體更大的利益。

部落心理

　　他們——這是個很強大的詞，無論在心理學或神經科學的研究都顯示，因為我們的身分認同有很大一部分在於團體認同，所以對於身分最好的一種解釋，一方面是能讓我們成為我們，但更重要的另一方面，則是不要變成他們。

　　這是人性的一種基本驅力，就像是飢餓或睡眠。人類有著靈長類動物的基因，建構了靈長類動物的大腦，先天就帶有一些會被感官訊息觸發的精神狀態，包括同理、同情、嫉妒、羞恥與尷尬之類。而從這些不請自來而能感受到的精神狀態，我們就能看清自己的天性。人類是一種社會性的靈長類動物，無法不在意別人對自己的看法。

　　而且，人類不但是社會性動物，還是**超社會性**的動物。我們這種靈長類，需要靠著形成團體並維持團體來生存，所以有許多與生俱來的心理欲望，都想要組成團體，再好好培養這個團體，全心帶出凝聚力。要是團體能夠生存，我們就能夠生存。所以人類的許多驅動力與動機，像是會感到羞恥、尷尬、排擠等等，主要是希望能夠讓團體強大，而不是要維持個體（包括自己）的健全。換句話說，要是真有必要，我們會願意為了團體而犧牲自己或犧牲他人。

　　在現代心理學、政治學、社會學等領域，對於這種現象有很多不同的術語，包括：極端派系（extreme partisanship）、文化認知（cultural cognition）等等，而我自己最喜歡的則是部落心理（tribal psychology）。但不論以什麼標籤來稱呼，社會科學上的最新證據十分明確：相較於實際的對錯，人類遠遠更在意自己能不能當上團體裡的好成員；只要團體能滿足我們在這方面的需求，我們就會寧願為了與夥伴相處愉快，而選擇犯錯。

　　我問社會學家哈靈頓（Brooke Harrington）對這一切的看法，哈靈頓的結論是：如果社會科學也有一條堪比 $E = mc^2$ 的重要公

式，那就是 SD ＞ PD，社會性死亡（Social Death）比肉體的死亡（Physical Death）更叫人害怕。

所以，如果有新的概念挑戰自己的身分，我們會感覺受到極深的威脅。有些想法讓我們覺得是團體的一員，而要思考這些想法的時候，我們也就不會從個人的角度出發，而會從部落成員的角度出發。我們希望自己看起來值得信賴，所以就會把重點放在名聲管理（reputation management），希望讓自己看起來是個值得信賴的人。這件事會變得比其他事情更重要，甚至付出自己的性命也在所不惜。

這不能說是完全不合理。要在目前這個世界獨活，確實也不是件容易的事；但如果是在現代之前的世界落單，幾乎肯定就只有死路一條。所以我們天生就帶著一種欲望，想要組成團體、加入團體、留在團體裡、對抗其他團體。

💡 我們與他們之別

但只要一有了「我們」與「他們」的區別，你就會開始偏袒「我們」。而且情況誇張到，如果選項一是讓兩方都同樣大大有利，選項二是兩方的利益都小得多、但你所屬的團體稍多一點，那你最後選的會是選項二。不論是任何資源，要討論資源共享或分配的時候，雖然選項二不能夠帶來整體最大利益，但人類還是會本能的運用「我們－他們」的思維。而這也是部落心理變得非常奇異的地方。

在發生激烈衝突的時候，團體之間的接觸會更密切、溝通會更頻繁，個人也會更努力希望讓自己屬於「我們」而非變成「他們」。在這樣的環境下，任何事情都可能成為表現忠誠與否的訊號，讓人覺得你看起來是個忠誠的好成員、又或者就是個叛徒。你的穿著、喜歡的音樂、開的車款，一切都包含在內。就算是一些過去屬於中性的態度、信念或意見，一旦成為辨別忠誠與否的標準，就會成為忠誠的徽章、或是恥辱的符號，讓旁人得知你是否值得信賴。

專精部落心理的心理學家卡漢（Dan Kahan）告訴我，這種影響不僅限於政治領域；發表任何意見，都可能與團體認同緊密交織。卡漢說，在他看來最具啟發性的案例研究，就是基督教保守派如今仍然強烈反對人類乳突病毒（HPV）疫苗，原因就只是藥廠在多年前先申請了對女孩施打的早期許可，之後才申請對男孩施打的許可，而且還希望促成政府規定強制施打這種疫苗。要取得早期許可，代表需要在美國國會進行辯論；而要強制施打，則代表需要在各州立法機構進行辯論。兩者都意味著，會有一群零科學知識的人，上臺質詢為什麼一種要強制施打的疫苗只針對女孩，而不針對男孩。

「他們說，會有人來敲門，說『你知道，那個你正在後院盪鞦韆的女兒，就是那個十二歲的孩子呀，她明年就要跟人有性行為了。一定要趕快讓她打性病疫苗，否則不能讓她去學校。』」卡漢說，結果就是左右翼兩派部落之間大起衝突，有人認為人類乳突病毒疫苗肯定會讓小孩在青春期前就開始濫交。

　　但是在人類乳突病毒疫苗吵得火熱的同時，科學家也推出了B型肝炎疫苗。從資料上看來，兩種疫苗的情況幾乎一模一樣：都是要施打於青春期前的女孩，也都能預防某種可能導致癌症的性傳播疾病。「但沒有人吵說不要打B型肝炎疫苗，」卡漢說。B型肝炎疫苗迅速輕鬆取得許可，如今有95%的父母都願意讓女兒施打，就連基督教保守派也不例外。

　　兩者的不同之處在於：民眾一開始是從醫師與醫院的管道，認識了B型肝炎疫苗，但要認識人類乳突病毒疫苗的時候，卻是以MSNBC電視頻道與福斯新聞的報導為管道。那些新聞報導把這項資訊塑造成「我們－他們」的議題，於是也就成為一個部落議題。這樣一來，民眾就會向所屬的團體尋求指引，希望團體告訴他們該有怎樣的感覺和態度；而決定了感覺和態度之後，動機推理就會再回推出各種解釋與理由。

💡 忠誠的徽章、恥辱的符號？

　　卡漢的一項研究中，受試者是一群認定自己屬於死忠共和黨或民主黨的人。卡漢給他們看了一位長者的照片，說這是一位名叫林登的資深科學家，美國國家科學院院士、麻省理工學院氣象學教授，還擁有哈佛大學博士學位。接著卡漢詢問受試者，是否同意林登博士是全球暖化議題的專家。在從1分到6分的評分表上，所有受試者都給出了代表「非常同意」的最高分。

　　接著，受試者閱讀了林登在這項議題上的科學意見。有一半

受試者讀到的內容，是林登認為人為造成的全球暖化並非事實，認為氣候變遷完全沒什麼好擔心。而另一半受試者讀到的內容，則是林登認為人為造成的全球暖化非但千真萬確，而且是人類生死存亡的大問題。

卡漢接著詢問受試者，是否仍然同意林登是個專家？在讀到「全球暖化並非事實」的組別中，保守派受試者仍然認為林登是專家，但是自由派受試者卻降低了給分。而讀到「全球暖化是事實」的組別中，自由派受試者仍然認為林登是專家，但保守派受試者卻改變了想法。不論哪一種情況，都有一半的人忽然覺得林登變成是個蠢蛋。但當然，他的背景資歷一直都毫無變動。

對於部落心理的研究結果十分明確。某個科學的、基於事實的議題，如果在民眾看來是個非政治性的中性議題（例如講的是火山、類星體或果蝠），就不會有這種態度丕變的現象。民眾通常都會相信專家的意見。然而議題一旦染上部落忠誠度的色彩，就開始出現爭議了。

雖然表面上看起來，這太不理性了，但卡漢強調這樣的動機推理其實十分理性。就一般人而言，對於槍枝管制、氣候變遷或死刑的信念，並不會對他們的日常生活真正造成什麼影響。卡漢告訴我，對這些議題抱持任何信念、與他人爭論、又或者和他人分享，唯一的效果就是能夠「表達對團體的忠誠」。

面對一項原本中性的實證證據，如果你一旦表明支持，就有可能失去朋友、沒了廣告金主、丟掉工作、或是遭到公開差辱，那麼反對這項證據就會是個非常理性的決定。如果你的部落在某

些議題上已經達成共識，你的同意與否，就會影響他們對你的信任程度。要是你的價值觀似乎與團體有出入，「就可能對你造成嚴重的實質傷害與情感傷害，」卡漢解釋道。

卡漢談到殷格利斯（Bob Inglis）眾議員，他幾十年來一直屬於美國國會最保守的一群。但等到殷格利斯在 2010 年宣布自己相信氣候變遷是真的，希望能夠有所作為來保護自己的選民，他就以兵敗如山倒的 29% 對 71% 的得票比例，丟掉了連任。卡漢解釋說：「假設你是個理髮師，位於南卡羅萊納州第四區，也就是殷格利斯的選區。你會清楚知道，如果你的工作是要用傳統剃刀幫客人刮鬍子，卻還想請客人幫你簽請願書，來救救北極熊免受氣候變遷影響，肯定會像殷格利斯一樣，立刻沒了工作。大家就是會一直面臨這種壓力。」

人人都有自己的參考團體

如果我們覺得，自己在得到信任的團體裡的位置可能受到威脅——也就是可能因為自己改變想法，而被認為不值得信任，那麼我們就會避免這種情形。在我看來，這終於能夠解釋為什麼在維奇所屬的那一群 911 陰謀論者之中，其他人都拒絕接受眼前明擺著的證據。

我們能夠知道什麼，一方面取決於我們的信念（也就是我們認為哪些知識才是真的），另一方面得取決於我們的態度（也就是對於我們所相信的事物，給予正面或負面的評價）。兩者都會

與我們的價值觀互相影響。所謂價值觀，也就是我們認為什麼是最重要、最值得我們花時間追求的東西。然而，我們不可能真的去知道一切、或是評估一切。世界太遼闊複雜，而且瞬息萬變。結果就是我們大部分的信念與態度，其實都是源自於某些我們所信賴的同儕與權威人士。這些人可能是在影片中、課本裡、新聞主播臺後、或是講臺上；只要是我們無法自己證明的事，我們就願意相信他們的專業。

我們會想從這些參考團體（reference group）取得各種知識，像是土星有幾顆衛星、燕麥脆片的營養價值、我們死後會如何、阿根廷欠中國多少債。而且這些人也會影響我們對於各種事物的態度，從爵士長號、核能、到蘆薈的治療效果，不一而足。我們會覺得這些人講的事都是真的，會覺得這些人表現出來的態度是合理的，因為我們相信這些人都好好審查過那些資訊。我們信任這些人，是因為我們覺得這些人跟自己都是「我們」：有同樣的價值觀、同樣的焦慮；看起來像我們自己人、又或者是像我們所希望成為的人。正因為這些人的態度與我們類似，因此我們也願意相信這些人的信念。

在我們認定某個參考團體值得信賴之後，一旦去質疑團體所接受的**任何**信念或態度，就等於質疑該團體的**所有**信念與態度，這就可能成為問題。

人是靈長類動物，而靈長類動物是群居性的動物，我們天生就想聚在一起，形成團體。一旦覺得自己就是漫威迷或基督徒，或是相信匿名者Q或素食主義，那些我們與團體所共有的信念、

態度與價值觀，也將會成為我們團體認同當中，不可或缺的一部分。我們變得會有某些同樣的感覺、相信某些同樣的事情。這些信念遭到質疑時，就會威脅到我們的自我意識，在生理上引發恐懼、憤怒，以及各種「戰鬥或逃跑」的情感陷阱。

每個人就像是大使的身分，各自代表著自己的參考團體。但是當各方大使共聚一堂的時候，那些確保各自團體認同的、不容置疑的真理，在歷史上就給人類造成了最深層的歧見、最棘手的爭執、最難解的政治、以及最血腥的戰爭。

科學家、醫師與學者也無法倖免。但幸運的是，在他們的部落裡，「願意改變」以及「願意質疑自己的信念或批評別人的信念」也是一種對團體忠誠的象徵。這群人只要都是以追求真實準確為目標，就會覺得大家屬於同一國的。但對於像是911陰謀論者這樣的團體而言，光是追求真實準確，還不足以完全讓人覺得彼此是同一國的，任何質疑教義信條的行為，都可能讓你被逐出團體。

集體擁抱，難以掙脫

我們走在鋼索上，擺盪於「錯誤」與「無知」這兩種危險之間，而讓我們維持平衡的原因，除了有過去的經驗，更重要的是以身邊的人做為標準——如果這些人都拒絕改變想法，所造成的阻礙絕對比任何教條本身都大。一旦陷入眾人因為動機相同而形成的集體擁抱（group hug），就算事實指出我們應該改變想法，我

們也可能發現自己無能為力。

這方面最好的例子就是：加入了一個團體，裡面每個人都有自己關於陰謀論的資訊，迫不及待想和彼此分享。研究陰謀論社群的心理學家史特尼斯科（Anni Sternisko）告訴我，廣義而言，所有陰謀論者的第一步，都是用兩種「能引發動機的誘惑」來尋找所見略同的人。如果是對自己現有社會地位感到滿意的人，會吸引他們的是陰謀論的內容，也就是裡面的細節與具體描述。至於還在尋求身分認同、想在同儕中鶴立雞群的人，會吸引他們的則是陰謀論的特性，也就是似乎能肯定他們的憂慮與觀點。

史特尼斯科說，就想像一下現在要挑一部電影來看。如果你是亞當·崔佛的影迷，不管是恐怖片、劇情片、歷史片，只要是亞當·崔佛演的，你就會買單。但另一方面，如果你就是想看科幻片，那只要有太空船、有外星人，誰來演對你而言都沒差。但這兩條路徑都可能讓你看了《星際大戰》，最後還去參加《星際大戰》的影迷大會，而有了「星際大戰鐵粉」這樣的新身分。

史特尼斯科說，陰謀論社群也是如此。究竟當初是因為什麼動機，才讓人加入陰謀論社群，其實並不重要。重點在於：一旦人產生某些對日常同儕來說似乎太過牽強的想法，就會開始感覺似乎被排擠了；而這個時候，也就會覺得那些與你氣味相投的人愈來愈有吸引力，到頭來，你的身分認同也就更接近那些陰謀論社群。直到一定程度之後，希望追求歸屬感的欲望，就會取代一切其他的動機。

在一個人已經以「陰謀論者」做為團體認同之後，他對於陰

謀論的想法就變得極度難以撼動了。因為在這之後，一旦威脅到他的信念，就等於是威脅到他的自我，進而啟動人類身為群居動物的心理機制，讓他無法得到推動逃脫所需的後設認知。

逃出陰謀循環的旋渦

神經學家暨陰謀論專家諾維拉（Steven Novella）告訴我，就認知層面而言，演化或許讓人類能夠感知他人是否正在對自己圖謀不軌。有研究支持這一點，指出人腦演化出了一些古老的心理機制，能幫助我們偵測到其他人正在組成「帶來危險的聯盟」。

這種心理機制碰上現在的網際網路、再加上人類出色的模式辨別能力，如果碰上像是911這種複雜而令人感到備受威脅的事件，我們就會開始覺得似乎遍地都是敵人。

諾維拉表示：在我們感覺恐懼的時候，面對充滿不確定性的世界，會想把各種的混亂與複雜，都化約為某種自己知道該如何應對的具體對象，例如，想像其實是有一小群邪惡的木偶師，操縱著一票木偶興風作浪。而在我們最焦慮的時候，會覺得就是那些政府單位、機構和政黨（也就是一些我們會認為屬於「他們」的團體）在搞鬼，而不會認為只是周遭幾個人的問題。

這種想法會形成陰謀循環（conspiratorial loop）的邏輯監獄，讓人難以擺脫陰謀論的陰影。要是陰謀論者找到任何反證，都會覺得這就是背後黑手為了讓他們遠離真相所設下的陷阱，也代表陰謀實在比當初想像的更大、更複雜，自己需要進行更多、更深

入的追查。要是自己的理論有任何漏洞，也都會覺得現在找不到的證據肯定是有人刻意隱藏，一定是實際的陰謀規模更大，才讓人無法解釋那些漏洞。

人就這樣被困住了。要是證據與他們的理論不合，只會證明背後果然有陰謀在搞鬼。而要是根本找不到證據，也只會證明背後操縱陰謀的黑手，比想像的更為強大。

那些最後成了 911 陰謀論者的人，其實就像大多數人一樣，是在 911 事件時，感受到諸多恐懼與焦慮。其中有些人原本就不信任權威與國家控制，於是事件後的一切作為在他們看來，都覺得是政府在找藉口收緊控制。慢慢的，這些人在網路上集結成社群，為彼此這些同樣一心想找出「真相」的人，提供了無窮無盡的調查材料。而只要進入這種社群，整個信任圈就會縮小。

人類身為能夠說服別人、也能被別人說服的社會性動物，有一種方式能夠逃出這個陷阱。在我們覺得變得不值得信任的不是「他們」、而是「我們」這群人的時候，會先不自覺的想透過講理的方式，改變自己的團體。一旦這樣的嘗試失敗了、而又感覺有必要繼續努力，我們就會向團體以外，尋找同理與連結。此時，如果能在外界得到善意的反應，我們就更能接受外界那些原本看似不合理的想法；原本的「他們」現在會稍微變成「我們」。而自己與原先的團體所共享的信念、態度與價值觀，也似乎不再是那麼不容置疑。所以，如果我們改變對「他們」的看法，到頭來就會改變對「我們」的看法。

那麼維奇是怎麼逃出這個陷阱的呢？我後來得知，原因同樣

並不在於事實，或者說不只是因為事實本身。維奇後來之所以變得能夠接受事實，是因為和梅根一樣，開始發現除了自己當時的社群之外，還有其他社群更符合自己的價值觀；而且維奇也和梅根一樣，在其他社群遇到了浪漫的伴侶。在兩人共享的價值觀與陰謀論團體格格不入的時候，團體的情感束縛開始腐蝕，維奇對於改變的抗拒也土崩瓦解。

尋求其他團體的認同與支持

前往紐約的幾個月前，維奇參加了名為「真理力量集會」的活動，認識了他的另一半史黛西。

真理力量的集會遍布英國各地，主題涵蓋新時代、超人類主義、神祕學、靈性等等，也會有陰謀論講者向一小群聽眾講述五花八門的主題，從地緣政治、心靈感應、迷幻藥、亞瑟王、英國石油外洩事件、再到外星人與地平論的證據之類。他們有時候會準備麥克風和投影片，但也有時候看起來比較隨興，就像是「垮掉的一代」那些詩人。真理力量集會把所有這些團體聚在一起，舉辦有帳篷、音樂、營火的戶外活動。這些人並不是要追求某項特定的真相，而是想尋求唯一的真理。也正是在這種聚會上，維奇開始稍稍遠離自己原本的911陰謀論部落，接觸到另一個不那麼偏執、而與自身核心價值觀更合拍的團體。

在2011年的真理力量集會上，維奇的追隨者（他把這些人稱為「愛的警察」）和其他參加集會的人共同合作，在威爾斯的雷

克斯漢姆鎮廣場，用身體拼出 LOVE 這個字。維奇擔任 2010 年
真理力量集會首次「開放麥克風之夜」的主持人，談到應該要逃
離社會的「玻璃與金屬牢籠」，也談到現代生活太不自然，不是
騎著馬在平原上追水牛，而只是在辦公室裡，和同事進行言不及
義的「影印機聊天」。維奇呼籲大家要挖掘自己內在的神性，並
且「永遠無止盡的深入自己…… 每個人內心深處都擁有的宇宙
祕密」，因為意識是「無限的、碎形的」，也是「全像的」。

　　在真理力量，維奇說自己比以前在 911 陰謀論社群有更大的
發揮，更重要的是，他覺得那是真實的自己。維奇彷彿搭上一波
接受他的浪潮，而史黛西也是構成這波浪潮的許多成員之一。她
說，當時就像是一場新的「愛之夏」（1967 年的嬉皮革命）。

　　在更投入這種獨立的次文化之後，維奇那群「愛的警察」的
使命，不再是揭露警察國家的威脅迫在眉睫、要大眾認識這項情
事的荒唐荒謬，而變成是要提升大眾的人文關懷意識。維奇也與
另一個在 YouTube 的運動團體「善意出擊」（Kindness Offensive）
合作，該團體的使命就是要打破「奴隸－工作－金錢－禮物」的
模式。新時代社群開始把維奇稱為「光行者」（light worker）。

　　維奇說，那是他在很長一段時間以來，第一次覺得真是春風
得意。他的健康有所改善，髮型也大有進步。許多人與他爭相合
影，讚美他把光明帶到世界上，十分希望能有機會和他好好相處
來往。而維奇的日常互動也面目一新，他的評論區和電子郵件滿
溢著讚許，邀約也如雪片般飛來，希望他參與更多新時代、靈性
與啟蒙的活動。等到 BBC 來聯絡的時候，維奇已經放下了過去

的大聲公，開始加入英國新時代社群的行列。他收到 BBC 第一封電子郵件的時候，正打算參加一檔名為「日出」的新嬉皮、環保、反基改音樂節。那些後來把他帶到紐約參訪的製作人，也是在這個音樂節上和他見面認識。

事實是，在維奇幾個星期後和其他 911 陰謀論者共聚一堂的時候，他早已經一腳跨進其他部落；維奇審視各項證據的時候，也是以這樣的新團體認同做為視角。從維奇在時代廣場所拍的影片，就能聽到這樣的傾向。「我們沒那麼好騙。我們是 911 真相運動的真相追求者，只是想要找出真相究竟如何。」這部影片在 YouTube 的標題是〈別對各種 911 理論有情感依戀——真相才是最重要的〉。而在他最後落款，寫著：「尊重真相——維奇。」

在紐約，其他人眼中陰謀論的證據，在維奇看來反而是證明了沒有陰謀存在；過去覺得是在隱藏真相的證據，現在似乎是更深入證明了事實。維奇並不擔心遭到 911 陰謀論社群驅逐，也就更能夠自由質疑自己的信念。改變了想法，讓他在 911 陰謀論社群被貼上異端的標籤，但他在真理力量的集會裡，卻彷彿進一步證明他看見了那道「光」。

💡 找回良善價值觀

在整個 2000 年代，對身分認同維護（identity maintenance）的心理學研究發現，「名聲管理」是讓我們與同儕團體結合的黏著劑。如果我們覺得接受某些事實可能有害我們的名聲、會讓我們

遭到排擠或逐出團體，就會極度抗拒，不願意更新自己的先驗知識。想要減少對名聲的威脅感，方式其一是去尋求另一項團體認同，其二則是提醒自己，別忘了還有一些更深層重要的價值觀。

像是在911事件後的一項研究中，科學家找來一批強烈支持伊拉克戰爭的受試者做實驗。有一半受試者會先完成一項自我肯定的活動，強調自身愛國價值觀的重要性，並回想自己過去曾在哪些時候遵守這些價值觀。至於另一半受試者則是完成一項控制組的任務，強調他們的幽默感與創造力。

接著，受試者可能遇到的實驗者分成兩種，一種會配戴愛國國旗別針，另一種只是穿著一般的實驗衣。接下來，每位受試者都會讀到一份抨擊美國外交政策的報告，說情勢會發展到最後開戰，美國也得負起一定責任。

大部分受試者都不接受這份報告的論點和證據，但如果受試者已重新肯定了自我的核心價值觀，又認為自己身邊的人也都很愛國，情況就有所不同。在這些條件得到滿足的時候，受試者就能真正深思熟慮，以公正的眼光來審查論點和證據。

在一項後續的研究中，科學家將支持墮胎權的受試者分為兩組。兩組都要寫一篇文章，一組寫的是自己過去曾經怎樣為別人帶來良好感受；另一組則寫自己過去曾經怎樣傷害別人的情感。接著，受試者必須假裝自己是民主黨的國會議員，正要和反對黨議員協商新的墮胎權法案。比起那些覺得自己名聲退無可退的受試者，那些有機會肯定自己是個好人的受試者更容易退讓，然後與意識型態上針鋒相對的對手達成妥協。

　　維奇之所以會加入陰謀論團體，是因為心理學所謂的「對立身分認同」（oppositional identity）——覺得自己就是個顛覆者，是個與社會現況（或者維奇可能會說是「精英的權力結構」）對立的弱勢者。進到這樣的團體之後，維奇就落入部落心理，而堅守911陰謀論的信念，則成了他能讓同儕覺得他值得信賴的訊號。但維奇後來發現，自己到了真理力量那邊，同樣能表達出那些當初帶他走進911陰謀論的價值觀，可見那些價值觀並沒有真的讓他與這個社會多麼對立、多麼不同。於是維奇得到了解放，不再像其他911陰謀論者，他開始能夠同情那些寡婦鰥夫，也願意接受爆破專家的專業知識。相較之下，那些原本的陰謀論同儕就顯得思想封閉、麻木不仁。

　　如果我們覺得自己沒能符合核心價值觀、當不上自己心中的那種好人，就可能為了逞強，刻意公開支持某些能夠討好團體同儕的信念。但如果覺得自己已經得到肯定、有安全感，就不會太害怕接受有挑戰性的證據、或思考新的觀點。而且，如果我們能記得自己並不只屬於一個部落，要是有某些部落對你批評過嚴、令你感到不受歡迎，大可到其他部落感受溫暖，我們心中的那種篤定與安全感還會更為增強。要是我們發現自己在許多團體都能抱持著同樣的核心價值觀，洋溢出的自我肯定也會讓同儕覺得，應該要符合同樣的價值觀。

　　如果我們能像梅根與維奇那樣，發現自己所處的團體不符合良善價值觀，也就能覺得離開是理所當然，覺得改變想法是安全自在的。

💡 陰謀論團體不是真正的部落

維奇的故事告訴我們，如果一個人背後的社會安全網不夠健全，那麼他會想抗拒事實和證據，也是人之常情。因為我們已經看到，當維奇一承認自己錯了，不再支持陰謀論團體的教條，團體就立刻祭出大家最害怕的手段：先是迴避他，再來就是把他掃地出門。

但我們從梅根、查克和維奇的故事也可以發現，如果能備妥適當的條件，就連落入部落心理的人，也能夠被說服，進而改變想法。例如強盜洞穴州立公園的那些男孩，在夏令營裡已經就要落入《蒼蠅王》的情節，還是能夠改變心意。後來，實驗者讓這兩個部落有了共同的目標，像是一起修理能帶他們回家的巴士引擎，於是大家也就克服部落心理，攜手合作，後來結合成一個社群，甚至在回程車上和樂融融。

史塔福德（Tom Stafford）是在英國雪菲爾大學研究決策與學習的心理學家暨認知科學家，我請問他的看法，想瞭解為什麼在現代世界，像是邪教、陰謀論與反疫苗這些無視事實的次文化，如此大行其道？

史塔福德說：「真理是個社會性的概念。」他說，陰謀論的問題在於所處的社會團體並不真正具備社會性。如果是個真正的部落，整個社群會熱熱鬧鬧的，充滿各種接觸。

「看到有人哭，你也會覺得想哭，」史塔福德說：「你們一起吃飯、一起打獵、一起蓋房子，但邪教則是會有一種奇怪的孤立

與階級。」如果人與人的往來只在意文字文本，就看不到別人在哭泣。「雖然那裡仍然會有社會性的真理，但那裡的社會結構並不正常。」

在陰謀論與邊緣團體裡，或許每個人都自有一套言之成理的理論，但彼此之間其實沒有真正的共識，只是每個人自以為有共識而已。

如果大家真的有試著好好相處，就可能會看清現實，但因為這些陰謀論團體裡少有真正的交流，結果就是每個人心中各有一套理論，而且以為整個部落都支持自己的想法。他們從來沒有機會面對面討論，所以各種想法不會演進，也不會透過不斷的挑戰與辯護，來強化中心思想。於是，每個人都可能各自相信 911 陰謀論的某個面向，或對於疫苗有害也各有不同的觀點，卻沒有意識到社群裡其實有許多人並不同意自己的想法。雖然大家的信念零零散散、並不一致，但每個人都沒有互相討論的動機。結果就是大家各說各話，根本沒有共識。

史塔福德用醫學機構的運作模式來做比較：「如果是真正的醫師，並不會覺得醫學的一切都是對的，」史塔福德說：「他們會說：『哦，肯定裡面也會有些錯啦，只是我們還不知道』或是『我們不知道為什麼這樣就有效，只不過現在看起來確實有效。我們現在這麼做的原因是如此如此，但我們也很清楚，十年前還沒有這種方式。』然而，如果是陰謀論者，就得說他們整套都是對的，肯定不會有錯。」

史塔福德建議我應該去看看心理學研究怎麼談「爭辯論證」

（argumentation）這件事，因為如果有個人就是自己坐在電腦前，提出自己的想法，讓這個想法成為諸多命題之一，陷入部落心理的人可能以為這麼做就已經是在辯論、思考、推理，但事實上，這些人常常是身處於某個反社會的社會團體當中，每個人都只是在推理著自己的一套。

🔅 理性是情緒的奴隸

雖然我們的想法都會不斷改變，但我們往往十分小心謹慎。不論是生物或機器的學習，要更新先驗知識的時候，都會考量風險與報酬。要是大腦覺得改變心意而犯錯的潛在風險，大於潛在報酬，那麼我們就會傾向採用「同化」而非「調適」，而且大多數時候，這確實也是個好選擇。

如果你室友告訴你漂白劑可以喝，還說這對健康大有好處，你可能改變的不是對漂白劑的看法，而是對你室友的看法。但總之，肯定會改變你對某項事物或某個人的想法。

只要經過爭論說理，心智就肯定會有所不同，而這是人類獨有的現象。所有具備學習能力的生物，都能透過自己的經驗來改變想法，但人類卻能利用自己的經驗來改變他人的想法，甚至是改變某些永遠不會見到面的人的想法。

在與史塔福德談過之後，我覺得有必要瞭解更多，所以下一章將會談談人類是如何得到這樣的能力，背後原因又是為何。

「真相是由部落說了算！」維奇這樣告訴我：「從 2009 年到

2011 年，我來往的都是那些極端陰謀論的人，我就在那種次文化裡，與主流脫節。」

維奇說，拍攝《陰謀論公路之旅》的那群人也有幫助，因為那群人都屬於「另類、有趣的類型」，而在他看來，自己與史黛西、真理力量的成員也都是這樣的人，「但都沒有那些陰謀論的信念。」這樣一來，就讓維奇得到了進一步的自我肯定，也更願意接受自己可能錯了。事實上，維奇和拍攝小組近距離同行了十天，就感覺相處起來比那些陰謀論者更合拍，於是在他心裡帶出一種無法輕易抹去的失調感。他說，這讓他做好了準備，可以把專家的意見真正聽進去。

「我一直在尋找自己所屬的部落，而在那趟 911 旅程中，我的大腦裡開始有了一些變化，」維奇說：「見到所有那些人，我開始發現，或許在那個從前很歡迎我的陰謀論部落裡，那些成員的心理並不健康。」

我問他，如果大多數人沒辦法有像他一樣的經歷，怎樣還能有望改變人們的想法？像是如果有個否認氣候變遷的人，我們可沒辦法把他送到南極大陸，去見見當地研究冰芯樣本的科學家。而且就算做得到這點，也不是每個人都能夠背叛所屬的部落。不是每個人都像維奇一樣，擁有足夠的社會安全網。

維奇認為並沒有這種必要。對於氣候變遷之類的問題，他認為就照著心理學家的建議：要訴諸他們更深層的價值觀。問他們當初為何加入目前所認同的團體，找出背後的動機。要是他們重視的是家庭，就給他們看看南非這場至今尚未停歇的百年大旱有

何影響,「讓他們看看那些因為農作物歉收,而讓兒童餓死或營養不良的家庭。唯一能夠進入他們大腦的途徑,就是經由他們的心。否則,如果你還是只想提抽象的概念,他們會說『你他媽的就是個騙子!你這些事實是哪來的?』你不可能和一個尖叫的幼稚鬼辯論。尖叫的幼稚鬼不可能會改變。」

在我離開之前,維奇把蘇格蘭哲學家休謨(David Hume)的概念,用自己的話表達出來:「『理性是情緒的奴隸,』事實確實如此。如果你想改變某人的想法,就得正中要害——也就是他的心。要打到心的要害。」*

---

* 作者注:休謨的引文,出自《人性論》第二冊、第三部、第三節〈談意志對動機的影響〉:「理性正是、也只應該是情感的奴隸,除了服務與服從情感之外,永遠不能假裝理性有任何其他職位。」

第七章

爭辯論證

── 我們擁有說服與被說服的能力

💡 內省錯覺

我在 2011 年寫了一本《任何人都會有的思考盲點》，後來又寫了《你沒有你想的那麼聰明》，介紹當時關於人類推理、決策與判斷的科學。

這兩本書大致的主題，就是我們無知於自己的無知。人類講自己故事的時候，實在說不上可靠，心理學上稱為「內省錯覺」（introspection illusion）。

幾十年的研究顯示，雖然我們常常信心滿滿，以為很瞭解自己為什麼會產生各種想法、感受和行為，也很清楚自己為何有各種動機與目標，但事實上很少真的那麼清楚。我們其實只是像個第三者一樣，觀察自己的行為，思考自己的想法，接著為自己的想法、感受與信念，創造出一套道理與原因。但基本上，就只是瞎猜而已，有時候會猜對，但往往都是猜錯。而我們又很少會坦然承認實情就是如此，寧願活在一部虛構的傳記裡，不斷把自己描繪成理性的人，會仔細思考眼前的證據，冷靜得出結論；而且也覺得只要其他人都像我們以為的自己那樣聰明，肯定都能得出一樣的結論。

先是在那兩本書裡，以及在後來的演講當中，我都喜歡用三個不同的例子，來證明這一點。其中一個例子，是心理學家華生（Peter Wason）設計的遊戲。遊戲的玩法是這樣：我會用一條祕密的規則，從宇宙的所有數字裡選出三個，而你的任務就是找出我用的規則。開始囉？

$$2 - 4 - 6$$

覺得有答案了嗎？再看三個數字：

$$10 - 12 - 14$$

現在應該很清楚了。但為了以防萬一，讓我們再看三個：

$$24 - 26 - 28$$

　　面對聽眾的時候，我會請大家先舉手，然後只要覺得自己已經知道規則，就把手放下。來到第三組數字的時候，通常所有人都已經把手放下了。接下來，我會再問，有沒有人想證明自己知道規則，可以用我的規則再挑出三個數字？

　　假設是你想證明自己知道規則，你會選哪些數字？大多數人會挑出三個連續的偶數，像是：

$$32 - 34 - 36$$

　　如果你選了這三個數字（或是任何三個連續的偶數），我都會說：「沒錯！這三個數字符合我的規則。」而如果這個話題到此為止，我們轉向別的話題，你也可能接下來一輩子都覺得自己的直覺是對的。但其實這裡還有幾組數字，也符合我的規則：

$$1 - 2 - 3$$
$$55 - 56 - 57$$
$$33 - 3,333 - 99,999$$

　　那是因為，我的規則其實是「任意列出三個數字，每個都比前一個大。」只不過因為連續三個偶數也同樣符合規則，於是你自以為已經找到答案，也就不再尋找更多資訊。一旦似乎已經確認自己是對的，你就不會再為求保險而去看看有沒有其他反證。這就是「確認偏誤」，這是人類最基本的認知傾向。如果你心裡有個直覺想法，現在要為它找個理由，通常就只會看到證實這個想法的證據，並且會在認為已經得到證實之後，停止尋找反證的動作。

💡 確認偏誤

　　我的第二個例子來自美國心理學家史奈德（Mark Snyder）與坎特（Nancy Cantor）的一項研究，研究中請受試者閱讀「珍恩」這位女性一個星期的生活紀錄。研究者刻意讓珍恩在紀錄裡有時候顯得外向，也有時候顯得內向。

　　兩星期之後，受試者回到實驗室，分為兩組。在第一組，研究者說珍恩正考慮要不要當房仲，問受試者覺得她是否適合。大多數受試者的答案都是肯定的，這時候記得的都是珍恩外向的那一面。接著研究者再問，珍恩也在考慮要當圖書館員，再問受試

者覺得她適不適合。這次大多數受試者都反對了，他們根據自己的刻板印象，覺得珍恩太外向了，不適合這種工作。

而在另一組，研究者的提問順序剛好相反。珍恩會是個優秀的圖書館員嗎？會呀，他們說，想到的都是她喜歡獨處的例子。她也在考慮要當房仲。不行啦，他們說，她太內向了，哪會喜歡當房仲？

在這項「珍恩研究」裡，受試者的起點都是相同的證據，但被不同的問題挑起不同的動機和思路之後，就為不同的結論提出了不同的論證。而在自己的結論遭受質疑時，他們找出的就是那些證實自己直覺的證據。在確認偏誤的影響下，單是改變了提問的順序（也就是讓受試者最初的立場偏向某一方），這群閱讀同樣一份紀錄的受試者，對真相的意見就產生了分歧。

多年來，我一直在用這些例子來證明動機推理的力量。而科學研究已清楚指出：如果你愈聰明、教育程度愈高、掌握的資料愈多，你就愈能為自己當下的信念與態度，找出證明與理由，但這些信念與態度卻不一定正確，也不一定是有利或有害。總之，如果你一心想要找到支持的證據，就只會看到那些支持的證據。如果你就是想說 A 比 B 好，肯定都能找到需要的理由。

在我看來，對於這種現象最好的例子，就是我最常引用的以下第三項研究。狄托（Peter Ditto）的研究團隊請受試者把黃色的色紙紙條含在嘴裡，告訴他們如果沒什麼嚴重疾病，紙條會在二十秒內變成綠色。但因為那就是普通色紙，不是試紙，所以顏色並不會改變。受試者會等上好幾分鐘，想看到色紙變色，常常檢

查了幾十次，有人甚至還想帶回家繼續檢查。但又有另一組受試者，研究者的說詞是如果有嚴重疾病，色紙的顏色會改變；這次的受試者就是等上二十秒，瞄了一眼，把色紙還給研究者，就離開了實驗室。

就像心理學家吉爾伯特（Dan Gilbert）談到這項研究時說的，早上量體重的時候，如果體重計上的數字讓我們不滿意，我們會一量再量，就想再確定一下。但如果數字看來漂亮，我們就會趕快逃離體重計，開始愉快的一天。

出於確認偏誤，我們想給直覺找理由的時候，不一定是用推理來找尋真相。只要動機不同，我們就會努力讓推理的結論符合不同的需求，或是朝向自己想要的結果。例如有一項實驗，科學家會秀出許多數字與字母，如果受試者是找出愈多字母、獎金愈高，就容易把數字 13 誤認是大寫的字母 B；但如果是找出愈多數字、獎金愈高，就很容易把 B 看成 13。

在犯錯並不會造成重大不利的時候，我們就是比較會看到能夠證實自身假設的證據。就算只是在記憶裡搜尋到這種證據，也會進而產生有偏誤的論證，感覺自己的一切都有憑有據。一輩子這樣下來，就會覺得自己的世界觀都是基於仔細、縝密的推理，以及純粹、無汙染的理性。

我曾經覺得，像這樣的例子正好證明了人類的推理多麼有問題、多麼不合理。但後來接觸了一些科學家，他們研究的是推理的演變、以及我們在彼此意見不合的時候，如何運用推理（這正是接下來的議題），我現在的想法也就稍有改變。

為了理解這些議題，我們得把時光倒回，回到人類祖先多半還待在樹上的那段時間。

💡 大腦之間的交流

人類學證據顯示，人類的祖先有大半時間都待在樹上，嚼著樹葉。由於許多葉子在成熟之後會有毒素，像我們這種沒有演化出消化有毒樹葉能力的靈長類動物，就改從行為方面來解決這個問題。辦法就是：待在那些樹葉最幼嫩的樹上。

但像這樣多半只吃嫩葉，就需要很大的領地。一群猿類很快就能把一棵樹的嫩葉啃光，所以我們的祖先很快就因為這種吃嫩葉的行為，發展出領域性的概念。自己的領地不能和其他團體共享，因為就是沒有足夠的嫩葉可以分享。於是為了保護領地，又發展出部落行為。而人類祖先的特殊基因組合得到了優勢，先是贏過所有其他動物，接著是要贏過同類的其他團體，再來是要讓自己的家庭贏過其他所有家庭。因為團結力量大，人類祖先也就這麼演化成一種嚼著樹葉、有領域性、社會性的動物，彼此之間由信任所約束，但這份信任難以獲得，卻容易失去。

想要共同抵禦同類的進犯，就需要彼此有親密感，而這就需要身分認同。人類祖先演化出的能力，能夠透過訊號（氣味、吼聲與喊聲），在相同的物種中區分哪些人是自己的團體成員。而且這些訊號也有其他好處。如果任何成員都能向所有其他成員發出危險訊號，對整個團體都是好事一樁。所以可以想像，我們的

人類祖先首先演化出閱讀彼此情緒的能力，接著能夠進行有意圖的交流，接著再慢慢演化出有目標的溝通。

　　想像一下，假設山上有三個原始人，各望著不同的方向。演化所賦予的一項巨大優勢，就是讓每個人無須轉頭，也能知道別人看到了什麼，進而將不同的觀點匯集成一個共同的世界觀。把這件事的規模放大，再增加一些抽象成分，熬出一鍋極其重要的知識濃湯，就成了我們所謂的文化。在生存的壓力下，隨著同儕溝通交流日益普遍，原始人類發展出一系列工具與能力，包括語言、臉部表情、同理心、羞恥心、尷尬感、鏡像神經元，以及情緒傳染。人腦變得非常善於使用符號與操縱訊號，用來將想法從一個人的腦海傳到另一個人的腦海中。

　　隨著所有這些複雜的資料訊息來回交流，一個團體的所有成員慢慢就會浮現共同擁有的環境模型、共同擁有的世界觀。要是沒有其他團體來干擾，所有成員看到岩石、河流、山羊、雲朵的時候，用來理解這一切的世界觀都會大致相似；而每個團體也會因為所面對的獨特問題，發展出專屬於該團體成員的世界觀，在許多方面可說是獨一無二。每種世界觀會都隨著時間，類似基因那樣逐漸演化。在人與人定期見面、交流新知、傳授技能、解讀祕密的時候，種種的規範與意識型態、儀式與習俗、價值觀與信念，也就這樣從一個大腦傳向另一個大腦，完成不完美的複製與更新。

　　這套系統雖然運作極其出色，但也帶來新的困境。所有個別的資訊來源，都不是觀察者以真正客觀的角度在記錄與呈報著現

實。在這樣一個無比豐富的資訊庫裡，有這麼多的觀察者，而且每個觀察者都有自己的個人目標；就算是某位一向值得信賴的同儕，也可能忽然為了一己之利，不惜對他人欺騙或誤導。基因就是這麼自私。而且就算某個成員一片好意，要是他觀察不到某項資訊，也就無法將資訊加入資訊庫中。除此之外，大腦還很容易出錯，誤解自己要傳遞的內容。到頭來，不管「溝通」是件多麼有用的事，已注定無法完美。

知識警覺機制

雖然不完美，但既然沒有人能真正看清小局、也無法獨自看到大局，所以我們還是會希望從盡可能多的其他人那裡，得到源源不斷的資訊。這件事太有價值，不可能放棄。在人類的演化史上，很多時候正是靠著來自同儕與親屬的資訊，才得以生存，所以我們也發展出一項工具，在我們處在資訊接收端的時候，就會派上用場。這項工具就是知識警覺（epistemic vigilance）機制。

交流資訊的時候，靠著知識警覺機制的判斷，個人才不用太過倉促頻繁的更新資訊。要是沒有辦法根據大致的共識來判斷資訊的重要順序，各種社交場合可能都會變得難以進行，而那些通常能讓你吃到東西、或是不要受傷的行為，也可能都無法繼續。無論是大腦或團體，為了能維持重要的一致延續性，都必須避免讓壞資訊長驅直入，就算是來自平常信任的對象也不例外。

認知心理學家梅西耶（見第 10 頁）與斯波伯（Dan Sperber）在

著作《理性之謎》裡，將這種信賴與警覺之間的平衡，比喻成繁忙的人行道。一個人離開地鐵、爬上樓梯、走進人流的時候，只需要注意自己周遭這塊空間，是因為他知道所有其他人都會注意各自的空間。雖然每個人都只是在走自己的路，但因為大家做的事都相同，也就代表每個人都能繼續向前，會忽然撞到陌生人的機率不太高。

而在這個「繁忙人行道」的比喻裡，就算忽然出現某個有問題、不值得信任的人，也不會是太大的問題。因為整個人流會有某種自動導航機制，只要出現有人刻意到處亂撞、或是莽莽撞撞影響人流，就會自動讓出一點空間。這也讓附近的人有所警覺，知道要依樣畫葫蘆。

身處於雖然有偏見、但能夠彼此信任的環境裡，個人就像是能在四面八方都享受著共同的、持續的、向前的流動。靠著有偏見的動機、不完美的感官，加上集體的警覺與信任機制，就能減輕個人大腦的認知負荷，進而減少集體的認知負荷。

如果有個朋友告訴你，被蜜蜂螫了可以塗上有毒的莓果，來緩解疼痛，你最好先抱持一定的懷疑態度，尋找更多資訊，看看他人是否同意。而如果同一位朋友過去就曾經因為提供錯誤的資訊，害到你或其他人，大概就會有惡名在外。

根據梅西耶與斯波伯的說法，要是沒有這樣的警覺機制，人類發送和接收資訊的生物工具，永遠不可能演化到現代如此複雜的程度。人類勢必需要有一套辦法來防範虛假資訊、偽詐欺騙，以及避免讓苦心營造出的秩序遭到顛覆。有了這樣的工具來分析

並過濾資訊，找出其中是否有錯誤或欺瞞；甚至，就連壞的資訊也可能有其價值。但要是沒有這樣的認知工具，大腦之間的交流就會造成太大的風險。人腦已經發展出一種資訊處理階層架構，雖然預設會相信自己的同儕，但還是會不斷保持警覺，注意是否有錯誤資訊或有害資訊想闖入。

🔆 要能突破信任瓶頸

然而，這種知識警覺機制又會帶來另一個問題：有時候會出現偽陰性的結果。有些其實完全準確、而且非常實用的新想法、新發現或創新，卻讓人覺得不可能有這種好事；又或者太有挑戰性、社會成本太高。例如，有些莓果雖然看起來有毒，但實在不該就此忽略不管。某種生火的方式雖然當下是個禁忌，但對某個人來說，仍然可能是重要創新。

在信念、行為或態度上的改變如果太過標新立異，就有可能被知識警覺機制誤以為太過可疑，而標上不值得信任的標記。如果這種改變得到太多這樣的標記，原本其實有益於全體的改變，也可能無法傳開。梅西耶與斯波伯把這種情況稱為「信任瓶頸」（trust bottleneck）。原本自由流動的資訊，就因為某項新的想法不符合原本眾人共享的世界觀，於是引發質疑，被擋了下來。

為了避免這種情況，我們那些已經與現代人類相去無幾的祖先，就發展出了一套新的技巧：爭辯論證。

這裡就要談談群擇（group selection）了。天擇偏愛那些能夠勝

過其他群體的團體；而能夠解決信任瓶頸問題的團體，慢慢的就能勝過那些無法解決信任瓶頸問題的團體。於是就團體的層面而言，在知識警覺機制導致信任瓶頸的時候，就因為群擇壓力，而演化出這種爭辯論證的處理機制。

「對我來說，如果想預測你為什麼可能不同意我的觀點，得耗掉許多認知心力，」梅西耶告訴我：「因為你有許多我沒有的信念，我也很難預料你可能的想法。」

梅西耶說，假設我們想說服某位女性朋友，去吃某家日本料理，我們知道她或許會反對，但我們不可能去預想所有可能的原因，畢竟可能的理由實在太多——她可能不喜歡日本菜、可能覺得太貴、可能才剛去過，也有可能前男友在那家料理店工作，去那裡吃飯會讓她回想起不堪的過往。要坐下來好好想出所有她可能反對的論點，再各自準備完美的反駁，實在太費時費力了。梅西耶說，比較簡單的辦法就是直接丟出你的提議：「我們去公園附近的那家日本料理店吧，我覺得那裡菜不錯。」

要是朋友反對，我們就能夠詢問原因。瞭解她的具體理由之後，那就成了我們的出發點。如果她說自己討厭壽司，我們就能修改原先的提議，告訴她那間餐廳也有泰式料理，再看看她會怎樣回應。

「與其自己尋找我們論點裡的缺陷，不如讓別人來找，」梅西耶解釋說：「然後再在必要的時候，加以調整。」

靠著用這種有偏倚、偷懶的方式提出論點，你就能迅速提出自己獨特的觀點，也不用為了預測及評估對方所有可能的論點而

大耗心力。適合這種方式的決定，除了可以簡單到像是要選擇看什麼電影，也可能重要到像是要不要讓所愛的人繼續維持生命、要不要參與世界大戰。靠著用各方的論證來進行思考，就能找出團體中所有不同的觀點。這樣一來，團體就能瞭解為何某個決定比另一個決定更好，然後不斷逼近最合理的解決方案。

💡 推理不等於有邏輯

正因為人類就是有偏見、就是會懶惰，所以如果只是和自己爭論，通常最後自己都是贏家。我們會根據自己獨特的經歷與動機，得出自私的結論，再用推理的機制為自己的想法、感受、行為、計畫與目標，創造出道理與緣由。

以梅西耶的話來說，正因如此，就心理學而言，推理並不等於有邏輯。常有人分不清楚推理（reasoning）與理性（reason）；理性是一種指稱人類智慧與合理性的哲學概念。至於邏輯則是一種出色的工具，透過這套語言，就能讓人交換與評估各項命題。

人類擁有許多能夠歸類為理性的認知才能，但推理又是另一回事。簡單來說，所謂推理就是要提出論證，也就是為自己的想法、感受與信念，提供可信的理由；至於所謂的「可信」，代表的是你直覺認為同儕能夠接受、覺得這項理由說得通。

有兩項實驗很能表達這一點。其一是行為科學家希伊（Chris Hsee）的研究團隊告訴受試者，為了感謝他們參與另一項研究，有兩種巧克力可以讓他們選擇，做為感謝小禮。第一個選項是一

個顯然又小又便宜、品質低劣的情人節巧克力愛心。第二個選項則是一個又大又貴、顯然很高級的巧克力蟑螂。研究團隊請受試者預測，自己拿到哪種小禮會比較開心？大多數人會說是巧克力愛心。

然而最後研究的結果，受試者卻多半挑選了巧克力蟑螂。在不確定哪個選項更好的時候，他們就用上了自己的推理，也就是說，他們開始個別針對「我該拿愛心」和「我該拿蟑螂」這兩個選項來找理由。而能夠為蟑螂找出來說服其他人的理由（更大、更貴、品質更佳），就是比愛心來得多。他們之所以會挑選這件心知肚明沒那麼討喜的東西，是因為另一個選項實在找不出更合理的理由。

第二項實驗是認知科學家特沃斯基（Amos Tversky）與夏菲爾（Edward Shafir）領導的實驗：研究者請受試者想像自己丟擲一枚銅板，現在自己要選擇想賭人頭還是字。研究者接著會拿出一張列出不同結果的單子，讓他們知道自己的選擇是贏是輸。要是結果是贏，受試者就要想像自己贏了二百美元。要是結果是輸，受試者則要想像自己輸了一百美元。不論結果是贏是輸，研究者會再問：「你現在還可以再玩一次。你想再玩嗎？」

在第一輪裡，受試者贏了的話，往往會說：「好呀，再來一次。」（反正我已贏了二百美元，擔得住風險。）而如果受試者是輸了，往往也會說：「好呀，再來一次。」（我剛剛都輸了，一定要贏回來。）不論輸贏，他們都會找到再賭一次的理由。

但這項研究有個叫人意想不到的部分：他們後來又再做了第

二輪的實驗，然而這一輪並不會讓受試者知道自己丟擲銅板的結果是贏是輸。雖然在第一輪的實驗裡，我們知道大多數人不論輸贏，都會想玩第二次；但是到了第二輪，不告訴受試者丟銅板的結果，大多數人就會決定不要再丟擲。這是為什麼？因為要是沒有贏或輸的資訊，受試者就無法找到理由，來讓自己覺得這項決定是正確的。他們原本應該會說：「這個嘛，反正不管第一次是贏是輸，我本來就都會說要再來一次。」但他們並沒有這樣做，因為他們就是做不到。

嚴以律人，寬以待己？

研究顯示，人類很會分析批評別人做事的理由。然而，我們就是做不到用一樣的方式，來分析批評自己做事的理由。

在梅西耶協助設計的一項 2014 年的實驗中，楚許（Emmanuel Trouche）所領導的瑞士認知科學家團隊，讓受試者以為自己要分析別人做事的理由，但其實分析的都是受試者自己的選擇。

實驗是這麼進行的：受試者先讀過一系列的問題，得出一系列的結論，接著為這些結論寫下他們的論證。像是其中一道問題是說，有一家果菜行，賣著許多不同的蔬菜水果，其中某些蘋果並非有機作物。研究者接著問，對於「這家果菜行是否販售有機水果」，你能得出什麼肯定的結論？

正確來說，你應該只能肯定「這家果菜行所販售的水果，有部分不是有機的」。但在這項研究裡，很多受試者會得到的推論

是「這家果菜行的水果**都不是**有機的」,然後又說這件事並沒有
什麼絕對肯定的結論。

　　在受試者提出結論之後,研究者會請他們寫下自己的理由。
過程中,如果他們能夠發現自己的推理有問題,就可能會想出不
同的結論,但是絕大多數受試者都不會發現自己的問題。不論對
錯,大多數人都會堅持自己最初的想法,也提出他們認為合理的
解釋理由。

　　而在實驗的下一階段,受試者有機會再次看到所有問題,也
能看到與自己意見不同的受試者提出了怎樣的理由。要是他們覺
得其他人的論證更有力,就能回頭改答案。但研究者沒有透露,
那些答案其實被動了手腳。

　　其中有一道問題,看起來的論證過程是來自其他人,但其實
是來自受試者自己。正如梅西耶與斯波伯所預測,在受試者以為
這套論證不是出於己手的時候,有 69% 會否決自己原本提出的
錯誤論證,改為正確的答案。自己論證有問題的地方,如果以為
是別人做的,就能忽然看得一清二楚。

　　「對於推理,大家一直都搞錯方向,以為那是用於個人認知
的工具,」梅西耶告訴我:「但如果真是如此,可就大事不妙,
那會是史上適應得最糟的機制,用起來的效果會與你希望的完全
相反。」在你只有自己一個人推理的時候,只會找到能夠證明自
己正確的理由,「而不管這些理由到底充不充分。一切都非常表
面、非常膚淺。」

　　如果沒有人告訴你還有其他觀點,沒有人去找出你推理中的

問題、揭露你推理的弱點，或是提出反駁、點出潛在的害處，提醒你一旦違背規範就可能被制裁，你就會像是一隻倉鼠，不斷在認知的倉鼠輪裡跑呀跑。簡單來說，如果你只與自己爭論，怎樣都只會是你贏。

💡 三個臭皮匠勝過一個諸葛亮

　　梅西耶與斯波伯把這一切，稱為「互動者模型」（interactionist model），認為推理的功能其實是要在團體的情境中，為自己的想法把理由說清楚。在這個模型裡，推理是一種與生俱來的行為，並且是隨著社會的發展而愈來愈複雜，就像是人先學會爬行、後來才能直立行走。人類這種動物必須先談社會性，接著才是個別的推理；所以推理可說是奠基在其他系統上的系統，是生物學上透過演化而形成的心理機制，目的是在虛假資訊無可避免的環境中，協助同儕之間的交流。

　　在一個能夠溝通交流的團體之中，所有觀點都有價值，就連錯誤的觀點也不例外。在這樣的團體裡，確認偏誤也能發揮很大的作用，換句話說，偏誤本身也會變得很有用。所以你提出論證的時候，最好是別跟自己的觀點唱反調。此外，究竟各種觀點孰優孰劣，這項判斷最好留給團體來完成，因此你大可在自己有了夠好的理由之後，就迅速提出自己的觀點。等到有別人反駁，再來改進自己的想法、更新自己的先驗知識即可。

　　「如果你覺得推理的目的，是為了個人服務，這項機制看起

來會大有問題。但如果你覺得它的目的，是為了和人爭辯論證，一切就都說得通了，」梅西耶說：「從這種觀點，推理可說是完全為了與人爭辯論證而產生的機制，這種做法相當具有啟發性，也可以說滿漂亮的。」

推理的時候，自然都是從做推理的人的自身角度出發；這點至關重要，因為所有的人都該為整個觀點庫，貢獻出有著自己強烈偏見的觀點。而且，這本來就是一件在偷懶的事，我們的本意就是要把相關的認知工作轉移給團體來處理。每個人都可以少把力氣花在認知上，而把力氣留下來去跟熊搏鬥之類的；因為如果真的遇到大家意見不同的時候，靠著這樣的認知分工，團體就能比任何個人更聰明。

正因如此，人類許多最優秀的產品都是合作而成，是大家攜手解決問題或創作藝術作品。數學、邏輯、科學、藝術──只要有些人時不時察覺到正確的道路，就能給他人指出正確的方向。有了共同的目標、信任的氛圍，爭論最後就能得出真理真相。基本上，所有文化都等於是放大了規模的《十二怒漢》。

認知心理學家史塔福德（見第224頁）把這種情況稱為「真理勝出的場景」，他的著作《為了論證》就介紹了幾十項研究，看到在個人推理出錯的時候，集體推理就能夠提供正確解答。

像是在認知反射測試（目的是瞭解受試者在「直覺推理」與「主動訊息處理」兩者當中會如何偏向直覺）的研究中，受試者如果是單獨解題，幾乎總是會答錯，但只要是團隊合作，通常不出幾秒就能找出正確解答。

下面有兩個試題範例：

如果 5 臺機器 5 分鐘能製造 5 件小產品，那麼 100 臺機器製造 100 件小產品需要多久？

在一個湖裡，有一小片睡蓮。每天，睡蓮覆蓋的面積都會翻倍。如果這片睡蓮 48 天就能覆蓋整個湖面，請問要覆蓋一半的湖面需要多久時間？

小產品問題的答案是 5 分鐘。每臺機器每 5 分鐘能製造 1 件小產品，所以 100 臺機器就能在 5 分鐘製造 100 個小產品。睡蓮問題的答案則是 47 天。睡蓮從第 47 到第 48 天，覆蓋的面積就翻倍，從半個湖變成整個湖。

像這樣的問題，在自己獨自推理時，過去的受試者在實驗室條件下，有 83% 的人至少答錯其中一題，更有三分之一的人是全部答錯。但只要是三人或三人以上的團體，就完全不會答錯。因為總能有至少一個成員看到正確的答案，於是開始爭辯論證，而讓那些原本出錯的人恍然大悟──從偷懶的直覺推理開始，經過歧見、評估、論證，最後就能得出真理。

「要是大家並不會改變想法，去爭辯論證也就沒有意義，」梅西耶說，並補充舉例，如果出現某種流行病，讓所有人一出生就失聰，那麼口語語言很快就會從人類的大腦之中消失，原因是再沒有人會聽到這些語言。

如果大家只是不斷丟出自己的論證，卻沒有人願意承認自己錯了或接受別人的主張，沒有任何一方能夠得到進展，那麼爭辯論證這種機制早就被扔進演化垃圾桶了。

🔆 社群媒體很難避免極端化

但要是這一切真的如此，為什麼社群媒體感覺起來，就像是靈魂毒藥？梅西耶與史塔福德都告訴我，主要是因為在推理的時候，能不能有適當的背景脈絡，那絕對比你自己的推理能力強弱來得更重要。在網路上與人爭論的時候，我們可能以為自己是在好好思辨，但如果一個人並未接觸到重要的團體動態、沒有感受到外部的觀點，其實也就只是在自說自話而已。

值得注意的是，在真正的辯論當中，很容易受困於美國法律學者桑斯坦（Cass Sunstein）所稱的「團體極化法則」（law of group polarization）：基於態度相同而形成的團體，隨著時間往往會變得更為堅定、更為極端。原因在於，雖然我們可能想當個中間派，但如果發現團體裡的其他人都站在更為極端的位置，我們也不得不往極端靠攏一點。而做為回應，想要站在極端位置的人也就得再更極端一些，才能讓自己進一步遠離中間。像這樣不斷與他人比較的回饋循環，就會讓整個團體不斷變得更為極端，而且在共識建立之後，個人也比較難以反駁。

在道德與政治問題上，我們常常會聽從專家與精英的意見。「聽專家的話是個合理的決定，」梅西耶與斯波伯寫道：「有許多

重要議題，我們既沒有個人經驗，也沒有經過充分思考，若不聽專家的話，只會覺得毫無頭緒。而在我們決定參考專家的意見之後，再聽到第三方的反駁論證，會想要相對無視，也是很合理的選擇。」

　　儘管有這些心理陷阱和同溫層現象，梅西耶與斯波伯還是認為：審議式民主（deliberative democracy）本身並沒有太大的問題，而是在我們脫離了爭辯論證能夠演變發展的環境之後，問題才會出現。梅西耶與斯波伯所舉的例子，除了廢除奴隸制（這是經過廣泛立法論證而得到的結果），也提到拉斯金（Robert Luskin）與費什金（James Fishkin）等美國政治學者，他們研究的是在北愛爾蘭遭受愛爾蘭共和軍轟炸後，天主教徒和新教徒所舉行的市政廳會議。研究發現，雖然當時那些人高度焦慮、深感憤怒，卻已經在更新自己的觀點，修正自己對於社群裡最兩極化的議題所抱持的錯誤概念。

　　梅西耶與斯波伯堅信，人類的推理並不是真的有什麼缺陷或不合理，只是帶了點偏見、也有些懶惰；能否維持適應性與合理性，就要看它能不能繼續擁有會演化的背景環境：在一個以語言為基礎的資訊生態系裡，擇汰壓力會使得每個人能夠在團體審議期間，為自己的觀點提出理由說法，這最終能讓大家得以對各種可能性及共同目標達成共識。史塔福德解釋道：「換句話說，把他們的大概念講得簡單點，就是人類的理性經過演化，會想要去說服他人（也要在別人試著說服你的時候，保持懷疑）。」

　　梅西耶、斯波伯與史塔福德等人確信，這代表同溫層的問題

只能說是一時的麻煩，很容易就能打破。當然，有了網際網路之後，各種偏見與偷懶的直覺推理更容易找到一群臭味相投的人，形成同溫層團體；但是網際網路也讓我們更容易接觸到外界的論點。

旁觀者清

只要你肯花足夠的時間在 Reddit、推特或臉書這樣的地方，看著各方爭論、看著各種品質欠佳的概念眾說紛呈，就算你自己只是沉默而未參與，也總有一天會看到，有人說出與你想法相似的意見，也會看到有人與這些人起爭端。於是，就算只是個旁觀者，我們也能在自己的觀點出現缺漏時，恍然大悟。

在史塔福德看來，如果我們能創造更好的線上環境，「增加有效論證的機會」，而不是「完全避免爭論」，事後再回顧目前這段認知混亂的時期，很有可能會覺得，我們已經以科學克服了一大挑戰。史塔福德對於這樣的未來非常樂觀，他告訴我：「虛假資訊就像細菌一樣，一直存在，而真相又總是難以獲得。當初（十九世紀的歐洲）城市引發了一場衛生危機……而我們也必須一代一代的學習相當於勤洗手的資訊。」

我在想，如果一切確實如此，那麼在某些論證讓人覺得「我可能錯了」的時候，究竟這些論證的特質，和其他那些讓人覺得沒有說服力的論點，差別在哪裡？

　　我在〈引言〉提過，梅西耶與斯波伯的研究讓我們看到，人類經過數千年的資訊交流，而擁有了說服與被說服的能力——尤其是在我們覺得自己所處的團體受到誤導或誤解的時候，這些能力更顯得特別重要。但要怎樣，才能讓有說服力的資訊更有可能令人改變想法？

　　我們在下一章，將會更仔細探究一下，在有人希望說服我們的時候，我們會如何評估那些人的論點；而且，我們也會進一步探討關於說服的心理學。

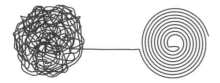

第八章

說服

——誰說了什麼？對哪個對象？以何管道？

1980 年代以前，關於「說服」的研究，簡單說來就是一團混亂。

社會科學一直相當重視「影響力」的心理學研究，但是第二次世界大戰之後，全世界都想知道納粹究竟是怎樣掌握了權力、又用了什麼伎倆來說服民眾參與種族滅絕？

研究心智的科學家（許多受雇於美國政府）開始努力想瞭解廣告、行銷與宣傳的力量。雖然還要再過四十年，才會出現一套統合的理論，但在心理學開始意識到「信念」與「態度」是兩種截然不同的心理構念之後，已經能夠隱隱見到整套理論的輪廓。

宣揚事實，效果不彰

科學在第二次世界大戰期間，看到了「態度」的力量，當時美軍在好萊塢著名導演卡普拉（Frank Capra）協助下，製作了一系列電影來反擊德國的宣傳。卡普拉曾執導《一夜風流》與《華府風雲》，並和其他成千上萬的人一樣，在珍珠港事件後，立刻決定重新入伍。這位曾參與第一次世界大戰的老兵，時年四十四歲，獲任命為少校。軍方讓他擁有自己的部門來拍電影，希望藉此改變新兵對於某些輿論的想法，免得一如美國政府的預測，在戰爭後期造成隱患。

根據早期估計，結合自願與強制徵召，美國將會有超過一千兩百萬人入伍，其中大多是連槍都沒拿過的年輕人。美國政府很擔心這些人就算進了軍隊，心裡想的還是零食、享樂、在軍車裡

親熱，而且一旦開始想家、開始有人受傷或死亡，士氣就會一落千丈。

在巨額資金與一群被徵召入伍的社會科學家協助下，卡普拉為軍隊創作出一系列激勵士氣的電影，名為《我們為何而戰》。全系列的第一部搭配著迪士尼創作的動畫，介紹古往今來的文明史。旁白引述了摩西、穆罕默德、孔子與美國憲法關於自由的說法，談著這些文明思想就像黑暗中的燈塔，而納粹就是要撲滅全世界的自由之火。接著，電影秀出納粹宣傳的場景，有大規模的集結，希特勒向群眾高聲喊話，以及一排又一排的士兵踢著正步前進——旁白說，你們之所以要入伍，並不是因為珍珠港，而是因為**這個**，這就是我們必須戰鬥的原因。

電影的目的，還包括澄清某些軍方認為可能有礙士氣的普遍誤解。當時美國多數人一心以為，德軍又小又弱，戰爭不用一年就能輕鬆解決。大多數人也認為，英國並未在這場大戰裡負起應盡的責任，才需要美國橫渡大西洋來幫忙收拾殘局。而卡普拉的系列電影則是費盡心思，希望用事實糾正那些虛假資訊。像是在描繪不列顛之戰的時候，電影就展示了德國空軍在戰鬥開始之前多麼軍容壯盛，也刻畫了英軍想擊退來敵時的諸多不利因素。卡普拉也強調了英國平民的勇氣與決心，並宣揚著英國皇家空軍的驍勇善戰。

一開始，美國陸軍高層的想法與大家並無不同，總覺得只要把事實告訴民眾，他們就會改變主意。但等到軍方請來心理學家測試這些電影的影響力，結果卻非如此（後來的心理學家想運用

事實來改變想法的時候，也發現了同樣的結果）。這些電影雖然在傳遞事實方面極為出色，修正了士兵錯誤的觀點，也填補了他們知識上的空缺，然而一旦說到想法是否有所改變，士兵看完電影前後的答案卻幾乎沒有改變。大多數想法的改變幅度，幾乎還不到一個百分點。

💡 信念與態度是不同的概念

軍方負責激勵士氣的單位，對結果垂頭喪氣，但負責報告這項結果的社會科學家，卻是驚喜萬分。他們意識到：「信念」與「態度」是分開的概念。

如今，心理學對信念的定義是「我們認為真實的命題」。你愈有信心，直覺上就愈會認為某項資訊就是事實；愈缺乏信心，就愈會覺得某項資訊只是迷思。

然而，**態度**則像是一個由正面到負面等等不同評價所形成的光譜；我們不論思考任何事情，都會產生正負程度不一的感覺評價。只要是我們能夠分類的事物，我們都會預估該事物的價值是高或低，而參考的正是在該事物出現時，心裡所浮現的情緒感覺是正面或是負面。根據這些情緒，我們會覺得自己喜歡或厭惡那些事物，進而影響我們的動機。最重要的是，態度有諸多面向，我們的感受可以是喜歡或不喜歡、贊同或不贊同，甚至是同時出現兩者的矛盾心理。

結合信念與態度，就構成了我們的價值觀——由我們認為最

重要的思想、問題與目標，構成一套階層架構。

但在第二次世界大戰期間，態度（attitude）一詞還是相對較新的科學術語，核心科學研究很少使用這個詞。在這之前，信念（belief）、態度、觀點（opinion）、價值觀（value）這幾個詞語，在大多數著作裡是相等的、可互換的概念。而等到瞭解了觀點受態度比受信念的影響更大之後，可說是揭開了一個過去未曾有人探索的新領域，需要一種新的心理構念分類，於是催生出耶魯大學「傳播與態度改變計畫」。在這項實驗計畫中，曾研究《我們為何而戰》系列電影的心理學家，和其他科學家攜手合作，希望找出怎樣的資訊**真正能夠**改變民眾的想法。

接下來的研究，讓整個心理學領域天**翻**地覆，很快的，每所大學都投入研究「態度改變」這個主題。但幾十年過去了，研究成果卻未能匯集形成一套宏大的理論。雖然有這麼多的科學家、寫出這麼多篇論文，整體來說產出了大量的證據，卻似乎就是無法集合成一套有意義的說法。某些訊息似乎在 A 環境有效，到了 B 環境卻毫無效果。某種設定似乎能讓 A 資訊提升力量，卻又會讓 B 資訊的力量減弱。演講者的某套說詞，似乎在 A 聽眾面前令人傾倒，但到了 B 聽眾面前卻毫無魅力。到了 1980 年，諸般證據看來實在充滿矛盾，壓得「態度改變」研究似乎即將崩潰。

但是從 1984 年開始，出現一套嶄新模型，結束了這場混亂的局面。兩位心理學研究生派帝（Richard Petty）與卡喬波（John Cacioppo）想出了一套許多人公認最優秀的模型「思辨可能模式」（elaboration likelihood model, ELM），能夠說明人類如何理解那些試

圖改變他們的想法的資訊、並且確實會被說服。

　　然而，派帝與卡喬波之所以開發出這套思辨可能模式，與其說是想推動心理學的進步，不如說是想搞清楚教科書到底在講什麼，希望自己在修課時，別被當掉。

💡 思辨可能模式（ELM）

　　派帝和卡喬波讀碩士班的時候，覺得很頭大，因為如果想要考試過關，代表得要把各門各派關於態度改變的研究結果，都背起來。

　　「當時沒有任何概念上的連貫性，能幫助你整合各種研究結果，」派帝告訴我：「讀當時那些教科書的時候，真的就是讓人一頭霧水。有研究說發現了這種效應，但又有研究說沒有發現任何效應，然後『我的老天！』還有研究發現的是相反的效應。有人就完全放棄了，因為有時候還會看到像是覺得『可靠的資訊來源』應該能讓說服力提升，但在 A 研究的說服力反而是降低，而在 B 研究則是又會和另一個變項互相影響。大家提出了一系列的發現，卻沒有一套理論。」

　　為了想搞懂這一切，派帝與卡喬波把他們租的房間，整個刷上黑板漆，接著開始整理所有的相關心理學文獻。他們一邊讀文獻，一邊在四周牆上用粉筆寫下摘要；為了通過考試，也開始進行分組整理，做成學習指南。出乎兩人意料，他們竟然找出了一套模式。

　　當時大部分研究的基礎，都奠基於社會學家暨政治學家拉斯威爾（Harold Lasswell）所提出的概念。拉斯威爾認為人類的所有交流都能拆解成：「是誰以何管道、對哪個對象說了什麼？又有何效果？」誰指的是訊息的傳播者；以何管道指的是媒介或背景脈絡；對哪個對象指的是觀眾聽眾；說了什麼則是指訊息本身；有何效果則是在談訊息對觀眾聽眾所造成的影響。

　　有幾十年的時間，學界都把研究重點放在交流造成的影響，至於其他幾項則被視為獨立變項。心理學家原本一心認為，要談交流的影響，最重要的因素在於對訊息內容的理解；但很奇怪的是，某項能讓你在 A 情境提升說服力的資訊，卻幾乎肯定在 B 情境裡會降低說服力，就像是穿上燕尾服能讓你在時尚夜店裡加分，看棒球的時候卻是反效果。

　　派帝與卡喬波意識到，這套道理之所以說不通，是因為還有兩個更高層次的變項在影響。如果根據「讓人暫停並反思訊息內容的可能性」來為訊息做分類，所有的研究發現就能清楚區分為兩類，分別呈現兩種不同的思維方式。這兩種思維都可能讓態度改變，而且根據訊息的品質不同、傳遞方式不同，就會影響在不同情境下可能出現的是哪種思維方式。

　　派帝與卡喬波把這兩種思維方式分別稱為「高思辨」（high elaboration）和「低思辨」（low elaboration）。他們很刻意避免使用「得知」（learning）一詞，是因為雖然得知也是過程的一部分，但又是獨立的另一件事。

　　心理學家從 1920 年代以來一直認為，如果想改變民眾對於

某事物（例如香菸）的態度，就得用最好的辦法來讓民眾知道影響可能多糟。例如想要民眾繫安全帶，就該讓民眾瞭解不繫安全帶的危險。把事實告訴民眾，民眾就會改變。

正因如此，大多數早期研究的焦點，都放在哪些訊息更容易讓人聽到記住。但派帝與卡喬波的發現證明，一個人有可能雖然完全得知了某項資訊，卻不會被說服；也可能根本沒有抓住資訊的要旨，卻完全被說服了。因此，思辨可能模式的第一個立論，就在於說服的重點並不僅僅是「得知資訊」。所謂思辨，是要在訊息進入腦海後，加以脈絡化，就像在羅夏墨跡測驗（Rorschach test）裡，對墨跡有不同的詮釋。

派帝舉了洗衣皂的例子。如果廣告說：「請使用本品牌的洗衣皂，因為這會讓你的衣服聞起來很香」，光是得知這項資訊，並不足以說服某些人。原因就在於不同的人會有不同的現有思維模式，在同化這些資訊的時候，反應也就各有不同。有些人聽到這項資訊，或許想到的是「如果我的衣服聞起來很香，約會成功的機率就高多了」，但另一位則可能會想到「要是我一直聞起來都是一股花香，那有多尷尬」。同樣的資訊，雖然能說服某一個人、卻也會勸阻另一個人。

派帝與卡喬波提出的洞見是：如果經過思辨，能讓人對論證背後的推理有正面評價，說服就能成功。但如果帶來的是中立、甚至負面的評價，說服就會失敗。

思辨可能模式的第二個立論，在於一個人思辨的可能性會受到各種條件的影響，不是每個人都會有動機或有能力，好好思辨

那些希望說服人的資訊。這裡的「動機」指的是去仔細思考資訊的意願與欲望，而「能力」則是指要這麼做的認知能力。

能夠增加思辨可能性的動機因素，包括：與自己是否相關、是否希望得到準確的結論、是否覺得必須理解訊息內容、以及所謂「高認知需求」（high need for cognition）的人格特質。至於能力因素，則包括：沒有事物造成分心、對主題有經驗或專業知識、以及訊息的傳達是否清楚易懂。

任何事物只要能夠同時增強動機與能力，就能夠提升思辨的可能性，而再根據思辨的情況，最後就會影響是要接受或是拒絕被說服。

💡 中心路線 vs. 外圍路線

在思辨可能性很高的時候，民眾通常會選擇派帝與卡喬波所稱的「中心路線」；但是隨著可能性下降，則會轉向兩人所稱的「外圍路線」。

我們可以把中心路線想像成一條穿過「論證市」市中心的繁華大道。在中心路線上，我們會覺得應該放慢車速、小心謹慎、注意前行──對方的主要論點是什麼？合邏輯嗎？前後連貫嗎？有力嗎？有引述證據嗎？證據是否經過充分審查？資訊來源是否值得信賴？

至於外圍路線，則像是位於「論證市」外圍的快速道路。我們覺得自己能加快車速；然而，雖然我們仍然能從遠方看著這座

城市，卻犧牲了得知所有細節的機會。訊息變得模糊了，只有那些最突出、最簡單的線索能夠發揮影響力。

在中心路線上，我們則能夠見到「論證市」的真實樣貌，無論好壞，盡收眼底。我們會看到骯髒的街道、也會看到迷人的商店，會看到獨特的人物、也會看到平凡無奇的辦公室員工。而在外圍路線上，就只能看到「論證市」大概的樣貌，看到全市有著怎樣的天際線與廣告看板，看到著名的地標與華麗的霓虹──也就是只能看到：對方講的話有吸引力嗎？是不是用了很多艱深的用詞？是否雄辯滔滔？是否從名校畢業？名氣如何？演講結束的時候有沒有披薩吃？

隨著思辨可能性的增加或減少，變項在中心路線與外圍路線上的重要性，也會此消彼長。派帝與卡喬波意識到，正因如此，某些變項才會在某些情境非常重要、但是在某些情境又非常不重要。例如在中心路線，訊息本身的品質很重要；可是到了外圍路線，這件事卻沒那麼重要，大家比較在意的是簡單、能刺激情感的因素。

動機和態度不同，路線就不同

在一項實驗中，派帝與卡喬波告訴大學生，假設現在有一條新規定，是要求大四生必須通過綜合測驗才能畢業，想問問他們對此有何看法。在觀看介紹影片之前，派帝與卡喬波告訴某些學生，這條新規定將會從該年度立即生效；但是兩人也告訴另一些

學生，這條新規定將會在若干年後才生效。這樣一來，立刻就有一群學生很積極想瞭解這條新規定，但也有另一群學生沒那麼積極。

接著，派帝與卡喬波再將積極與不積極的學生各分成兩組。一組會看到九個或三個強論證（strong argument），另一組則會看到九個或三個弱論證（weak argument）。強論證包括：名聲最佳的大學都要求通過此類考試，讓外界覺得這個學位確實代表卓越，而這些大學的學生也更有可能得到高薪的工作。至於弱論證則包括：綜合測驗很類似古希臘的傳統，這種制度會帶來壓力，可能刺激學生更認真學習。

派帝與卡喬波發現，學生愈積極、愈有動機，就愈會走上中心路線。而在這條路線上，他們付出的注意力比較高，強論證也就比較有說服力。這種時候，讓他們看到愈多強論證愈好。但在中心路線上，弱論證的效果不大，學生會發現弱論證是訴諸情感與個人意見，看到其中的缺漏而拒絕接受。事實上，如果一個積極的學生聽到了九個弱論證，支持該新規定的可能性還比只聽到三個弱論證的學生更低。

至於不積極的學生，則會走外圍路線。對他們來說，無論是強論證或弱論證，都同樣具有說服力。所以只要聽到更多論證，不論形式（甚至不管有沒有道理），都會比聽到更少論證更容易支持這項新規定。他們在意的並不是論證的內容，而只是論證的數量。他們對背後的推理並不感興趣，只是覺得：既然能提出更多論證，這條新規定應該就是更好的政策吧？

　　在另一項實驗裡，派帝與卡喬波請受試者觀看兩個拋棄式刮鬍刀品牌的廣告。對於其中一組受試者，他們說最後可以送每個人一盒帶回家，但只能在兩個牌子裡挑一個。對於另一組受試者則沒有這樣的提示。

　　某些受試者看到的廣告是主打強論證：手柄的刻痕經過科學設計，能防止打滑，而且經過比較測試，顯示刮剩下的鬍渣要比對手品牌短了三倍。而其他受試者看到的廣告則是主打弱論證：能漂在水面上、令人難忘的體驗、有多種不同顏色。有些受試者會看到產品是由某位知名的網球選手代言，也有些受試者看到產品是由某位不知名的演員代言。

　　派帝與卡喬波發現，正如思辨可能模式所預測，那些想把免費刮鬍刀帶回家的受試者會更積極、有動機，這時候強論證就會比弱論證來得更能說服他們。至於那些沒有聽說可以把刮鬍刀帶回家、所以並沒有理由試著做出最佳決定的受試者，論證的強弱就變得毫不重要，最具說服力的因素反而是有沒有名人代言。

💡 先瞭解我們的受眾

　　研究也發現，雖然想透過中心路線來改變態度，或許需要投入更多心力，但改變後的態度也能更為持久。至於透過外圍路線來說服的時候，雖然做起來比較輕鬆迅速（也就很適合用於行銷或催票），但造成的改變比較輕微，會慢慢失去效力，而且可能被輕易逆轉。

　　所以，我們到底該鼓勵大家走哪條路線？要看情況而定。舉例來說，伏特加是一種沒有顏色、沒有氣味、也幾乎沒有味道的酒，不同品牌並沒有太大區別（直到第二天早上才會察覺宿醉程度不同）。面對這種產品的時候，鼓勵走外圍路線會是個正確的選擇。所以伏特加品牌最好是努力讓包裝更有趣、有名人代言，並且用廣告宣傳活動讓民眾覺得這個品牌尊榮奢華、趣味十足。而且，既然外圍路線造成的改變無法持久，品牌訴諸情感的動作就不能間斷，必須定期改變資訊的呈現方式，例如定期更換代言的名人、廣告宣傳口號、包裝設計等等。

　　然而，如果是希望他人對一些複雜、基於事實的問題（例如移民、醫療照護或核能）改變態度，就需要更瞭解我們的受眾。什麼能讓他們變得積極？他們的知識是否豐富？什麼會令他們分心？想讓事實發揮作用，就必須讓受眾走上中心路線，並且持續走在這條路線上。要是他們能維持積極的態度，並且對該項主題擁有充分的知識，我們就離成功不遠了。但如果情況並非如此，就必須要由某個他們信賴的資訊來源，提供事實和證據，並且要搭配讓他們容易接受新知的環境。

　　派帝表示，自從他和卡喬波在三十年前提出思辨可能模式以來，民眾處理資訊的方式最大的變化，在於現在會受到民眾自我概念與團體認同的影響。

　　「你會覺得氣候變遷是個騙局，是因為自己所屬的團體就是這麼想的，」派帝說，並補充提到，過去只要說某人是科學家，已足以讓不熟悉該議題的民眾願意相信這個人的話。然而如今，

就算是科學家，還必須能先符合民眾所屬團體的標準，或是就政治立場而言完全中立，才能讓民眾覺得值得信賴。但不論哪種方式，總之科學家所提出的資訊都不能威脅到該民眾的團體認同，否則該民眾絕不會走上中心路線。

💡 捷思－系統模式（HSM）

在派帝與卡喬波提出思辨可能模式之後不久，又有人提出另一套思考模式，希望將當時各種關於說服的研究，整理成同樣前後連貫的系統。雖然這套模式的發展，與思辨可能模式平行，但現在一般認為，這套模式是對思辨可能模式的補充。

在 1980 年代後期，奇肯（Shelly Chaiken）與伊格利（Alice H. Eagly）提出「捷思－系統模式」（heuristic-systematic model, HSM），認為我們在輕鬆感受這個世界的時候，會採用捷思法或其他簡單的經驗法則，多半也就會覺得一切盡在自己的掌握。然而一旦我們開始努力思考，就會開始系統性的處理資訊，開始想到自己出錯的各種可能。

捷思－系統模式在心理學上的主要貢獻，在於點出人類會希望自己維持某種「正確的」態度；只不過捷思－系統模式所謂的正確，指的是適合自己或所屬團體，換句話說，那也等於是一種「名聲管理」的問題。如果一個人覺得，自己目前提出的理由還不足以讓同儕覺得合理，就會先繼續尋找更多資訊，直到終於能夠跨越那道「信心鴻溝」。

　　與思辨可能模式相同的一點在於：捷思－系統模式同樣認為人類會因為動機與能力的不同，而對訊息有不同的處理方式。但捷思－系統模式稍有不同的地方，在於認為捷思法（也就是經驗法則、抄思考的捷徑）與系統性處理（也就是仔細、深入思考）這兩者可以同時發生。

　　捷思－系統模式認為：大多數時候，只要有個方便的捷思法能夠派上用場，我們就會先走這條路。正如心理學常說的，大腦是個認知吝嗇鬼（cognitive miser）。人已經有一大半的熱量都用在思考，與其再花更多熱量來思考「思考」本身，我們寧可先抓住一些簡單的線索，根據自己對世界的期望和經驗，來應付這個複雜的世界，包括應對那些試圖說服自己的訊息。

　　「思辨可能模式有一個崇高的前提，覺得人都想要得到關於世界的正確資訊，所以會為了這個目標而盡量認真處理資訊，」心理學家盧崔爾（Andy Luttrell）告訴我。他曾經受派帝指導，而現在也繼續研究思辨可能模式與捷思－系統模式。他指出：「思辨可能模式會說，沒錯，大家都希望自己是對的。問題在於，他們也都相信自己確實是對的。因為那份肯定，就讓主觀的事情彷彿有了客觀的樣子。如果有人說『這是 2019 年最棒的電影』，他們是認真的，在他們眼中這本來就是事實。」

　　盧崔爾說，或許有人會以為，人都會想要付出應有的心力，確保自己的信念都是最正確的，確認樹叢之所以沙沙作響是因為風，而不是躲了一隻老虎，「但任何事都要自己重新評估一次，成本實在太高。要是我的人生唯一追求的，就是一切都要完全正

確無誤，那就必須不斷檢查所有傳入的資訊。」比較省力的做法會是：只要身邊的人都說某件事是真的，就假設它確實是真的。如果有某個資訊我已經讀到三次，正確的可能性應該就很高。如果某件事感覺不錯，那就繼續做下去，不用想太多。

「你每天都會從廣告、政治、社群媒體等等來源，收到幾十億則訊息，」盧崔爾說：「你不可能和每一則都有互動，但有些確實會對你造成影響，而如果你能夠投入心力或挖掘證據，訊息對你造成的影響就會有所不同。兩種模式都認為，到頭來重點還是在於受眾對訊息的互動參與程度有多深。而且是到了這兩個模式提出之後，才有學者開始考慮這一點。」

盧崔爾說，正因如此，找出一個人的價值觀與動機，才會是如此重要的一件事。要是你直接想拜託民眾簽署「要求沃爾瑪停售棒球帽」的請願書，他們可能根本不想理你。但如果你先去問民眾在意什麼，進而得知他們非常關心環境，這時候再告訴他們棒球帽是氣候變遷的首要因素，就能刺激他們對這項訊息，進行主動訊息處理。

💡 拉斯威爾提出的說服要素：

思辨可能模式與捷思－系統模式的基礎，都在於前面提過的耶魯大學法學教授拉斯威爾於 1948 年提出的溝通模式。拉斯威爾拆解出，所有的說服都必須考慮「是誰以何管道、對哪個對象說了什麼？又有何效果？」

　　在過去，拉斯威爾的模式會帶出一些看起來十分矛盾的研究發現，而在有了捷思－系統模式之後，心理學家終於能夠去搞清楚究竟發生了什麼事。從當時到現在，已經蒐集了大量的研究證據，其中有幾項重要因素，一向都能提升說服的成功率。

☞ 誰（Who）

　　訊息的傳播者，必須看起來值得信賴、可信、可靠。

　　評估是否值得信賴的時候，最重要的因素在於所謂的來源可信度（source credibility）。研究顯示有三種評估的方式：第一，問問自己，那位傳播者是不是專家？第二，判斷那位傳播者是不是試著想用某種方式欺騙我們？第三，判斷那位傳播者的說法是否與我們所認同的團體一致？

　　然而，就算我們已經判斷某項訊息是來自不可信的來源，只要論證令人信服，就仍然會在腦海中揮之不去。這時如果再以其他的形式取得該訊息，或是有其他傳播者提出同樣的訊息，這項訊息與不可信來源的關聯也會逐漸減弱。我們覺得要否定該訊息的理由會逐漸消失，該訊息的說服力會逐漸增強。這在心理學稱為睡眠者效應（sleeper effect）：原本想抗拒，但隨著時間過去，卻常常是很詭異的變得愈來愈同意。

　　如果民眾拒絕某項訊息的原因是在於傳播者，而並非因為訊息本身，這時如果能以多元的來源呈現該訊息，有時候就能逆轉局勢。

☞ 說了什麼（What）

一項訊息如果能搭配常見的反駁論點，共同呈現，影響力就能更高；心理學家稱之為雙面傳播（two-sided communication）。

對於某項要說服人的訊息，如果民眾本來就抱有疑慮，那麼最能提升說服力的方式，就是順便提出反駁的論點。關於法庭審判的研究指出，如果不利的證據是由辯方自己先提出，辯方在陪審團心裡的可信度就會上升。而不論是饒舌對決或是政治辯論，如果搶在對手之前，提出對方可能想講的論點，不但能讓人覺得你已經思考過另一方的觀點、代表對自己的想法深具信心，也能顯得你尊重觀眾的智慧，而讓觀眾覺得你值得信賴。

雖然說，最好是雙方的論證都要提，但到底該先提哪一方的論點？研究顯示最有效的方式，就是先提出最符合受眾當下態度的論證。這樣一來，能讓受眾對於自己的態度感覺自信與正面，也就遠遠更能容忍反對的訴求。所以，說「我知道你還不想睡，可是你明天早上得去上學呀」的效果，會遠遠高於「因為你明天早上得去上學，所以你最好去睡覺」。

☞ 對哪個對象（To Whom）

訊息必須能配合受眾的處理能力與動機。

正是在這一點出現了太多的例外，所以實在需要提出能夠涵蓋整體的模式。把訊息講得簡單明瞭，能讓受眾更有處理訊息的

能力；點出訊息對受眾生活的影響，也能讓受眾更感到切身的重要性。而最簡單的技巧，就是以設問（rhetorical question）來呈現資訊。像是「要是大麻合法，不是很好嗎？」這樣的設問句，就能鼓勵民眾為自己的態度提出解釋與理由。而像是「你是不是認為大麻應該合法化？」則只是鼓勵民眾直接表達自己的結論。

☞ 以何管道（In Which Channel）

訊息應該使用適合的傳播媒介。

原本以書本形式傳播效果良好的訊息，要改用電影形式來傳播時，就需要經過改編，反之亦然。根據文章而拍出的 YouTube 影片，如果想要發揮最大影響力，也必須使用 YouTube 的語言，而不是文章的語言。

不論什麼訊息，面對面的資訊傳遞無疑都是最有效的管道。人類天生就會對人臉有反應。新生兒從呱呱墜地那一刻，對於人臉的辨識就高於其他任何圖案，並且也會表現出對人臉的偏好。原因在於大腦沿著顳葉有一塊區域，主要就是為了這個功能。臉部辨識是人類不可或缺的能力，面對面的交流能建立起雙方基本的關係，有助於接收各種人與人之間的交流訊息。

正如心理學家平克（Susan Pinker）在她的書《村莊效應》裡解釋的，人類演化成群居的靈長類動物之後，更需要依賴閱讀手勢與臉部線索的能力，主要目的是確定彼此的意圖。

面對面的溝通交流，搭配語調及肢體語言，在事情似乎進展

順利的時候，就能讓雙方的大腦都分泌出催產素（oxytocin）。但就算是同樣的訊息，如果透過其他管道來傳播（甚至是 Zoom），催產素的分泌就會大受影響。催產素分泌愈多，我們也就愈會放下戒心。

並不是所有的媒體活動都能挨家挨戶拜訪，也不是人人都能舉辦研討會與面對面的會談，但研究清楚顯示，如果你所製作的內容能鼓勵受眾進行互動，互相談談你的產品、訊息或候選人，就能大大提升該訊息說服他們改變想法的機率，幾乎就像是你曾經與他們面對面溝通一般。

🔦 你將會得到一項超能力

瞭解這些事實真相之後，我們準備進入本書的最後一部分。在下一章，我們會來研究怎樣整合目前所學到的一切，一路談回 SURFPAD 和深度遊說，希望能在一次談話就改變他人的想法。你將會得到一項超能力：只要一步一步跟著腳本，就能改變他人對任何主題的想法，完全不需要強制脅迫，你只需要依照正確的順序，提出正確的問題。

中文版注：
共同提出思辨可能模式的卡喬波，後來成為芝加哥大學教授，以研究「孤獨」享譽學術界，但他已於 2018 年 3 月過世，因此本書作者僅訪談到派帝。卡喬波的故事請參閱《為什麼要戀愛》一書，天下文化出版。

第九章

街頭知識論

—— 你將會得到溝通交流的超能力

　　當時是德州的八月天，聖安東尼奧大學的會議中心在石板廣場投下巨大的陰影，馬格納博斯科（Anthony Magnabosco）就站在陰影裡的邊緣，向人揮手致意。

　　一片夏日蟬鳴聲中，有個年輕女子應了一聲「早安！」兩人幾句寒暄，馬格納博斯科問：「今天有沒有空做個訪談？」年輕女子說沒問題，於是那些透過馬格納博斯科的 AirPods 正在收聽節目的人，也準備好見證另一場的演示。

　　在午餐時間前一小時左右，廣場人來人往，讓馬格納博斯科有機會展現一套極為有效的說服技巧。這些年來，這套技巧已讓他有了幾千名聽眾，有些人甚至會登入 Discord 網路通話軟體，即時收聽。馬格納博斯科的頻道，每星期會開臺至少一次。這時候，他站在聖安東尼奧大學的幾棟建築之間，手裡拿了一塊小白板，上面放著廚房計時器、一盒 Tic Tac 薄荷糖，還有幾塊彩色拼圖形成的一個圈。有人從身邊走過的時候，他就會問這些人，想不想挑戰一下他們自己根深柢固的信念？

　　「我在做街頭知識論（street epistemology）這件事，也就是我會問問題，探討某個人覺得是真相、所以會提出的主張，」馬格納博斯科這麼解釋，而年輕女子也一起站進了陰影裡。「哇，聽起來很有意思，」她說：「很棒！」

　　馬格納博斯科告訴她，上一位和他聊的女生說自己相信世界上有外星人，於是他們一起探討她的信心是從何而來、會這麼說的道理何在、又是怎樣推理出這樣的結論。年輕女子說：「哦？聽起來很好玩。」馬格納博斯科繼續說，這裡談的內容可以天南

地北，但如果是「意見」會比較麻煩，「事實主張」會比較好。
「所以，或許你相信有某種神，或許你相信業障是真的，或許你
相信地球是平的，又或者相信疫苗會導致或不會導致自閉症。這
裡的重點，是要挑出一個能激發你行為的主張，接著我會以尊重
你的方式，向你提出問題。」

　　年輕女子說她願意對話，馬格納博斯科就問了她主修什麼。
她說自己主修生物，但想輔修音樂，而且正在努力想轉學過來。
馬格納博斯科問她，自己能不能把計時器設定在四分鐘，她說可
以，也介紹了自己叫迪莉婭。

💡 循循善誘

　　馬格納博斯科指了指自己胸前掛的 GoPro 攝影機，也指了指
裝在附近燈柱上的另一臺，說如果她同意，他會錄下這次對談。
迪莉婭說沒問題，而馬格納博斯科也在白板上，寫下她的名字。
接下來，他開始請迪莉婭提出一項主張。

　　迪莉婭說自己對「靈魂之類的」很懷疑，馬格納博斯科問她
為什麼。

　　她說，很難判斷到底誰是說真的、誰是說假的，但如果說有
靈魂像是守護天使一樣，倒是讓人覺得很暖心。馬格納博斯科分
享了自己的一個故事，提到他曾在登山小徑訪問到一位女士，女
士說在她丈夫過世一星期之後，來了一隻蜂鳥停在她肩上，她相
信那就是她丈夫的輪迴轉世。馬格納博斯科問迪莉婭，相不相信

有這種事，覺得這樣的事能夠帶來安慰嗎？迪莉婭說自己相信，而且事實上，她在過去幾年接觸了許多其他宗教，也開始對自己的天主教信仰有不少的思考。

馬格納博斯科問迪莉婭，有沒有什麼具體的主張是來自天主教信仰，而且覺得能給她安慰？迪莉婭說，不然就來談談相信上帝吧。「那就像是我能信賴的一塊基石，」迪莉婭說，上帝是她能在晚上祈禱的對象。她說，這個信念「堅如磐石」，對她意義重大，要是她在祈禱的時候，還得同時對此有所懷疑，那就不再能給自己帶來安慰了。

馬格納博斯科接著開始了街頭知識論的下一步。他告訴迪莉婭，他想瞭解她相信這些事的理由，再看看她能不能確認這些理由夠充分。迪莉婭願意試試。馬格納博斯科說，要是他前面沒誤會，「質疑上帝是不是真的」會對她的幸福感造成影響。迪莉婭說沒錯，要質疑這麼根本的事，會讓人很不安。

馬格納博斯科說他瞭解了，向迪莉婭複述了她所說的話，接著又進一步稍微擴展話題。「所以，對於能夠帶來安慰的基石，如果去質疑它是不是個幻象，可能會造成毀滅性的後果。」迪莉婭同意。

然後馬格納博斯科問，如果事實證明這塊基石就是個幻象，她會想知道這件事嗎？

「當然不想，」迪莉婭說：「我很肯定，知道這件事我會很難過。」再一次，馬格納博斯科複述她的話、再擴展話題，他再次提到，自己完全理解她為什麼會這麼想。迪莉婭說，那就是最大

的祕密，宗教正是因為這點，才會一直生生不息；這整件事就像在冥想，你就是得設法調整自己的狀態，讓自己能夠去相信、能有好的感受、能完成生活上該做的事。「到頭來，那就是宗教的本質。」

馬格納博斯科問，如果沒有宗教的話，人是不是仍然有可能感覺舒適心安、能完成生活上該做的事、過著充實的人生、找到人生的意義？迪莉婭有問必答，時間也就這麼先過了四分鐘，接著又再過了十分鐘。

馬格納博斯科又問，如果在沒有充分的理由下，就相信某件事是真的，這樣會不會有什麼缺點？

迪莉婭說或許吧，「我每天都對自己有所質疑，而我寧願不要這樣。」馬格納博斯科進一步挖得更深，問她那是什麼感覺。

迪莉婭說，她覺得質疑的時間點，可能像是在教堂唱歌的時候，會環顧四周，不知道為什麼其他人都能這麼相信。「哇，這些人就這樣過著一輩子，對什麼都沒有懷疑。」他們為什麼能這樣？迪莉婭覺得自己就這麼獨自一人，質疑著「其他人心裡深深相信」的東西。就在那種時候，「那種社群歸屬感忽然消失，那個時候就只有我自己。就像突然之間，我在一大群人當中，卻是孤獨的。那就像是，你有迷路過嗎？就像是在外國，看不到任何熟悉的臉？」

「我有，」馬格納博斯科說：「感覺雖然身邊都是人，但他們不懂我。」

「沒錯，」迪莉婭說：「就是那樣。」

馬格納博斯科問，會不會在教堂裡、在那樣的時刻，她身邊也有其他人抱著同樣的感受？

「一定，絕對的，」迪莉婭說。她常常希望大家頭上都能有漫畫裡的那種對話泡泡，她就能知道別人怎麼想了。

馬格納博斯科說，他也曾經就像迪莉婭一樣，坐在長椅上，覺得找不到充分的理由，去相信那些身邊的人所相信的事。或許身邊那些人也沒有充分的理由，不過他們卻覺得這樣也沒什麼問題；只是對他來說，他需要更多理由。

馬格納博斯科對這場對談很滿意，因為他幫助迪莉婭找出了她願意繼續相信的真正原因，他也幫助迪莉婭思考了這些信念背後有沒有充分的理由。他擔任街頭知識論者的工作已經結束，他祝福迪莉婭接下來一切順利。

事後收拾的時候，馬格納博斯科看了看他的談話筆記。**帶來安慰的基石。神祕的事對她來說可能非常重要。非常開放，非常誠實。提到天使。**「而她態度一變，說那些她剛剛還在批評的事對她非常重要，」馬格納博斯科大聲告訴那些在 Discord 上聽直播的人，而那些聽眾也提出了一些觀點。有人建議，他本來也可以問：「要是有個人根本不想知道真相，會有『提出質疑』這個動作嗎？」馬格納博斯科說這是個很好的回饋意見。

我從附近的灌木叢裡鑽了出來，走到他旁邊。剛才我就一直待在園藝造景後面，也跟其他人一起在 Discord 上聽直播，這樣我就能聽清楚馬格納博斯科的全部訪談內容。我很高興他把一只 AirPods 借給我，因為附近有愈來愈多學生聚集，正準備進行一場

軍樂隊表演，兩個男生拿著低音號，就在我附近打轉。

「迪莉婭把那種場景描述得太好了。天哪，我們有多少人也有過那種感覺吧？坐在教堂、清真寺或廟裡，卻想著旁邊的人是不是也對這件事有所懷疑？」馬格納博斯科拿起他的小冰桶和攝影機，把白板收起來，我們一起走去坐車。

我問 Tic Tac 薄荷糖是拿來幹嘛的？馬格納博斯科說他試過幾種方式，想進一步瞭解對話者對真相的看法，而又能維持雙方的融洽互動，最後發現用一盒 Tic Tac 薄荷糖，就是最簡單的辦法。

他會問對方，是否同意每一盒裡必定都是裝入奇數顆糖果、或裝入偶數顆糖果。他們通常都會同意，只不過有時候也會說，奇數偶數都有可能。但不論如何，馬格納博斯科都會接著問，他們覺得應該怎麼確認這一點？而同樣不論他們怎麼回答，馬格納博斯科還會再問，如果你數完了，結果是奇數，但其他人卻說是偶數，那要怎麼辦？如果對方告訴你，那是**他們認為的**真相，要怎麼辦？

💡 提升人類整體思維的工具

馬格納博斯科的家就在聖安東尼奧市，他在家裡給我看他的 YouTube 頻道網頁，他已經上傳了幾百部像是和迪莉婭這樣的對話影片，最早的一部可以追溯到六年前。馬格納博斯科引導人們瞭解他們對許多事物的信念，包括吸引力法則、陰謀論、鬼魂、智慧設計論、正義、《祕密》，以及許多歷史、科學與醫學既定

的觀念。他希望這樣能讓大家都愈來愈好，他把這些對話放上網路，就是希望讓其他人也能從中抽絲剝繭、留言評論，讓整個社群都一起進步。

「其中一項有趣的發現在於，這種方式能用來處理幾乎所有類型的主張，」他坐在沙發上這麼跟我說：「我們探討某項主張的時候，第一步就是整理出所講的明確內容，第二步是找出他們所給的理由，第三步是探討他們用以得出結論的方法是否可信。這樣的一套範本能用來討論所有的主題。」

馬格納博斯科說，他一開始是問民眾關於宗教的議題，但是「街頭知識論談到的主題很自然就逐漸膨脹，因為常有人說他們不信任何神，或者說他們不想談那些話題。」這種時候，馬格納博斯科並不會就此打住，而是會繼續聊下去。但是，「宗教界也有些反彈聲浪，覺得這套工具就是存心要破壞他們的結構。」

馬格納博斯科承認，沒錯，他一開始確實是抱著這個打算。當時的他覺得宗教信仰實在太常干預學校、插手法律，讓他成了一個憤憤不平的無神論者。他曾經加入幾個地方性和全球性的無神論運動組織，然而在閱讀了哲學家博格西恩（Peter Boghossian）的著作，瞭解如何以蘇格拉底反詰法（Socratic method）質疑民眾之後，他開始會在週末來到阿拉莫戲院附近，把這套方法用在那些會對著路人大吼大叫的街頭傳教士身上。

我說，那對你們雙方來說，都像是在摘最低的水果嘛。

他笑了。才不是那樣。

「那其實是像以每小時一百六十公里的時速撞上一堵磚牆，

原因就在於地點並不合適。我當時抱持的還是那種反對護教的態度。」馬格納博斯科說，當時他並沒有要嘗試聆聽、也沒有想要瞭解對方。但在他上傳了影片之後，有人會給他意見回饋。

「『試試看這個』、『做做看那個』、『你為什麼要問那個問題啊？』，而我對這些建議抱持著開放的態度，沒有覺得『你算哪根蔥，憑你也要教我怎麼做？』讀那些評論真的讓人很難過，但我就想：『這樣的話，我要怎樣吸收這些評語而進步呢？』」

事後的任務匯報檢討，成了他整套做法的重要部分，一開始先是在留言評論區，接著就變成在 Discord 上直播講話。而且原本只是簡單談個五分鐘，後來卻變得為期一週，討論怎樣能夠做得更好。「你有沒有注意到，一開始他們是往這個方向，然後你說了這個，他們就改到另一個方向，」馬格納博斯科說：「我們開始什麼都試試看，就想看看最後會有什麼成功留下來。」

其他人也開始做了類似的嘗試，而且在他們的影片也有同樣的匯報檢討。於是他們形成了社群，很快就建起一個網站，提供各式圖表與資源，接著又有了播客、研討會、社群媒體，以及名為 Atheos 的應用程式。心理學家、生物學家與哲學教授也陸續加入，提供小建議，也親身進行嘗試。幾千次運用街頭知識論所進行的對話紀錄，現在由來自世界各地的眾多人士，共同加以審查檢視，提出觀點、交換見解，而所談的主題範圍廣泛，從種族主義與政治、詐騙手法、到網路惡作劇等等，無所不包。如今，他們會販售印有 Street Epistemology（街頭知識論）官方標誌的圓領衫與貼紙，馬格納博斯科也在全球各地的研討會發表演說。

　　經過六年時間、幾百場的對談，馬格納博斯科說自己的憤怒已經淡去。正如許多他在 2000 年代的網路上認識的激進無神論者，他和不少街頭知識論的社群成員都刻意與那些爭議性過高的人物保持距離，包括演化生物學家道金斯（Richard Dawkins）、甚至是博格西恩，這些人會在社群媒體公然抱怨「社會正義戰士」（social justice warrior，又稱社會正義魔人）。

　　馬格納博斯科等人則屬於人本主義的一個分支，熱中於討論跨性別權利與種族正義，他們可以吃迷幻藥、嗑大麻蛋糕、大談宇宙的奧妙，只要其他人願意用街頭知識論來深入各種話題，不管是詭異的量子力學、或是遠古生物曾用核彈炸了地球來加速人類的演化。他們願意討論的話題百無禁忌，不論你相信的事情有多奇怪，都不會被認為是瘋子或怪胎。

　　馬格納博斯科說，就這點而言，街頭知識論像是提供了思想的解放。相關社群把這套方法視為一種提升人類整體思維方式的工具，而他們的目標就是要盡可能讓更多人都知道這套方法。他們的目的不再是要改變民眾的想法，而是要讓民眾得到更嚴謹的思維方式，更懂得如何去肯定或懷疑各種事情。對談的重點不再是一個人相信的內容為何，而是針對他們為何相信某些內容而非其他內容，探究背後的原因及過程。

　　但是在我看來，鼓勵一個人改變其知識論，其實也就是要改變他們的想法，是在改變腦中比信念、態度與價值觀更為深層的東西。

　　馬格納博斯科後來也澄清說，很多時候，「改變想法」可能

有許多不同的意義。而他想說的是，他與人對談的目的，並不是要去改變對方對於真偽、道德或重要性的判斷。只不過，如果某個人好好和他一起走過街頭知識論的所有步驟，常常最後就會得到那樣的結果。

「街頭知識論」九步驟

　　我之所以會接觸到街頭知識論，是一位在加拿大卑詩省維多利亞市的聽力障礙老師，寄了一封電子郵件給我。我在推特上常提到自己對於說服很感興趣，也提到了寫這本書前面幾個章節時認識的人。而那位老師告訴我，很多我提到的內容，似乎都和他們課程中用到的街頭知識論內容十分相似。他也傳了一部馬格納博斯科的影片連結給我，建議我去瞧瞧。

　　幾個星期後，我打了電話給馬格納博斯科；再過一個月，我已經坐在他的客廳裡，請他教我這套方法。

　　街頭知識論的九個步驟如下：

一、建立融洽的關係。向對方保證你不是要羞辱他們，接著請他們同意讓你探索他們的推理方式。

二、請對方提出一項主張。

三、用你自己的話來複述該項主張，以確認其內容。詢問對方，你的摘要是否正確充分？重複這項步驟直到對方滿意。

四、澄清對方的定義。使用他們的定義，而非你自己的定義。

五、請對方對他們自己的主張，提出一個信心數字。

六、詢問對方，是因為什麼理由，讓他們目前有這樣的信心。

七、詢問對方，曾經用什麼方法來判斷自己的理由有多充分。在
接下來的對話中，把重點放在那項方法上。

八、聆聽，摘要，重複。

九、收尾，祝對方順利。

馬格納博斯科解釋說，這其實就是引導式的後設認知：鼓勵
一個人去思考自己的思考方式，但在那之前，要先讓對方用自己
的推理，產生一項主張，而且對方也已經提出了理由。你的目的
純粹只是幫助對方，讓對方衡量他所用的方法，讓對方質疑自己
所提的理由，也讓對方評估自己論證的優劣。

☞ 第一步：建立融洽的關係

訪談過程中，需要對方保持開放的態度。你需要得到對方的
同意，你需要像是個透明人一樣，去請他們談談自己，談他們的
生活、大部分時間都在做什麼、那天在做些什麼。「聽聽他們的
故事，聽聽那些故事裡的情感，」馬格納博斯科說。在你急著想
談某個主題的時候，這種過程可能會讓你覺得很浪費時間，「但
這真的很重要，因為大家都想要有人傾聽，想要覺得你會傾聽他
們想說的話。」

馬格納博斯科覺得，這件事就像是醫院的病床禮儀。你願意
信任的，會是那種瞭解你、「真正聽進你講的話」的醫師或護理

師。他說，這樣能讓人覺得不用害怕丟臉。而如果想讓一段對話連開始的機會都沒有，你大可表達出你的敵意吧。只要你有任何跡象讓人覺得是在表達「你該為這樣的想法覺得丟臉」，就會引發對方的憤怒。「世界上有太多的不尊重，所以在真的有人願意傾聽你說話、問幾個問題來更瞭解你的故事的時候，你會感到很安全，你會願意讓態度更為開放。」

☞ 第二步：請對方提出一項主張

就算你已經知道對方會說什麼，也請對方自己說一遍。街頭知識論最能發揮效力的主題，是那些關於實證事實的主張，像是「地球是平的」、「政府在透過 Amazon Alexa 語音助理偷聽人民」之類，但是街頭知識論這套方法也適用於那些關於態度和感受的主張，例如「拜登總統做得很糟」、「草莓冰淇淋比香草冰淇淋更棒」，甚至是關於價值觀的主張，像是「國家稅收應該用來免除學貸，而不是用來買航空母艦」。但不論如何，街頭知識論的重點是要找出支持某項主張的背後推理，所以務必先讓雙方都同意你們要討論的主張是什麼。

☞ 第三步： 確認主張的內容

以你自己的話，向對方複述該主張的內容：「如果我沒有誤解，你說的意思是……」但不要硬套公式，在你講過幾次客套話

之後，你就能用最自然的方式來重述、解釋對方的主張。

🖝 第四步： 澄清對方的定義

大多數論證的問題，在於雙方根本沒有真正的論證，而是在定義不同的情況下各講各的。以「政府」的概念為例，你可能覺得「政府」指的是一群公僕，總是想要討好選民；但對方可能覺得「政府」指的是有一群邪惡的億萬富翁，躲在某個菸霧繚繞的房間裡，陰謀瓜分整個國家。如果你一心以為雙方在談的就是你以為的政府，到頭來你只是在和自己吵個不停，而沒有把重點放在對方的想法。

「這樣的結果就是，大家都在各說各話，」馬格納博斯科說：「所以，如果有人提到像是『瘋了』、『真相』、『信仰』之類有各種不同解讀的詞，重點就是要確認對方講的究竟是什麼意思。但確認定義也還只是其中的一小部分。確認對方所用詞彙的定義、確認對方究竟在說什麼，還只是完成了大概 10% 的工作。」

🖝 第五步：找出對方的信心水準

對話其實是在第五步之後，才真正開始。請對方給自己的信心，從 0 分到 100 分打個分數，這樣可以讓他們回頭看看自己的資訊處理步驟，問問自己，自己的信心水準究竟多高？馬格納博斯科說，你常常可以看到有些事情在這一刻突然發生——你可以

看出來，有些人從來沒有真正思考過這件事。

　　如果你在這個時候已經與對方達成信任、互相坦誠了，對方應該會對於有機會解釋自己的想法，感到很開心。而且這還能帶出讓話題自然進展的機會。要是對方說自己的信心有個 80 分，你就能問：「為什麼不是 100 分？」這樣就能將對話帶到下一階段，開始探究對方的推理推論。

☞ 第六步：找出他們如何達到這樣的信心水準

　　基本上也就是去問對方，是因為什麼理由，讓他們目前有這樣的信心？要是對方提出好幾個理由，先找出其中的共通點，把重點放在其中一項理由上。是哪個理由最讓他們覺得有自信？

　　「有時候，他們是倒回去在找理由，因為他們直到這時候才真正努力思考『我到底是基於什麼原因，覺得這是對的？』」馬格納博斯科說：「他們講出的原因，有可能只是當時剛好想到，卻不見得是真正的理由。真正的原因還躲在背後。所以我們要問的其中一項最重要的問題，就是『對於你相信是事實真相的事，如果你自己、或是透過這次對話，發現背後的這項理由並不足以讓你有這麼高的信心，你會願意降低你的信心水準嗎？』而如果對方說『就算我覺得這項理由不夠好，我的信心也不會改變』，基本上你就能判斷，這並不是真正的理由；接下來，你可以繼續多次重複這個步驟，直到找出真正的原因理由。」

■☞ 第七步：詢問對方，

　　　　曾經用什麼方法，來判斷自己的理由有多充分

　　第七步是最重要的一步，但你問的時候並不需要這麼單刀直入。馬格納博斯科表示，這一步是在鼓勵對方，測試一下自己平常用來「判斷理由好壞程度」的方法是否可靠；接著再問對方，如果用那套方法，是否足以維持當下的信心水準。

　　無論是在街頭知識論的網站上、在他們長達五十頁的 PDF 文件裡、或是在他們所舉辦的研討會中，會引發最多討論的都是這一步，因為這個問題的問法簡直是無窮無盡。而採用蘇格拉底反詰法，最能找出某人知識論裡的矛盾與弱點。馬格納博斯科舉了幾個例子，但也特別提醒，使用的時候應該依據對方當時所分享的內容，來重新修飾表達：「如果用你的這套方法，有沒有可能推出完全不同的另一種結論？」如果是的話，「這套你用來讓自己得到信念的方法，到底算好還是算壞？」

　　馬格納博斯科補充說，許多街頭知識論者會使用的技巧，是請對方想像有人看著同樣的證據、卻得到不同的結論，而現在有個第三者正在評判這兩種論證──他該如何判斷哪個結論才是對的？

　　我問了馬格納博斯科，我正打算去拜訪大名鼎鼎的地平論支持者薩金特（Mark Sargent），而我該怎樣把他解釋的這些步驟，派上用場？他說，我應該問「你相信地球是平的，最大的理由是什麼？也就是，哪個理由最會影響你的信心？或者說，只要你發

現哪個理由不是真的，對你的信心影響會最大？而如果今天你要給一群幼兒園小朋友上一堂課，告訴他們為什麼地球是平的，你的首選論證會是什麼？」

我說薩金特可能會提到的論點是：全球都會用無線電遙測技術來追蹤飛機的航跡，但是卻沒有飛越整個南半球的飛機航線紀錄，就是因為根本沒有南半球。這是地平論的常見說法，而且很容易拆穿。

馬格納博斯科說，這會是個找出真正理由的好機會。他說，應該要請深信地平論的人，回到他們開始相信這套說法之前的時間。「是什麼決定性的事件，讓你變得像今天一樣深信地球是平的？真的是因為飛機嗎？還是你只是在知道這件事之後，對地平論更有信心？」如果他們說，他們本來就很懷疑政府或類似的東西，那麼真正的原因可能就在於對科學或權威的不信任，但不能是你告訴他們這種猜想，而需要讓他們自己去發現。

以地平論為例，馬格納博斯科說可以問問對方，如果有某種能讓對方也滿意的做法，證明飛機之所以不會飛越整個南半球，並不是因為地球是平的，而是因為其他原因，這樣一來是否會影響對方的信心？馬格納博斯科建議我這樣說：「我並不是這方面的專家，但如果我們能找到航空界的人，是我們都信任的專家，跟我們一起花個十小時，解釋航空旅行的大小細節、在全球的實際運作方式，這有沒有可能影響你的信心？」

馬格納博斯科說，你必須找出「證據」在對方的思考推論過程裡有多重要。問問對方，如果有人看到同樣的資訊、卻得到不

同的結論，會有什麼想法？他在看到反證的時候，判斷的標準還是一樣嗎？他又要怎樣知道，對於自己的觀察結果，他提出的就是最佳的解釋？

這裡的重點在於先從主張本身抽離，讓對方看到他們自己是如何在評估各種證據。他們是不是願意因為證據而推翻自己的想法？這會是整個過程最困難的部分，而這也是 Tic Tac 薄荷糖派上用場的時候了。

「對我來說，看到對方覺得不舒服，我也會不舒服。會讓人覺得就往下一個步驟去吧。但要先忍住，因為這就是在播種的時候了。曾經有人在我的一部影片下留言說：『你真的很懂怎麼讓人很不舒服、卻又很舒服。』重點就在這裡，我希望你不舒服的程度足以刺激你去思考你的想法，但舒服的程度又足以讓你不會想要奪門而出。我們並不是要有那種『逮到你了吧』的感覺，只是要找出他們到底是如何得出他們的結論，並且也幫助他們看到這件事。」

☞ 第八步：聆聽，摘要，重複

從某種意義上說，第八步是要把先前的步驟都再跑一次，換個問法，讓對方有更多反思的機會。如果對方忽然停止說話、目光看向其他地方，你就等他一下。在哲學中，會說對方這個時候正陷入困境（aporia），正在感受驚愕、進行反思，你千萬別去打擾他的思維。而且這也代表你差不多可以進入第九步的收尾了。

如果你想，可以再問一次他們現在的信心水準，請他們從 0 分到 100 分打個分數。但馬格納博斯科說這並不是必要的步驟，更重要的，是感謝他們願意給你這段時間，並且鼓勵他們繼續思考你們剛剛討論的內容、繼續思考他們自己的想法。如果前面還沒提到，也不妨在這個步驟分享你自己對這個主題的想法；如果對方也想用剛才的方式來討論你的想法，就請從善如流。否則，就來到第九步的收尾。

☞ 第九步：與對方道別，
**　　　　但建議對方，日後仍可以讓對話繼續下去**

馬格納博斯科強調，街頭知識論的重點在於改善對方對他們的主張「產生信心」的過程，而不是要說服對方相信什麼。或許他們在一開始也曾經想推廣某些想法，但現在他們已經沒有在特別推廣什麼信念、什麼議題、什麼要人投票支持或反對的政策。畢竟如果說這套方法想讓人學到什麼，那就是：無論自己或社群裡的任何人，都有可能是錯的。

馬格納博斯科再次強調，你在心態上必須誠實。要直接告訴對方：「在你同意的情況下，我想和你一起探究你那些主張背後的原因，也許是去挑戰那些主張，而會讓它變得更強，或者反倒變弱了。不過，我們的目標其實是要讓你和我在結束對話之後，都更加瞭解自己」，或是類似的說法。如果你心裡抱持的目標並不是這樣，這套方法就不會成功。因為你掩飾不了你的企圖。

　　要讓對方知道，「我並不想扭曲你的想法，所以如果我說錯了，就請糾正我。我也不是要把你當成假想的敵人，所以如果我沒弄清楚你的論證，也請糾正我。」不要打斷對方的話，要用對方的步調來前進。過程中，暫停也沒關係。要用對方的定義、對方的推理方式。要用對方的想法，而不要強加自己的念頭。告訴對方，「我只是想知道你的信心是不是其來有自，而不是要談事實上正不正確。我不是這個主題的專家，而且反正我們本來時間就不夠，所以我們不用去吵說這些主張到底是真的還是假的，只是要一起研究看看，你對這些結論的信心到底說不說得通。」

　　所以，你的目的應當是：試著把對方從他們的思考循環裡拉出來，讓對方進入後設認知的狀態。你沒辦法把你自己的推理過程複製貼上給另一個人。而馬格納博斯科說，其實街頭知識論就只是這樣而已，你就是在帶著對方來做推理，讓他們瞭解他們推理的過程。「不過就是這樣。單純到讓人意想不到。」

殊途同歸

　　看著馬格納博斯科操作這套方法、並提供解釋，我不禁注意到街頭知識論與深度遊說在許多方面都極為類似。

　　深度遊說有特定的目標——領導實驗室（見第 34 頁）希望讓民眾改變想法、同意他們的觀點，而且重點比較放在態度上、而非信念（雖然信念同樣十分重要）。只不過，深度遊說也是在讓民眾思考自己的思考方式，找出為何他們會感到自信；而且領導

實驗室已經證明，這種做法會比把重點放在主張與事實，更能夠
成功。

　　此外，街頭知識論的那套道理也很類似梅根（見第 177 頁）
之前和我提過的，如果要與像是威斯特布路浸信會那樣的團體成
員接觸，應該採取怎樣的四個步驟：不要假設對方有不良企圖，
保持冷靜，提出問題，提出論證。

　　我也在街頭知識論裡看到了一些思辨可能模式與捷思－系統
模式的痕跡：以融洽的關係建立信任，讓人面對面溝通交流，減
少認知負荷、減少分心因素，讓訊息與對方切身相關，耐心傾聽
對方說話。而最重要的是，如果能夠鼓勵人主動思考、讓人走上
中心路線，等到他們的想法確實改變之後，這樣的改變就可長可
久。

　　後來，馬格納博斯科給我看了他們在培訓人員的時候，所
用的金字塔結構：上面最小的部分是 WHAT（內容），中間的是
WHY（原因），底部最大的部分則是 HOW（方法），分別對應著
主張本身、主張背後的原因、以及主張背後的推理方法，點出三
者相對的重要性。這也讓我想起深度遊說那裡，加德納所畫的
三層大蛋糕（見第 51 頁）。我開始清楚看到，這些人雖然各自獨
立，但都找出了最能有效說服他人的原則。

　　這些人為了不同的原因、出於不同的目的，多年來反覆運用
手上的方法，經過幾千次對話，不斷去蕪存菁，直到找出可靠的
步驟。這就像是在不同的大陸上，發明家都試著想打造出第一架
飛機，飛行的科學就這麼等待著眾人的發現與應用。而由於基本

的物理定律並無不同,所以最後各種飛行器的發明也大同小異。同理,無論在哪裡,最後對於說服這件事所提出的道理,也相去無幾,畢竟不管人在哪裡溝通交流,大腦的功能都並無不同。

玩轉政治

　　這一點在我與馬格納博斯科見面幾週後,又變得更為明顯。我認識了「玩轉政治」(Smart Politics)非營利組織的創辦人——塔梅里烏斯(Karin Tamerius)。

　　當時,我在推特上提到,我正在研究像是深度遊說與街頭知識論這樣的技術,而塔梅里烏斯就寄來了電子郵件,表示她也有類似的發現,想請我為她牽線認識一下。她身為精神科醫師,相信她在治療時所應用的原則,應該也能用來討論政治,而且她已經開始進行像是領導實驗室和馬格納博斯科那樣的對話,也得到類似的結果。她創辦了「玩轉政治」這個組織,教導改革派如何與保守派的家人對話,當時也才剛在《紐約時報》發表文章談她的新創組織。她甚至還寫了一個「機器人阿伯」(unclebot),這是一套簡單的人工智慧,可以模擬愛抬槓吵架的親戚。

　　我問她方不方便見個面,整合一下大家目前的重點。

　　「大家覺得自己在討論事實,但那是個錯覺,」塔梅里烏斯告訴我:「大家都以為自己討論的重點是議題,但更重要的其實是人。」

　　塔梅里烏斯說,她當精神科醫師的經歷讓她知道,嘗試說服

別人的時候，首要任務就是透過對話，來強化你和對方的關係，每分每秒都要努力向對方證明你不是什麼無關的外人，不是對方眼中的那些「他們」。同時，在自己心裡也要這麼做。盡量不要將對方視為無關的外人，也不要將對方歸類為「他們」。

我問塔梅里烏斯是否有自己的一套方法、這套方法又是否有什麼步驟，她說都有。

首先，問對方一個不帶威脅性的開放式問題，像是「我最近讀到很多關於疫苗的文章，你也有讀到嗎？」接著就是傾聽對方一段時間，然後你再問一個不帶評斷的後續問題，以表達你的好奇，並與對方建立融洽的關係。接下來就是消化和重述，把你所聽到的全部內容做個摘要，讓對方覺得受到傾聽、得到尊重。然後在這個人的價值觀裡，尋找自己與他的共同點。你或許並不同意對方的論證，但你可以告訴對方，你也有同樣的價值觀、同樣的恐懼與焦慮、同樣的關注點與目標，雙方只是在問題的最佳解決辦法上，有不同的想法。接著分享你關於自身價值觀的故事，好和對方進一步建立連結。最後，如果你的觀點從過去到現在曾經有所演變，也請分享那段過程。

塔梅里烏斯說，她那套方法的關鍵，在於要瞭解究竟是什麼因素激發了對方的想法和主張。塔梅里烏斯也有一張圖，名稱是「改變對話金字塔」（Change Conversation Pyramid），整張圖分成好幾層，每層都必須在動機得到滿足之後，才能登上更高一層：最底層是「舒適」，依序往上則是「連結」、「理解」、「同情」，最後來到頂層的「改變」。

　　塔梅里烏斯在自己的網站上談到這個金字塔：「我們在政治對話裡犯的錯誤，是直奔金字塔的頂端，卻忘了民眾也必須滿足下層的其他所有需求，改變才能成真。」

　　我告訴塔梅里烏斯，玩轉政治的概念很類似深度遊說、街頭知識論、以及梅根在 TED 分享的她那些信條。塔梅里烏斯說她也有想到這種可能，在她看來，大家所學到的教訓，就和諮商心理師在過去五十年間，治療抗拒改變的病人所學到的內容一模一樣。她又說，特別是那些心理諮商用來改變想法的技術，常常都是參考了「動機式晤談」（motivational interviewing）的文獻。

　　我請她給我舉個例子，或許就以接受疫苗接種為例，因為在我們談話的當下，很多人都因為親人就是不願意打疫苗，不知道如何是好。

　　塔梅里烏斯所提出的步驟如下：

一、建立融洽的關係。向對方保證你不是要羞辱他們，接著請他們同意讓你探索他們的推理方式。

二、問對方：從 1 分到 10 分，他們接種疫苗的可能性有多高？如果是 1 分，你就問對方：有些人對於打疫苗毫無猶豫，你覺得那些人為什麼會給出比較高的分數？

三、如果分數高於 1 分，那就問對方：為什麼沒有給出比較低的分數？

四、在對方提出理由之後，用你自己的話重述一遍。詢問對方，你的重述是否有抓到重點、是否正確充分？重複這項步驟，直到對方滿意為止。

💡 「動機式晤談」四步驟

☞ 第一步驟：建立融洽的關係

開始對話的時候，向對方保證你不是要羞辱他們，也不是要讓他們受到同儕的排擠。展現開放與尊重的態度，並且不斷徵求對方的同意。不要去攻擊對方。就算自己不同意，也要容忍對方的觀點。傾聽而不要打斷對方。試著在不回應的狀況下，瞭解對方的立場。最重要的是找出彼此的共通點。一位投入、好奇、有同理心的聽眾，會比任何事實或數字更有說服力。

☞ 第二步驟：

問對方：從 1 分到 10 分，他們接種疫苗的可能性有多高？

如果是 1 分，問對方：有些人對於打疫苗毫無猶豫，你覺得那些人為什麼會給出比較高的分數？

如果對方回答 1 分，表示這個人正處於心理學所說的前意圖期（precontemplation）。正如塔梅里烏斯所解釋，人類必須先進入學習心態，想法才會有改變的可能。如果一個人沒有安全感，就不會有學習的動力，也代表你無法真正開始說服對方。所以，首先你必須讓對方進入主動學習的狀態，也就是要從前意圖期走進意圖期（contemplation）。

根據動機式晤談的概念，一個人尚未進入意圖期，最常見的

四個理由如下：

一、尚未接觸到挑戰其動機的資訊；

二、覺得當下自己的主體性受到威脅；

三、過往的經歷讓他覺得改變無望；

四、他正陷在合理化循環（rationalization loop）之中。

另外要提的是，這一切知識都是來自於過去幾十年間，試著協助病人擺脫酗酒與各種成癮物質。

在動機式晤談當中，有些人需要先接觸到全新、有挑戰性的想法，有些人需要先確保自己的主體性沒有受到威脅，還有些人則需要先有新的體驗，來挑戰自己既有的觀念。雖然以上三點在心理諮商都能提供，但最受到關注的一點則在於合理化循環：要讓病人發現自己身陷循環之中，才能讓他們得以逃脫。

塔梅里烏斯說，只要讓對方走出前意圖期，你再問對方 1 分到 10 分的問題時，答案就會是 2 分以上，因為對方目前對這個議題的態度已經鬆動了，他會開始猶豫。

☞ 第三步驟：

如果高於 1 分，問對方：為什麼沒有給出比較低的分數？

在對方態度開始猶豫之後，該先問的是：為什麼不給出比較低的分數？例如在對方說 5 分的時候，就問他為什麼不是 4 分？這麼做的目的，是要協助對方表達出他猶豫的地方。

☞ **第四步驟：**
在對方提出沒有給出較低分數的理由之後，
用你自己的話重述一遍。

塔梅里烏斯警告說，千萬別把時間花在找出對方不想改變的理由，因為這第四步驟的目的應該是要協助對方瞭解自己的推理過程是否可靠；過程中，在對方開始反駁自身先前論證的時候，你要強調那個對立面，也就是把重點放在對方為什麼沒把分數打得比較低。這並不容易，需要時間，也通常得要花上幾次對話。

正如街頭知識論與深度遊說，動機式晤談最重要的也是第一步驟：建立融洽的關係。如果雙方就是那種「我們－他們」針鋒相對的態度，對方就不可能進入主動思考的狀態，也不會變得樂於學習。想要建立融洽的關係，可能需要對話很多次。而且如果過去曾有相關不良的經驗，也得先解決這個問題才行。

此外，就算好不容易建立起融洽的關係，也可能在一夕之間傾覆。諮商心理師都知道，面對身陷危機的個案，很自然就會想要去告訴他們該怎麼想、該怎麼做——諮商心理師稱為「反射性的回應」（righting reflex），但這絕對是應當避免的做法，以免讓對方產生防衛心理。就算個案其實同意你提出的戒酒理由，一旦有了防衛心理，還是會找出其他繼續喝下去的理由。他們會站回應該繼續喝（或者是其他原本想透過心理諮商來解決的問題）的那一方，態度不再鬆動，堅拒改變。

💡 技術反駁 vs. 主題反駁

我和塔梅里烏斯談過之後，寫了一封電子郵件給佛萊舍（見第 36 頁）和馬格納博斯科，介紹塔梅里烏斯的動機式晤談步驟，表示我覺得大家可能都注意到同樣的事，或許可以一起見見面，甚至是合辦一場會議之類的。與此同時，我又更深入研究，意外發現無論是深度遊說、街頭知識論、動機式晤談、或是其他說服技巧，在幾個月前已經有人把它們歸類在「技術反駁」（technique rebuttal）這樣的標籤下。

我聯絡了把這些說服技巧都歸類在「技術反駁」標籤底下的心理學家史密德（Philipp Schmid）與畢奇（Cornelia Betsch），他們蒐集了各種不同說服技巧的研究，發表成一篇論文，指出所有的說服技巧都能清楚分成兩類，除了「技術反駁」之外，另一類是「主題反駁」（topic rebuttal）。

史密德與畢奇解釋：在想說服他人的時候，主題反駁技巧只適用於單純探討事實的主張。像是在科學界、醫學界、學術界這樣彼此都重視誠信的環境，這就會是首選的技巧；這些環境已經發展出共識，都支持擁有最完整證據的結論（完整與否，也是根據各個專業與特定領域已經議定的共識），因此對彼此都有一份信賴與責任感。在這些環境裡，事實多多益善。至於想用技術反駁技巧來說服他人的時候，則會把重點放在對方如何處理資訊，以及是什麼讓對方對 A 結論比對 B 結論更有信心。所以，討論的重點並不在於要反駁的想法本身，而在於如何反駁、以及指出

該想法背後所用的推理當中有何缺陷。技術反駁技巧是要請對方在思考的時候，先後退一步，看清楚他自己如何得到某項結論，也思考自己的推論是否合理。

史密德告訴我，大家常常對於使用技術反駁感到遲疑，特別是在眾目睽睽之下。因為就這樣去挖掘別人得到結論的動機與推理過程，總覺得像是在施展什麼「黑魔法」，彷彿站在道德制高點上，把事實攤在別人眼前，然後就這麼走開。

有一派說法認為，在對手看起來很情緒化的時候，我們會希望自己看起來很理性，所以在辯論的時候（特別是關於事實的辯論），就是不該帶著情緒。但是像史密德這樣的推理專家，就說那是不可能的，因為就連「確信」都是一種情感。

為什麼自我感覺良好？

1986 年，挑戰者號太空梭爆炸失事的時候，著名的認知心理學家奈瑟（Ulric Neisser）請他的一百零六名學生，寫下自己如何聽說這個消息、當時在什麼地方、在做什麼、以及他們對此事件的感受。兩年半後，奈瑟請學生再次回答這些問題，結果完全答對的人只有 10%。但有趣的不是他們的記憶有問題，而是他們拒絕接受自己的記憶**可能**有錯。就算已經看了當年自己寫的記述、知道了真相，還是有一名學生向奈瑟說：「那是我的字沒錯，但事情不是那樣。」

神經學家波頓（Robert A. Burton）讀到這項研究，對於「確信

感」的概念深深著迷。「最讓我意外的是，心理上其實並沒有理由要那麼在意。你大可說『哦，我猜我就是記錯了吧。』但那個學生就是一口咬定，說眼前的紀錄是錯的。他感覺自己的新記憶就是那麼正確，讓他無法接受記憶有誤的可能。我就想『好吧，如果這不是心理上的因素，可能就是出於某種更基本的認知神經因素。』所以我開始想，他會如此確信，會不會是出於某種不在他控制下的原因？我覺得那會是個感覺狀態（feeling state），是出於感受，而不是出於思想。」

於是，波頓寫了一本《人，為什麼會自我感覺良好？》，探討「確信感」這件事的神經科學。他用挑戰者號太空梭失事記述的那項研究來解釋說，在有證據證明我們錯了的時候，如果大腦還是繼續產生「確信自己正確」這種心理狀態，我們也就只能相信自己是對的，就算眼前自己的筆跡證實自己錯了，我們也別無選擇。就算事實擺在眼前，讓我們知道自己可能錯了（不論是在事實上、道德上、或是其他方面），我們還是必然會產生「知道自己是對的」的這種感覺，鼓勵我們開始與過去的自己爭辯，彷彿被自己的信念困在一個神經牢籠裡。

既知感

波頓說，他翻遍了心理學與神經科學的研究文獻，還是找不到一個能讓他滿意的術語。所以他就自創了一個：既知感（feeling of knowing）。既知感融合了許多概念：確信感、信念、正確性、

正當性。我們會很清楚自己什麼時候有既知感、什麼時候又沒有既知感。

　　波頓舉了以下這個例子，來說明他所指的既知感，讀者也可以看看自己能否理解：

　　報紙比雜誌好。海邊比街道好。開始的時候，用跑的比用走的好。你可能需要試個幾次。這需要一點技巧，但是很容易學。就算小小孩也能享受。只要成功，幾乎不會有其他問題。鳥類很少會靠得太近。但雨水很快會滲進去。如果有太多人做同樣的事，也會有問題。一個人就需要很多空間。要是沒有發生其他問題，會感覺非常平靜。會用一塊石頭當作固定。如果斷了，就沒有第二次機會了。

　　讀到上面這一段文字的時候，你會覺得好像無法確定是在講什麼。但如果我告訴你，這段文字是在描述一只風箏，這時候你再看一次，感受就會完全不同，而且這件事不是你所能掌控的，而是就這麼發生在你身上。我們無法選擇自己是要感覺確定、或是感覺不確定；總之就是感覺到了。但波頓說，那種感覺不能說是個結論，只是一種像是結論的感覺。

　　波頓告訴我，大腦做的絕大多數事情都是出於「潛意識，接著才投射到意識之中」。他說大腦一直都在做著各種計算，像是怎樣去拿咖啡才是最好的方式，或是怎樣一邊講話、一邊開車。口渴的感覺也是一樣，「體內滲透壓高的時候，我們會感覺到這

件事、體驗到口渴。緊接著，或許就會有意識的用語言說出『我渴了』。」

波頓說，在我們感到確定或不確定的時候，也會有同樣的這種情況。「你想到二加二等於四的時候，你會覺得這是對的，但這是因為你有某種天生的數學模組嗎？還是你根據從小的經驗與所接受的智慧，有人教你這是正確的答案？不論是哪種方式，總之大腦就是從潛意識傳來一種確信感，像是你感覺到口渴一樣，即使你並沒有明確說出口，但你別無選擇，就是會感覺到。」

波頓說，假設你在人群裡看到了一張不該出現的臉。例如你到貝里斯度假，卻看到已經過世的爺爺。「你會感覺到，這個人就身體而言確實是你爺爺的可能性有多少，那是一種發自內心的確信感，可以用百分比來表達。」譬如你或許會說，自己有 10% 的把握，看到了爺爺。但如果看到的是某個熟人的臉，你心中運算出來的確信感數字，或許會更高。你可能會想再走近一點，看看自己到底是不是對的——看看如果有了更多資訊，能不能把百分比調得更高或更低。

「這整個感覺，其實就是一種潛意識層面的大腦運算。出於許多演化上的理由，它結合了計算與感受，來到意識之中，但你並沒有真正去思考。雖然這感覺起來像是一個結論，但就只是一種感覺。這就是演化上一項巨大而奇妙的把戲。」

正如波頓所解釋，我們最好把「相信」與「懷疑」都視為過程，而不是自己能夠擁有的某種東西。相信與懷疑並不像是玻璃罐裡的彈珠、書架上的書、電腦裡的文件，而只是整個聯想網路

（associative network）裡的神經元，在傳遞出當下有自信或缺乏自信的感覺，也就會讓我們感覺某個命題究竟是真是假。

波頓說：「我的意思是，看起來或許是我已經在這件事投入太多時間，已經從直覺上覺得太過明顯了，而讓我很遺憾的無法再相信其他可能。」

「深度遊說」十步驟

採用街頭知識論的那些步驟，就能讓人提升或降低自己對事情的確信感（既知感）。而在我向馬格納博斯科學習這些步驟之後，我又寄了電子郵件給凱拉與布魯克曼（見第 65 頁），想知道他們對於深度遊說背後的科學，是不是又有了更新的看法。

我們在 Zoom 上碰了面，我向他們分享我學到的一些內容。他們說這一切都符合文獻裡的記載，也說日後他們或許也會研究街頭知識論，但目前他們還在研究深度遊說，也寫了幾篇新論文討論深度遊說在其他領域的應用。研究得到的好消息是深度遊說依然很有效，不論是要改變選民心之所向的候選人、或是改變民眾對移民的態度，在各種領域的效果都相當卓著。

凱拉說，我當初造訪的時候，一切還太混亂、步驟太多，幾乎是想到什麼都用上，而並不清楚哪些因素真正有效、哪些又只是白費工夫。

以下是我們用類似街頭知識論和動機式晤談的步驟形式，再次整理深度遊說的重點：

一、建立融洽的關係。向對方保證你不是要羞辱他們，接著請他們同意讓你探索他們的推理方式。

二、請對方就他對於某項議題的感受強度，給出 1 分到 10 分的分數。

三、針對某個受到該議題影響的人，分享他的故事。

四、再次詢問對方感受的強烈程度。要是分數有所改變，詢問改變的原因。

五、等到確定分數之後，詢問對方：「為什麼你覺得這個數字是對的？」

六、在對方提出理由之後，用你自己的話重述一遍。詢問對方，你的重述是否有抓到重點、是否正確充分？
重複這步驟，直到對方滿意。

七、詢問對方，這輩子過去是不是也有過那樣的感受？如果有，是什麼讓他有現在的態度？

八、聆聽，重述一遍。重複這步驟，直到對方滿意。

九、簡單分享你自己的故事，告訴對方，你如何有現在的想法，但不要與對方爭辯。

十、最後一次請對方給出分數，接著收尾，祝他一切順利。

　　凱拉說：「我們想知道究竟哪些部分是重要的、哪些又沒那麼重要。」而這既是出於實務，也是出於科學上的考量。他說，那些技術反駁的步驟在實行上並不容易，「所以如果發現七分鐘的對話效果和十五分鐘的對話效果沒有兩樣，能完成的對話場次

就能翻倍了。」這是屬於實務上的考量。但如果講到科學研究，則是「對於這點背後的真正因素，我們究竟知道什麼？」

💡 真誠分享彼此的故事

在我們上次見面之後，布魯克曼與凱拉對二百三十名遊說員做了三項實驗，這些遊說員在全美七個地點，使用深度遊說技術與將近七千名選民，討論移民政策與跨性別恐懼（transphobia）的議題。

為了找出究竟是哪些因素真正有效，他們決定雖然都保留那些有說服力的論證，但在某些對話組別，並不加入那些不加批判的故事交流。最後他們發現，如果不分享個人的故事，深度遊說就不再有效，但只要加進故事，效果就一樣好得不得了。

「一旦拿掉那些不加批判的傾聽和故事分享，就沒有效果。把這些元素放回去，效果就會恢復，」凱拉說。在他看來，這種不帶批判的故事交流，正是一種策略：想要說服對方的時候，就是先帶著尊重，好好傾聽對方的個人經歷，接著在對方傾聽的時候，說出自己的故事或某個人的故事。

凱拉說最有趣的發現在於：針對該議題，你講的並不需要是自己的故事，只要是某個受該議題影響的人就行，而且就連分享其他人講相關故事的影片，也一樣有效。但只要你從深度遊說的過程裡拿掉這項元素，深度遊說就會變得毫無說服效果。「那種很單純、比較簡單的方式，似乎效果最好，」凱拉說：「我出現

在你家門口，給你講個很感人的故事，然後聆聽你講故事。只要這樣，雙方就能展露人性、發揮同理心，讓彼此變得不再神祕。似乎最有效的就是這些事。」

就連問對方打幾分，似乎也很有效，因為只要你沒有對分數做出負面反應，對方就會發現你不是要羞辱他或評斷他。「不管對方說他要打幾分，你都要抱著尊重的態度，問對方為什麼那樣覺得？背後是因為什麼因素所導致？你必須當個真誠、好奇的傾聽者，這就是會讓他們願意放開心胸、考慮新觀點的關鍵。而那也正是對話前三、四分鐘的重點，」凱拉說：「如果我就這麼出現在你家門口，劈頭就開始說我和跨性別的故事，感覺一點都不自然。但如果是從非評判性的傾聽開始，我們雙方就能打造出融洽互信的關係，讓你對於我們要談的內容覺得舒服，也能夠坦然面對自己的想法。」

敘事傳輸的力量

第二種有效的元素，必須在雙方已建立了融洽的關係、打破隔閡阻力之後，才會有用。這個元素就是「敘事傳輸」（narrative transportation）的力量。

凱拉表示，社會科學與深度遊說在這一點上極為契合。敘事傳輸指的是一種感覺，是你已經完全沉浸到某個故事、一時忘了自己——當時你可能是在讀書、追劇、聽播客、看電視電影，或者是在營火旁或家門前，聽著別人說故事。許多研究都指出，要

達到敘事傳輸的效果，故事就必須包含三項元素：要有個元素能抓住你的注意力，有個元素能不斷引發強烈的情緒反應，還要有個元素能喚起你的心像（mental imagery，也就是雖然沒有實際見到，卻覺得彷彿就在眼前）。

為什麼敘事傳輸會對我們有說服的效果？原因就在於能夠讓人不急著反駁。如果我們自己很投入某個故事，會覺得自己也身處其中，不會興起反抗的心理。故事就只是故事而已，並沒有要試著改變你的想法，也不會威脅到你的自主權或你的身分認同。

我跟凱拉確認我的理解。第一步是要去說，我是個社會性的靈長類動物、你也是個社會性的靈長類動物，而我們現在關係很融洽。接著，則是要以一種對方不會覺得被逼到要反駁的方式，分享自己要提的資訊。

「沒錯，這很能反映我現在的想法。」

💡 知識謙卑

在運用「技術反駁」的各種說服技術當中，**街頭知識論**似乎最適合用來改變各種實證信念，像是世界上有沒有鬼、飛機是不是用化學凝結尾在噴灑神智控制藥物。至於**深度遊說**，最適合用來改變各種態度（也就是各種情感上的評估，會讓人覺得看到什麼都像是在證明自己的觀點），譬如覺得公司的執行長是壞人、或是覺得某項政策肯定會毀了這個國家。**玩轉政治**則最適合用來改變價值觀（也就是各種目標的高下重要順序），例如槍枝管制

或是移民政策改革。至於**動機式晤談**，最適合用來鼓勵民眾改變行為，例如接種疫苗來協助終止疫情，或是做資源回收來協助阻止氣候變遷。

用上這些技術，確實有時候能帶來一百八十度的大轉變，但也不是永遠成功。一般來說，改變都需要花上好幾次的對話。光是要建立融洽的關係，就可能需要談上不止一次。

只要對方放下警戒，就會進入主動思考的狀態。而如果我們堅持不加批評或羞辱，就能鼓勵對方去思考自己的想法，對方一定就能夠對那些想法變得更肯定或更不肯定，或者態度會朝某個方向有所轉變，或者會重新思量他們的價值觀，又或者調整他們的意圖與計畫。

要跨過中線，從真變成假、從正面變成負面，所需要的改變幅度，常常是與「從肯定到稍有懷疑、或從非常正面到稍微正面的改變幅度」相同。所以塔梅里烏斯告訴我，不要因為事情沒有發生一百八十度的改變，就覺得灰心喪氣。那種情況可遇而不可求，而只要有任何一點點改變，其實都代表已經改變了對方的想法。

目前，這些說服技術都還在反覆改進他們的做法，其中最熱切的或許就是街頭知識論，整個社群活力正旺、連結緊密，而且會熱情分享各自的對談，互相給予意見回饋。

「現在的版本已經比兩年前大有進步，」馬格納博斯科告訴我：「再過十年，我們看到今天上傳的影片，也會哈哈大笑，覺得『那個時候也太粗糙了吧！』」

我問馬格納博斯科，他為什麼能這樣一直堅持下去？是什麼激發他的熱情？他說：「我希望能活在一個大家都相信真實事物的世界。而我發現，如果只是去嘲笑、生氣、告訴別人說他們錯了，對那些人並沒有幫助。我們大家就像是在同一條船上。每個人都只是在找理由，想證明自己既有的觀點是對的。一旦知道這一點，你就能開始有同理心，真的。對於自己所相信的事，你會開始擁有知識謙卑（epistemic humility）。」

企業家瑞科的故事

離開德州，我受邀來到加拿大的一處靜修場所，發表一場關於陰謀論思維與確認偏誤的演講，讓我有機會實際將街頭知識論派上用場。

我搭著火車深入鄉間，再搭巴士來到蒙特婁北方。我們一群大約四十人共度週末，發表演說、圍著營火閒聊，在某座天文臺的巨大宿舍裡睡著通鋪。在那種成人夏令營的氛圍裡，大家沒有網路，彼此都很快成了好朋友，喝喝笑笑，一起在餐廳用膳，互相交換彼此在演講時碰過什麼事、有什麼喜歡的事情。

我當時說的故事，大部分都與說服的技術有關，在演講裡也提到街頭知識論，但並未細談。之後，和我待在營火旁邊最久的夥伴是新創企業家瑞科（Jaethan Reichel），他說想看看這套方法實際上如何應用。我說沒問題，就在今天晚餐的時候來試試吧。

消息很快傳開，所以在我們面對面坐下的時候，旁邊已經圍

了一小群人，大部分都是矽谷人，但也有幾位運動人士與記者。我告訴瑞科，我們要談的主題不限，但最適合這種技術的會是某種基本的思維——某種會用來指導各種不同領域思維的想法。他有沒有什麼信念，想讓我來挑戰看看？

瑞科很大膽的說，就試試他對上帝的信念吧。我警告他，挑這樣的主題可能會有點危險，但他還是願意。

當時因為我們已經相處好一段時間，不用再另外建立融洽的關係，所以我直接進入下一步，問他如果從 0 分到 100 分，他對上帝的存在有多高的信心？他說 50 分，有時候高一點，也有時候會低一些。我問他為什麼不是 0 分？又為什麼不是 100 分？他現在的信心有什麼理由證據？瑞科說他得要講個故事，他以前只講過一次，但覺得現在正是該講的時候。我坐下，專心傾聽。

「我在一個小鎮長大，還沒上大學之前，就在一家錄影帶店打工，也認識了一位喜歡老電影的客人，」瑞科告訴我：「我們後來聊了很多次，他最後也請我去他家，原來他是個曾經派駐在海外的美國軍人，退伍後還去了阿富汗當傭兵。」

瑞科說，這位朋友開始與北方聯盟合作清剿塔利班。但後來朋友的母親得了癌症，讓朋友決定回家照顧。在他回來大約三星期後，瑞科還見過他一次。後來，瑞科離開家鄉去上大學，愈來愈覺得了無趣味，開始讀很多海明威，並在 10 月左右寫了一封信給朋友，提到自己想當攝影記者、想去中東，問朋友「你覺得我做得到嗎？是個好主意嗎？」他的朋友在平安夜前一天，打了電話給他：「我覺得這是個好主意，而且我要跟你一起去。」

　　瑞科和這位朋友一起飛向以色列，朋友的胸前還刺著《古蘭經》的經文。在幾個星期的時間裡，瑞科說那就是「爛到不行的經歷。但這只是真正故事的前言而已。」

　　瑞科信的是路德教派，但在耶路撒冷，他遇到了許多比他更瞭解路德教派信仰的人。瑞科和傭兵朋友與屯墾區的某個家庭住在一起，還參加了一場婚禮，新娘的爸爸就是一位《塔木德》學者。瑞科和他一起通宵讀經，討論那些希伯來文字與歷史有多少不同的解讀方式。

　　「在當時，對於我號稱自己相信的那些事，他的所知超越了我知道自己這輩子能懂的程度。」瑞科開始投下大部分的時間，希望能夠有系統的將自己從小到大所相信的宗教抽絲剝繭。而他說，自己當時的目標是要成為無神論者。

　　後來，瑞科覺得屯墾區的局面愈來愈危險，於是回到耶路撒冷，入住聖墓教堂附近的巴勒斯坦旅館。

　　「我不知道你對那裡熟不熟，那裡是基督教世界最神聖的地方之一。理論上，耶穌被釘十字架的地方就在附近；根據你的信仰教派，那可能正是世上最神聖的地方。」

　　逛著聖墓教堂的時候，瑞科說他陷入了一場信仰危機。「基本上，如果上帝想要我繼續相信的話，就該給我一點什麼答案，讓我能夠回答關於《聖經》歷史、關於各種事情如何連結的邏輯問題，讓我知道為什麼事情應該是這樣、而不是那樣來解釋。」

　　就在他逛著逛著的時候，來了一個教堂的人，歡迎他進去。那個人把瑞科帶到教堂中央，而瑞科也崩潰了，把自己的疑慮盡

數傾吐，談到發生了如此諸多事情，說到自己在想要放棄信仰的時候，感到心靈多麼破碎。

那名男子非但沒有安慰瑞科，反而說他有一份來自梵蒂岡的祕密文件，絕對能夠證明耶穌就是他所說的那個人。他說，只要瑞科給他一百美元，就能看看那份文件喔！

「我告訴那傢伙，去他媽的。」

瑞科站了起來，決定再逛這座教堂一圈，就這樣了。「接著我就要走出去，放下我過去所相信的這一切。」而他逛著教堂，步進步出各個壁龕，欣賞著日落時分、燭火搖曳照亮的四世紀窗格，忽然聽到附近壁龕隱約傳來女孩的哭聲。

瑞科暫停了一下，喘著大氣。這個時候，所有夥伴已經都圍在我們身邊，有些人站著，也有些人把椅子搬到桌旁。瑞科摸了摸鬍子，目光低垂了一會，又抬起頭，繼續說了下去。

「我走了過去，只是想看看她還好嗎。教堂裡面的教士也正走出來，要到各個聖物前完成晚禱，才能關上教堂的門。所以我去看了她的情況，發現她就要失去知覺了。」

瑞科看到一封遺書，他說遺書現在還在他手上。他問女孩做了什麼，女孩說自己吞了一些藥，不想活了。他後來讀了遺書才知道，女孩想嫁給一個穆斯林男孩，但「她是個美麗的阿拉伯基督徒女孩，十九歲，家人不准她嫁。於是我把她抱起來，帶著她走過那些石板路，找到一輛計程車，把她帶到醫院。他們幫她洗胃，她活下來了。」

瑞科說，他就在醫院裡，在女孩身邊等著。女孩有一本小電

話本，而他就一個號碼接一個號碼打，直到連絡上女孩的家人。他們來的時候，瑞科也一直陪著他們，直到醫師說女孩會完全康復。一星期後，瑞科拜訪他們全家，他們給瑞科做了晚餐。「現在她是個護理師，也成家了。」

心懷善念

瑞科在手機上秀出遺書的照片，遺書沾滿了女孩的淚水。

「這一切就這樣環環相扣，你有感覺到嗎？像是有腎上腺素爆發，就想著要把這個人帶到街上，送上計程車、送去醫院，確保她能沒事。所以就是這樣，這就是我從那天晚上之後，一直記著的故事。我本來求的是某一件事，但是卻得到了另一件事。我想，好吧，如果就是這樣，『我們如今彷彿對著鏡子觀看，模糊不清。』（〈哥林多前書〉13:12）我到過最深的地方，腳都已經踩到了邊緣。而有了那次經歷，我覺得自己就該信奉神。」瑞科當時去那裡是要質疑自己的宗教信仰，但過程讓他對於自己還在努力瞭解的事，重新獲得了信心；若說世上真的有神，瑞科已經找到了。如果真的有至高無上的權柄，瑞科在當下就成了祂的體現，一個真實版本的祂。

瑞科說完之後，我在腦海裡把街頭知識論跑了一遍。我知道下一步是什麼，但不確定到底該不該繼續下去。我問他，在那次經歷之前，他會給自己的信念從 0 分到 100 分，打個幾分？他說自己本來是 0 分，但接著又說現在的自己會是 50 分，有時候高

一點、有時候低一點。我決定即興發揮，於是問他：「如果我現在能做出一項產品，像是在一個玻璃盒子裡有個按鈕，只要你打開盒子、按下按鈕，你的信仰就會歸零，你會按嗎？」

大家都在等答案——所有人都感受到瑞科的猶豫。但他接著看著我的眼睛，說：「不會。我不會按。」

我花了一點時間，思考我學過的所有課程，最後看了看我的小抄（後來我在瑞典也會再用一次）。我能想到許許多多方法，可以打破他的根本主張。但不論那對別人代表著什麼，瑞科覺得自己已經與神拉近了距離，而我並不想把他們拉開。

我花了許多年的時間，學習如何改變別人的想法，然而在那一刻，我覺得這麼做並不會有任何好處。我告訴瑞科，要是我再繼續，我相信就會像是要逼迫他按下那個按鈕，而我絕不想做這種事。

瑞科向我致謝，我也感謝他告訴我他的故事。瑞科說自己過去從來沒有那麼清楚感覺到，原來自己的信仰代表著多麼重大的選擇。

我說那就夠了，真的。知道那一點，知道有個按鈕、按下去就會失去那份信仰，而且他在那天絕不想按下去，那就夠了。

我們站了起來，隔著桌子擁抱。我記得，我看到後面的記者鮑伊（David Boyle），他本來沒感覺到自己身子一直維持著前傾姿態，而他現在整個向後攤，兩手捂著肚子，鬆了口氣說「哇！」

鮑伊加入了擁抱，後來我們整群人就這麼抱成一團，也哭成一團。

💡 問問自己：為何想要改變別人的想法？

後來我把自己和瑞科的這段經歷，告訴了我的朋友葛洛柏曼（Misha Glouberman），他是溝通專家，而他告訴我，聽起來我在無意間發現了解決衝突最重要的一項原則：永遠要先問問自己，究竟為什麼想要改變別人的想法？

問問自己，「為什麼這對你很重要？」不論你的答案為何，都要一問、再問，然後把你的答案與對方分享。葛洛柏曼說這絕對是重點，因為很多人之所以會產生衝突，往往只是立場不同，並不是真的有什麼利益問題。所謂立場，就是我們說自己想要什麼；而所謂利益，則是我們會想要那些東西的原因。常常各方雖然立場各有不同，但其實利益根本是一致。

葛洛柏曼說，表面上看來，用「辯論」似乎就能以文明的方式來處理分歧，因為畢竟大家不是拿著棍棒互相攻擊，只是彼此唇槍舌劍。但這種想法十分危險，因為如果想要在辯論裡勝出，就只能避免改變自己的想法。只有辯論的「輸家」才會學到新東西，但沒人想當輸家。葛洛柏曼說，真正更文明的方式，是別去問「誰是對的？」，而是問問自己，為什麼各方對事物的看法不同。這樣一來就能創造合作空間，由雙方共同努力，找出分歧來自何方。

葛洛柏曼說，透明就能帶來信任，而信任則能向我們保證自己的想法得到傾聽、自己的主體性安全無虞，就算表現出脆弱的一面也沒有關係。一旦建立或重新建立起這樣的信賴，在兩方意

見分歧的時候，反而就更能讓各方打開心胸，思考深具挑戰性的想法。

葛洛柏曼又補充說，在任何對話裡，我們都渴望能夠有安全表達不同意見的自由，這樣一來，如果發現了不同的觀點，就能讓所有的人從中受益。正因如此，在葛洛柏曼的衝突解決工作坊上，他會鼓勵大家，顧好開放式溝通的三大支柱：透明度、好奇心、同情心。

而我決定，在思辨可能模式、動機式晤談、深度遊說和街頭知識論等說服技巧的操作上，應該還要再加上一個「第零步」。

問問自己：我為什麼想要這麼做？

你為什麼想要改變別人的想法？你在這裡做什麼？

問問自己：

如果我想發揮百年來心理學研究的力量，

以一種非常有效的方式來說服人，到底是為了什麼？

我的目標為何？在這樣的動態之中，

我又施加了怎樣的想法、感受與價值觀？

只要是想運用這些說服工具的人，我都認為必須要先回答這些問題才行。

第十章

社會變遷

── 永遠不要放下那把「敲打現狀」的錘子

　　大約二百五十萬年前，人類祖先發明了一些工具與製品，一時彷彿大有可為，但之後卻有一段很長的時間，進展有限。

　　在石器時代，雖然大腦很可能為了適應語言，而繼續不斷變大，但是最新技術過了十萬個世代卻還是大致相同。根據化石紀錄，我們知道人類祖先已經開始複製親屬的一些行為，做為記憶保存起來，一代傳向一代。然而一千年以後，人類用的仍然是同樣的石器小工具，只是換了一批人來使用——同樣的燧石用法，只是使用者有所不同。這時候還沒有出現真正的文化，也就是各種想法與做法還沒有開始交叉授粉、不斷累積。雖然文化累積看來只欠東風，但就是尚未展開。

　　接著，世界發生了變化。

　　經過長時間的環境穩定，這片土地忽然開始變得寒冷，充滿敵意。讀者對於這個所謂的更新世（Pleistocene）或許並不陌生，但它還有個更常見的名字：冰期（Ice Age）。目前想到冰期，會覺得是個由現已滅絕的猛瑪象與劍齒虎所稱霸的時代，但在那個寒冬連連的循環當中，也不是一切生物都一命嗚呼。鹿、兔子和熊都得以倖存，人類的祖先也逃出生天。而且，人類的祖先可不只是勉強活了下來，而是活得意氣風發。人類大步向前，技術突飛猛進，開始進入一個不間斷的改變循環，也擺脫了前一個時代的文化停滯。

　　冰期之前的氣候與二十世紀十分相似，曾經維持了很長一段時間。然而，更新世後半的氣候變化無常，各種惡劣與酷寒的天候層出不窮，而且罕有雨水。冰層長期困住了大部分的地下水，

讓海平面的升降極為劇烈。動物可能在某種極端環境繁榮興盛，然而一旦轉換成下一種極端環境，就會因為缺乏食物與宜居空間而走向滅亡。

動物學家理查森（Peter J. Richerson）告訴我：「世界像是翻得亂七八糟的水果攤車，環境的變遷頻率極高。」環境變遷的頻率居高不下，許多需要靠著緩慢遺傳演化來應對環境的動物，就慘遭滅絕。環境必須能夠維持大約二十個世代的穩定，生物才有辦法不靠學習，只依靠生物本能就知道如何狩獵、築巢、挖穴、用叫聲尋找同類、或是集合到交配的地點。於是猛獁象、劍齒虎、巨型樹懶和恐狼都未能倖存，但人類的祖先倒是成功繁衍。

從一個大腦複製到另一個大腦

冰川不斷進退，環境開始在短短數百年間大為不同，速度太快，遺傳基因來不及適應。面對新的環境，人類祖先既無法在夠短的時間內打造出能適應新條件的身體，也無法迅速讓大腦結構演化到天生擁有新的行為解決方案。然而當時既有的大腦卻已經發展出一套完整的工具，除了能隨時調整，還能從一個大腦複製到另一個大腦；這套工具包括可塑性、抽象思考、後設認知、語言、社會學習、完美模仿、心智理論、論證與推理。這些能力讓人類一枝獨秀，擁有超高的適應優勢。此外，人類的大腦還能儲存大量的文化腳本。最重要的是人類過著團體生活，適應了各種管理靈長類動物政治生活所需的社會機制。

感受到壓力增加的時候，少數擁有技巧或運氣的創新者，就可能為行為現狀帶來改變。由於每個個體都有能力近乎完美的複製那些最佳創新，所以新的做法開始迅速而且可靠的從一個大腦傳至另一個大腦，迅速讓整個團體都淘汰掉舊的行為。開始了這種過程之後，相較於過去生活環境較為穩定的祖先，更新世的原始人類很快就研發出錘子、用火、烹飪和其他各種技術。曾經延續百萬年的狀態，就這樣在幾個世代間大為改觀。

在更新世，原始人類的身體並不適合那個不斷變遷的世界，而既然等不及基因的改變，那就從改變速度更快的心智思想下手吧。但這仍然是遺傳基因在發揮作用，是基因提供的能力，讓人類得以創造、改變、累積各種想法與信念，並且予以實踐。我們演化出了產生文化的能力，文化又進而成為我們演化的溫床。

文化塑造基因，基因塑造文化。雖然這兩個過程同時並行，但在大約一百五十萬年前，它們已經牽起彼此的手，從此在演化的舞池裡，翩翩起舞。

☀ 「改變想法」是人類最強大的力量

受迫於無法預知的生存壓力，人類面對著一慢就可能被淘汰的環境，克服了遺傳演化速度太過緩慢的問題。冰期的混亂帶來了文化的適應，讓人類在環境驟然改變的時候，無須等待基因演化帶來救贖，而能夠自己迅速改變來因應。

想像一下，如果有一群早期的人類，在莽原上住了幾十年，

但現在不得不搬家到森林裡。一開始，因為沒人知道在這個新環境裡該怎麼辦，於是仍然保留原有的技能、思想、信念、規範與習俗。但因為莽原那一套做法與技術並不適合森林，這些人會挨餓、受傷，成為掠食者的目標。不過，先是有創新者發揮創意，找出更適合森林生活的行為、工具與技能，然後有些早期採用者迅速加以複製，接著就連守舊派也跟上潮流，於是整個團體拋下舊習，新文化也開始發展豐碩。短短一代之間，這群人就轉而採用新的傳統與習俗。

而等到又有一批從莽原逃離的人抵達森林，接觸到第一代的森林居民，這些新來的人同樣不知所措。但如果他們能迅速改變（也就是學習遵照那些更佳的做法），就能比第一批居民改變得更快，躲過死亡、疾病和飢餓的厄運。

現在想像有一群鬣蜥，因為食物減少了，不得不遷移到苔原上。苔原地區全年嚴寒，土壤皆為冰沼土。牠們能否生存，只能看一場緩慢無比的基因樂透是如何開獎；而且要是苔原過了一兩個世紀就融化，當初的樂透贏家又得再次經歷一場新的機會命運遊戲。這樣的磨難，到頭來就會讓鬣蜥走向滅絕，但人類卻會更加強大。

在環境混亂的壓力下，人類發展出一種能力：就算環境措不及防發生改變，過去對的、該做的事已經不再適用，還是能迅速調整，做出當下「對」的事情。而在當時，所謂對的事情就是能在無情的野外繼續活下去。時至今日，所謂對的事情變得難以定義，而且也有太多種不同的文化可供選擇，人群會聚集，形成許

多不同的文化選項。但總之，在人類需要達到多數共識、迅速改變的時候，團體之所以能有這樣的能力，都得歸功於人類祖先適應了當時的環境。

靠著逐漸改進各種工具（無論是心理上或是物質上），人類走向全球，來到原本這副演化緩慢的身體並不適合的地區，而且無論到哪裡落腳，不但都能存活，更能發展得一片興旺。但這樣一路走來，過去對的方法常常反而成了錯的方法。社會變遷讓我們有能力看出這一點，個人也能迅速做出調整。而這樣一來，人類除了發展出文化，還能在發現過往的規範會造成傷害、誤導、危險或錯誤的時候，迅速改變想法，並將改變傳播到整個社會。「改變想法」成了人類物種最強大的力量。

💡 環境改變，導致文化改變

「文化改變，是因為環境有了改變，」心理學家紐森（Lesley Newson）這麼解釋。她在多年前，曾和動物學家理查森共同發表一篇論文，預測民眾對同性婚姻的態度會迅速發生變化，並提出如何用文化演化的觀點來解釋。某天下午，我碰到他們正在倫敦的一艘船屋上烤肉，他們也很有耐心的向我解釋這套科學。

在紐森與理查森看來，之所以現在能夠廣泛接受同性婚姻並持續推動傳播，背後的環境變化因素就在於經濟相對富庶、政治制度相對穩定。只要有愈多人能夠在物質與經濟的安全中成長、或是最終能夠取得這樣的狀態，就愈容易培養出強調個性、自主

與自我表達的價值觀。

　　只要是同一個社群的成員，面對共享的環境，能想到的想法也大致相同。但在環境出現改變的時候，短時間內仍然會由過去最流行的想法當道。因此整體來說，在環境改變之後，文化上的反應常常會落後一步。先有環境的改變，接著才是文化的改變，而且有時候，落後的幅度還非常大。雖然總有一天會改變，但時間上卻可能需要拖上好幾個世代。然而也有時候，我們在一輩子的時間裡，就能看到這樣的改變。

　　工業革命之後，經濟發展顛覆了幾百年來穩定的社會結構與制度，西方人從自給自足的自家莊園來到工廠工作，也開始了通勤生活，或直接住進工廠環境。城市變得龐大而複雜，人類開始把更多時間拿來和朋友、同事與同城的居民互動，與親人相處的時間慢慢變少。影響力的平衡開始改變。各種在社會上傳播的資訊當中，來自同儕所占的比例逐漸超越了父母。人類開始同時隸屬於許多個不同的部落，於是在改變想法的時候，也就比較不用擔心付出高昂的社會成本。

　　在過去，人類所生活的社群具有許多文化規範，由大家庭一代一代就這麼流傳下來，絕大多數都是由年長的家族成員負責傳給下一代。當時，擁有大家族是莊園得以生存的關鍵，也是莊園生活面對共同挑戰時，所想出的文化解方。

　　「那些規範鼓勵個人相信，就道德而言，比起自己的利益與偏好，家族的利益至少是同等重要、甚至是更為重要，」紐森解釋說。

接下來一百五十年間，婚姻與育兒的規範大為改觀。脫離莊園生活之後，十九世紀的西方不再相信大家庭的結構是道德上的必需。再到二十世紀，婚姻在西方人眼裡的重點，已經比較不在於延續後代，而較偏重在愛情與幸福。紐森說，一旦把婚姻的重點放在愛情，究竟什麼叫做「合適的另一半」，就造成整個文化突然迅速出現改變。

威斯康辛大學 1939 年的一項研究結果顯示，「相互吸引、彼此有愛」是男性挑老婆重要特質的第四名、女性挑老公的第五名。那最重要的特質是什麼？女性說她們希望另一半有「可靠的性格」，男性則說希望另一半「情緒穩定」。

同樣的研究到 1977 年再做一次，「相互吸引、彼此有愛」已經成為不論男女共同的榜首。這項婚姻觀點的重大轉變，花了大約三十八年的時間。而這項轉變又帶來另一波關於態度、信念、以及進而關於婚姻規範的轉變。

等到「吸引與愛」成了維繫婚姻最重要的理由，一旦失去這些理由，似乎離婚也就是合理的選項。在二十世紀下半葉，美國人初次婚姻的離婚率開始飆升；但在 2016 年，走勢趨緩並開始下降，因為從這時候開始，民眾是真正因為有愛情才會結婚，而不是結了婚之後才發現原來彼此沒有愛。有時候，在某項規範迅速改變的時候，雖然對制度有所破壞，但也會在之後帶來重生。

等到大家開始覺得當然可以不要有大家庭、當然可以為愛情結婚、當然可以因為沒有了愛情而離婚，也就開始覺得當然可以不生小孩、當然可以未婚生子、也當然可以只要同居而不結婚。

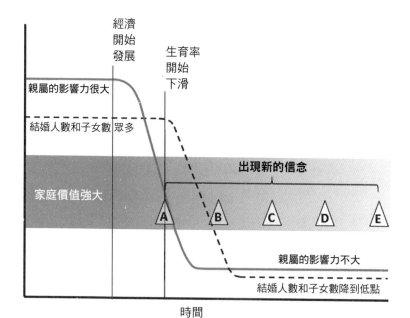

A. 只要夫妻願意，少生孩子並沒有關係。

B. 人應該和「彼此相愛、能讓他們開心」的人結婚。

C. 就算有孩子，如果有一方不幸福、或雙方都不幸福，夫妻就可以離婚。

D. 離婚、單親或未婚的男女伴侶，也能是完美的好父母。

E. 就算是同性伴侶，只要相愛並且想結婚，就該有權結婚。

資料來源：

Moral Beliefs about Homosexuality: Testing a Cultural Evolutionary Hypothesis
by Lesley Newson and Peter J. Richerson,
Department of Environmental Science and Policy, University of California, Davis, 2016.

正是因為有先前的規範變革鋪好了路，這些改變的步伐就能加速向前。到了現在，「只要是他們的選擇，同性伴侶應該要能結婚」的想法也已經落實成真。這是因為之前逐步打下了「想法改變」的基礎，所以讓同性婚姻相關的規範、態度與信仰，只用了十多年，就出現翻天覆地的變化。

🔆 政治風向隨民意而轉

2012 年 5 月 9 日，美國廣播公司（ABC）忽然打斷正常節目，開始一則專題報導。主播宣布，美國總統歐巴馬改變了他對同性婚姻的想法。

「在這項議題上，我經歷了一段改變，」歐巴馬在全國電視臺上這麼說明。他經過一番仔細思考，與朋友、家人、鄰居討論過，也和有不同觀點的人討論過，終於意識到，自己在四年前告訴全世界，說婚姻無論在過去或未來都該限於一男一女的說法，是錯誤的。

歐巴馬解釋說，自己孩子的某些朋友就有 LGBTQ 的父母，而歐巴馬的幕僚也有一些 LGBTQ 成員，他們也有孩子。他也一直想到那些從軍的 LGBTQ 成員，雖然他在任內已經撤銷「不問不說」（Don't Ask Don't Tell）的政策，但這些為國家冒著生命危險的人卻沒有結婚的權利。歐巴馬告訴 ABC《早安美國》的主持人羅柏茲（Robin Roberts），事情就是像這樣點點滴滴不停累積。他以前所抱持的那些理由（包括尊重傳統與他人的宗教信仰，不

希望因為選擇有爭議的立場而使國家分裂），並無法抵擋目前盤踞在他腦海的新論點。

正在競選連任的歐巴馬，如此公然宣布自己改變了想法，反映的是全美對於同性婚姻的風向已經轉為支持。不論在歐巴馬的競選活動幕後有什麼政治煉金術的算計，媒體輿論普遍認為他公開發表支持不但是安全之舉，更有助於提升勝選的可能。雖然共和黨人仍然說他們大多反對，但民主黨人對同性婚姻的支持度已經超過半數。根據民調顯示，當時贊成的比例已經來到 51%。

這場輿論風向的轉變，可說是迅速得叫人難以相信。1997 年共和黨人有 81% 反對，2016 年只剩 56% 反對。在民主黨人中，1997 年有 43% 反對，2016 年則是贊成的占了 75%。至於整體美國人，1997 年有 73% 反對，但是 2016 年則有 70% 贊成。而且在 2016 年的民調中，有超過半數美國人表示非但支持，還認為這是影響其投票意願的因素。

這並不是美國人第一次表示同性婚姻會影響他們對候選人的支持度。再把時光往回推十二年，全美超過半數民眾支持的其實是反對的立場，也說他們只會把票投給那些依然認定同婚非法的政治人物。許多權威專家一致認為，正是由於抵制同婚，才讓小布希總統成功連任。

2004 年，麻州率先通過法律賦予同性伴侶結婚的權利，當時小布希還公開支持一項憲法修正案，想在全美禁止同婚。但過了九年，《波士頓環球報》的報導則提到，小布希不但在緬因州肯納邦克波特鎮為兩位女性證婚，還曾經提議由他來主持婚禮。

💡 多接觸，終究會改變人心

1969 年，警察突襲臨檢石牆酒吧，當時那是紐約極少數允許 LGBTQ 人跳舞的酒吧之一，而顧客也群起反抗。眾人高唱著〈我們將克服難關〉（We Shall Overcome），總共約有一百五十人圍觀。一名警官推擠某位顧客，她也推了回去。群眾爆出噓聲，接著演變成一場激烈的扭打。那位顧客遭到警方毆打的時候，向群眾呼求：「你們就什麼都不做嗎？」

群情激憤，原本的口角迅速升溫成暴動，民眾開始向警方丟瓶子。到結束之前，已經演變成五、六百人的大亂鬥。群眾開始投擲垃圾桶和石塊磚塊，警方則躲到了旅館裡，但群眾接著還放了火、砸了窗戶。

經過幾個晚上的動亂，示威活動從暴力轉為非暴力抗議的形式。LGBTQ 人開始無視規範與法律，公開在眾人面前表達自己的情感，不再隱瞞自己的性取向。有些參與者將各方心力加以組織，於是催生出同性戀解放陣線（Gay Liberation Front）和其他早期的 LGBTQ 權利團體。經過統一、組織與宣傳，後來也就帶出更多抗議活動、更多的起身反抗，許多社群的領導者也鼓勵大家要活得更公開坦蕩。

大多數美國人對這些努力並無所覺，直到 1973 年，這些抗議成功的讓同性戀從《精神疾病診斷與統計手冊》中移除，注意到這件事的人數也因而大增。《精神疾病診斷與統計手冊》是美國精神醫學會出版、用於診斷精神問題的指南，全美各地的精神科

醫師與心理學家都會參考這份文本。因此在這項改動之後，各州
民眾只要與相關專業互動，都會對 LGBTQ 社群有全新的科學認
知與專業理解。

　　1980 年代，愛滋病疫情引發全美關注，同志權利運動一方
面陷入停滯，但另一方面也得到催化。愛滋病起初曾有「同性戀
癌症」之稱，反對同志權利的人也以此做為工具，將 LGBTQ 社
群描繪成帶著惡疾的異類。然而，這樣的反對浪潮也讓運動人士
更進一步，在華盛頓舉辦了一系列示威遊行，規模最大的一場是
在 1993 年，有超過百萬人聚集在美國首都，希望提升對 LGBTQ
社群的認識。無論是遊行前的計畫，或是遊行期間舉辦的工作
坊、演講與守夜活動，都讓全美各地 LGBTQ 運動人士與盟友建
立起龐大的人際網路；有了這些新的溝通交流管道，也讓這些人
得以加大推動的力道。

　　多虧了 1990 年代的一連串努力，媒體對愛滋病的描述也開始
變得更有同情心。許多部榮獲奧斯卡獎肯定的電影，都出現了與
愛滋病對抗的角色， homophobia（恐同症）一詞也成了大家熟悉
的英文詞彙。在這段時間裡，許多同性伴侶遞件申請結婚，大膽
公開挑戰各州的法律。而美國國會則是通過《捍衛婚姻法案》做
為回應。這起反撲延燒到各州，最後有三十州都訂定了條款，將
類似個案阻絕於法院之外。

　　但民間的態度正在改變。某些高調的文化時刻，像是在華盛
頓的遊行、電影《費城》裡的湯姆・漢克、真人實境劇《真實世
界》裡的佩德羅・薩莫拉、在《時代》雜誌封面出櫃的艾倫・狄

珍妮絲，以及《威爾和格蕾絲》影集的收視率遙遙領先，都是一方面反映、一方面也促成了這些改變。全美各地社群都可看到出櫃的人士，於是不斷對舊有的現實模型造成壓力，讓愈來愈多的大腦進行相關調適。而網際網路也開始滲透進入民眾生活的各個層面，讓人愈來愈常接觸到這些想法。在一些讓人覺得安全的地方，有愈來愈多人出櫃。於是不管在小城鎮、公司中、客廳裡，眾人都開始無可避免的會接觸到 LGBTQ 的朋友、家人與同事。

💡 從同化到調適

接觸就會改變人心 —— 這正是心理學「接觸假說」（contact hypothesis）這套最有力的理論所提出的基本論點。美國心理學家奧爾波特（Gordon Allport）里程碑等級的 1954 年著作《偏見的本質》，就列出了接觸假說的原則。心理學研究「偏見」已經有好一段時間，研究的對象先是跨種族的戰鬥單位，接著則是在第二次世界大戰之後，研究非裔美國人的民權運動。

奧爾波特花了好幾年的時間研究偏見，而他的書中就提到，想要改變某人對於少數族群或外部團體成員的看法，必須先讓他們有真正的接觸。第一，各方成員必須在地位平等的條件下（特別是在工作中）互相接觸。第二，各方必須有共同目標。第三，各方必須定期合作，以實現這些目標。第四，各方必須有非正式的互動，在非官方、或者不是被規定的環境中接觸，像是在彼此的家裡，或是共同參加某些公開活動。第五，要真正消滅偏見，

必須能有權威的一方（理想上就是立法機構）體認並處理受到壓迫一方的擔憂考量。

奧爾波特的研究也顯示，光是接觸還不夠。他指出在 1950 年代，社區、住房、學校與教堂都採取種族隔離，於是美國黑人與白人的大部分接觸，都像是位於不同世界的邊界，而這樣的接觸也就充滿衝突。美國白人幾乎能夠完全避免與美國黑人接觸，而且就算真的一起工作，由於雙方地位往往並不平等，所以這樣的接觸也並不平衡。奧爾波特說，這樣的接觸品質差強人意，會讓那些既有的偏見更為強化，特別是對於那些工作與生活遠離這些社會邊界的人而言，更是如此。

相較於對種族的態度轉變，美國對 LGBTQ 與同性婚姻的態度轉變，可說是快得驚人，因為之前美國黑人可得歷經幾個世代的奮鬥，才得以與白人有所接觸，才得到平等地位，得以進入學校與工作場所。然而到了 LGBTQ 開始公開身分、公開生活的時候，全美各地只花了短短幾年就發現，原來很多人的老闆、同事與員工本來就屬於 LGBTQ。親人朋友、高官名流、那些會出現在公開集會與公眾視野裡的人，似乎都在同一段短短的時期裡決定出櫃。雖然前面的預備階段漫長而艱苦，但等到真正啟動，局面就迅速升溫到讓人無法忽視。那種「先放一邊、暫不處理」的桶子很快就滿了，舊的現實模型再也無法容納更多的不協調。於是在許多州，公眾的輿論開始超前於立法的腳步。

正如各種思想上的轉變，一開始民眾還是有所抗拒，希望能以既有的現實模型來處理新的證據，以「同化」來解決不協調的

問題。雖然仍有諸多因素撩撥著反對 LGBTQ 的情緒，但是面對眼前無法逃避的鐵證如山，種種理由都顯得軟弱無力。因為經過二十多年的相關運動，媒體對於 LGBTQ 的描繪已愈來愈正面、愈來愈貼近現實。而且最重要的是，對於 LGBTQ 社群及盟友，民眾已經開始有了廣泛的個人接觸。美國絕大多數民眾用來理解 LGBTQ 議題的概念類型（conceptual category），現在都必須更新，以完成調適。

🔆 酒駕、尊嚴、決鬥觀念的變遷

看到社會上創造了新的概念類型，最能代表已經開始發生大規模的調適，社會變遷就在眼前。

舉例來說，「指定駕駛」（designated driver）一詞是由哈佛大學反酗酒計畫所發明，接著就推廣到像是《歡樂酒店》與《洛城法網》等影集中。看到那些影集角色為某項特定行為冠上名字，就會在觀眾心中創造出一種新的概念類型。如果你接受並使用了「指定駕駛」這個詞，在你產生想要酒後駕車的衝動時，就會形成一種不協調感。如果你覺得酒後開車完全沒問題，又何必特地創出一個詞，來描述在朋友喝酒的時候幫忙開車的人呢？於是，為了解決這種不協調感，就得更新自己現有的思考模式：酒後就不該開車。

根據哈佛大學反酗酒計畫的資訊，自從 1988 年向民眾介紹「指定駕駛」一詞之後，酒駕死亡人數在四年內下降了 24%，這

在態度上是極其迅速的轉變。如今，大多數美國人都說，他們這輩子至少已經當過一次指定駕駛了。

哲學家阿皮亞（Kwame A. Appiah）在他的《榮譽法則》書中，認為正是對「尊嚴」的定義擴大，直接導致英國廢除奴隸制度。在十六世紀，尊嚴是個有高下之別的概念。在那個時代的哲學家霍布斯（Thomas Hobbes）看來，顯然某些人就是比其他人更有尊嚴，世界也本來就有階級高下之分。從植物到人類，萬事萬物都有個線性的秩序；而且事實上，植物的高下和人類階級的高下，確實有對應關係：如果是農民，吃的就是長在地下的骯髒植物；如果是貴族，吃的則是在高處結果的美麗果實。在那個時代的人看來，要說一個用動物脂肪來製造蠟燭的工人，竟有著與國王不相上下的尊嚴，簡直是難以想像。

阿皮亞將榮譽和尊嚴定義為某人處於「值得他人尊重」的狀態。而就當時的榮譽法則而言，並不認為只要單純身而為人，就應該得到他人的尊重。但等到科學技術使得工廠興起，工廠使得工人擁有政治影響力與財富，「勞工階級」的概念也應運而生，成了一個新的階級，能要求在政府裡有代表，也要求得到社會的尊重。

由於「尊重」的定義能夠調適容納這個新的概念，尊重的定義也就得以擴大。而在相關概念不斷累積發展之後，要再說某人因為出生於某個經濟階層就有著更高的尊嚴，已經變成一種不合邏輯的說法。於是，尊嚴的定義也就此翻新，很快就開始能夠涵蓋不同的階級，接著再納入不同的性別、族群，終於最後全人類

都能享有尊嚴。阿皮亞說，等到有夠多人都認為所有人都該享有尊嚴，眾人所共用的現實模型就不再能同意奴隸制度所造成的異常現象。

至於「決鬥」這件事，也是因為類似的理由而消失。對於生活在十八世紀末葉的人而言，榮譽至關緊要，人要有榮譽，大家才會覺得你配得上在同儕之間的地位。而這樣的榮譽無法透過努力而獲得，也無法靠著學位來取得，有就是有、沒有就是沒有。阿皮亞把這樣的道德典範稱為「榮譽世界」，只要相信這樣的概念，就是活在榮譽世界之中，會覺得如果不符合要求的標準，就是一種恥辱。要是人不會因此感到羞恥，就代表沒有榮譽感，而無恥正是一個人最低劣的表現。要是有人不尊重你，說你是個騙子、或是以任何方式暗示你沒有榮譽，你的第一個反應會是要求對方道歉，但如果情節嚴重，你就必須提出決鬥的要求，要讓人覺得你寧可冒著生命危險，也不能被視為不誠實，也就是沒有榮譽。

決鬥的做法長期受到譴責，到了十九世紀，大多數學者專家都認為這是公民社會所不齒的行為。然而，每年仍然有幾百人會因為覺得受到侮辱，互相開火而死在槍下。後來這種決鬥行為是怎麼消失的？答案是報紙。印刷機的創新與廣受採用，大幅提升民眾識字率，也讓報紙大為風行。每當有社會知名人士在決鬥謀殺之後逍遙法外，報紙就會大加嘲笑，還畫成漫畫譏諷。與此同時，有些商人巨賈為了模仿上流，也開始進行山寨版的決鬥。

大約有一個世紀的時間，決鬥一直是貴族向平民表達自己擁

有更高榮譽的方式。但在這件事受到訕笑、而且販夫走卒人人可以嘲笑的時候，不到一個世代的時間，貴族就拋棄了這種做法。對於這種舊社會典範的消亡，阿皮亞引用王爾德的話表示：「在大家認為戰爭是邪惡的時候，它就還能繼續迷惑人心，要等到大家認為戰爭是粗鄙的時候，才能讓它不再流行。」

而另一位歷史學家則說：「莊重的紳士來到榮譽的領域，卻受到年輕一代的訕笑。無論傳統如何將之奉為神聖，任何習俗都撐不過這樣的情狀。」

🏮 我們活在「後信任」世界

從一種典範轉移到另一種典範的時候，一件相當奇特的事就在於：如果出現了某種更好的解釋，比先前的典範更能調適某些異常現象，就能讓異常現象搖身一變成為事實。我們會把自己的概念類型重新排列，創造新的概念類型，再填寫更精良的定義。

孔恩稱之為「拿起棍子的另一端」。雖然某項資訊早已經存在，目前與過去並無不同，但是我們現在處理這項資訊的方式改變了。像是奴隸制度、決鬥、酒後駕車、LGBTQ，改變的並不是這些人事物的本質，而是相關的概念類型與定義。一位在肯塔基州的基督教牧師彭威爾（Derek Penwell）就引用孔恩的話，來討論美國人態度的轉變：「就比例而言，如今的同性戀人數並不比 2004 年多，但我們與同性戀者的關係已經有了改變。」

關於同性婚姻的信念、態度與觀點的大幅改變，歐巴馬總統

也說：「相較於許多其他議題，美國的轉變極為迅速。」事實上我訪談過的社會科學家都同意，像是這種長期以來根深柢固的全國輿論風向，從沒有過如此迅速的翻轉。但那是在新冠疫情前的事了。

在 2020 年 12 月的民調中，英國民眾約有 86% 表示他們拒絕接種新冠疫苗；然而到了 2021 年 4 月，他們卻說自己已經改變了心意。當時究竟發生了什麼事？我們又能如何把前面所學，派上用場？

研究人員表示，簡單來說就是信任問題：我們並不是活在一個後真相的世界，而是活在一個**後信任**（post-trust）的世界。如果某個人整體而言就是不信任媒體、科學、醫學與政府，無論你再提供多少資訊，都不太可能讓他接種疫苗，特別是如果又有他確實信任的人在旁邊煽風點火。

一如在美國的情況，在英國對於打疫苗最猶豫不決的，就是那些對專家權威抱持負面想法的人。正如美國公共廣播電臺所報導，「大量的虛假資訊在英國黑人和南亞族裔當中，找到了肥沃的土壤，這些人的祖先受大英帝國長期統治，更有可能不信任這套體系……使用少數族裔進行藥物試驗的歷史，更加深了民眾的懷疑。」

但是，英國是怎樣減輕這份不信任的呢？他們並不是訴諸正確資訊或事實，而是開始在清真寺幫民眾打疫苗。

在這群猶豫程度最高的人當中，只要有自己信任的宗教領袖願意背書支持，就足以讓其中猶豫程度最低的人改變心意，願意

接種疫苗。於是才開始短短幾天，就打了超過一萬五千劑。這群已施打的人，會開始影響那些猶豫程度再稍高一點的人，讓他們看到不但自己的宗教精英願意打疫苗，就連許多同儕也已經跟進了。這樣就開始了骨牌效應，在剩下未打疫苗的人群中，每感化一批猶豫程度稍低的人，就會開始影響下一批猶豫程度稍高一點的人，直到整個人群的態度都有所改變。

而每次有一群人改變了心意，都會讓改變心意的總人數更為壯大，讓這群人的影響力隨之提升。這種人際網路效應，有時稱為擴散（diffusion）、也有時稱為滲流（percolation），所有重大輿論風向轉變，背後都是由這股力量在影響。

☀ 從眾門檻值

不同群體的大批民眾，會依順序改變他們的想法——從創新者開始，再到早期採用者，再到主流民眾，再到守舊派，永遠都是依照這個順序逐一改變。這裡的重點在於早期採用者，這種人與社群整體連結緊密，如果能讓夠多早期採用者的態度翻轉，就能形成有影響力的社會單位，啟動骨牌效應。

因此研究顯示，如果想改變對於疫苗或其他任何事物猶豫不決的態度，就必須找出是哪些人在猶豫、這些人最信任哪些機構制度，接著由這些機構制度的代表人物來鼓勵施打疫苗。這樣一來，就能吸引到這群人當中，社會連結最緊密的一群。

在複雜的人類社會環境裡，諸多因素都會影響骨牌效應，但

其中最關鍵的一項因素，在於那些經常互動的人群裡，他們個人的從眾門檻值（conformity threshold）究竟是高或低。

本書前面曾經談過關於情感臨界點的研究（見第 154 頁），只要超過情感臨界點，大腦就無法再同化異常現象，於是變得願意去調適。至於從眾門檻值也是人人不同。社會學家格蘭諾維特（Mark Granovetter）把從眾門檻值稱為「抵抗的門檻值」。他說，在任何一群人裡，都會有些人是早期採用者，也有些人是頑固的守舊派，而許多人則是介於兩者之間。

想像現在有一群大學生，到了學校準備進教室上課。教室裡其實並沒有人，但第一個到的人，決定不想開門看看裡面到底有沒有人。他不去看的原因與他的性格有關，社會學家稱之為內部訊號（internal signal）。

有可能是他在開學第一週，曾經就這樣開了門，結果裡面還在上課，所有人都轉過頭來笑他。情況實在太尷尬，於是他從此決定小心為上，所以今天就站在門邊滑手機，覺得反正前一節馬上就要下課了。下一個到的人雖然沒碰過那樣的尷尬場景，但既不想跟那個站在門邊的陌生人搭話、也不想讓自己出糗，所以就和第一個人避免目光接觸，自己也跑到角落去滑手機。接著來了第三個人。通常如果她是第一個到的，她一定會立刻去看看教室裡有沒有人，但現在看到門外有兩個人在等，覺得可能他們有一些自己不知道的資訊，於是就以他們的行為，做為自己行事的基礎。由於外部訊號（external signal）太強，就讓她決定忽略自己的內部訊號。

　　這裡已經可以看到開始了骨牌效應。每個人都因為自己的從眾門檻值，決定依據他人的行為來做事。第一人的行為，是根據自己過去在類似情況的經驗。第二人的行為是基於社交焦慮，而這是根據他過去的社交經驗。到了第三人，她的行為根據的是面對當下情況時，比她先做出回應的人數。骨牌效應已經啟動了，從現在開始，每多增加一個人，骨牌效應就愈難打破。

　　接下來第四、五、六個到教室門口的人，都會根據先前群眾的行為來決定自己的行為，而隨著群眾人數增加，最新到的人也愈來愈不可能會是那種不怕在眾人面前丟臉、大膽開門的人。比較安全的做法，是直接假設所有人之所以等在門外，是因為他們都有充分的理由——雖然他們並沒有。

　　到了這個時候，決定眾人思想行為的因素已經不再是環境，而是人際網路。到了第十五人，有可能本來她的從眾門檻值並不低，但現在的骨牌效應已經太強，令人難以抗拒。本來如果只有十個人在等，她就會去瞧瞧教室裡是不是真的沒人，也就能打斷骨牌效應，讓之後的每個人都採用她的行為，而不是依循這個群體的行為。然而因為她的從眾門檻值就是十人，這時候前面已經有十四個人，令她難以質疑群體的決定。這是一個她跨不過的從眾門檻值。而在她也加入群體之後，群體人數來到十五人，下一個到的人也就得面對更高的從眾門檻值。想打破這個骨牌效應，必須是來了某個比當下群眾所有人都更勇敢的人，願意擔起丟臉的風險，去看看門裡到底有沒有人。然而在群體大到一定程度之後，很有可能根本找不到這樣的人。

想要打斷骨牌效應，唯一的辦法就是向這個系統加入新的資訊，例如教授從裡面把門打開，看看為什麼大家都不進來，又或是已經過了太久，再等下去的痛苦，已經超越了犯錯可能丟臉的痛苦。

很有可能你已經在家庭派對的時候，見識過這樣的骨牌效應能夠傳得多快。家庭派對這樣的社交聚會，常常是大家並沒有特別說好，卻能夠自然而然的散場。在某個人因為累了或感覺無聊而決定離開的時候，要是沒有從眾門檻值低的人跟著離開，派對就會繼續狂歡下去。然而，如果有個從眾門檻值低的人也累了，就會跟著離開，進而鼓勵其他人照辦。等到離開的人數夠多，就連那些從眾門檻值高的人也待不下去，於是就會發生骨牌效應，好像大家都說好了要散場回家。

💡 星火燎原

現在想像一下，前面說到教室與家庭派對的心理狀況，發生在整個文化的人群當中。例如，想要說服一群朋友或同事戒菸，這樣你就能開始看到骨牌效應是如何傳遍整個文化，改變全球數百萬人的想法，而讓原本幾十年間看來穩定無比的現況，就此崩潰了。

研究創新的學者賽特爾（Greg Satell）在他的《骨牌效應》一書裡，請讀者想像目前有 A、B、C 三組人，都很注意彼此的想法、感受與行為。而在這三個緊密連結的團體裡，又都有一些人

常常會和其他團體的人有接觸。這樣一來，每個團體的成員不但從眾門檻值高低不同（可以分成低、中、高之類），有些人甚至還會被其他團體的成員影響。

由於連結性與從眾門檻值都十分複雜（會隨著成員的加入或退出、連結的建立或斷離等等而不斷改變），反而使得整個網路在大多數時候都相當穩定。但只要在機緣巧合下，滿足了特定條件，讓從眾門檻值低的人開始固定接觸到幾個相連團體的人，就會形成漏洞，而使得骨牌效應從周邊開始席捲整個網路。

賽特爾請讀者想像這三組的狀況如下：

☞ A 組某個人的門檻值為 30%（需要有大約三分之一的同儕接受某個想法，自己才會跟進），C 組則有某個人的門檻值為 0%（很容易被他人動搖，也就是早期採用者）；這兩個人開始有了連繫。

☞ A 組有另一個人的門檻值為 70%（堅持己見的守舊派），B 組則有另一個門檻值為 0% 的人（早期採用者）；這兩個人也有了連繫。

☞ 與此同時，B 組和 C 組還有兩個人有連繫：B 組那位的門檻值為 20%，C 組那位的門檻值則為 70%。

　　根據這三個條件，只要 A 組有人改變想法，引發骨牌效應之後，就會傳向 B 組與 C 組。而且因為三組彼此相連，所以骨牌效應只會愈演愈烈、愈傳愈快。

　　以下是可能的發展情況：

　　如果一個骨牌效應是從 A 組開始，足以影響到那位 30% 門檻值的人，就會進而影響他所認識的 C 組早期採用者。而在 C 組那位早期採用者態度改變時，就會引發 C 組裡的骨牌效應。等到 A 組的骨牌效應不斷的累積，連那位 70% 門檻值的成員態度都已經翻轉，就會再由那位成員影響到 B 組的早期採用者，在 B 組裡引發骨牌效應。等到 C 組的骨牌效應開始影響該組的守舊派，他在 B 組認識的人態度早已翻轉，這時 C 組的守舊派會同時感受到來自組內外的壓力，於是更容易態度翻轉，而且速度可能比 A 組的守舊派來得更快。

　　像這樣連結起來的團體群，社會學家稱為「滲流脆弱集群」（percolating vulnerable cluster），也就是有幾個由「強連結」形成的團體，而在團體彼此之間則存在著「弱連結」。總之，這些團體在連結處剛好形成完美的門檻值組合，能夠允許連鎖反應發生。只要在這樣的集群當中發生一場衝擊，又或者有外界的骨牌效應來到這樣的集群當中，就有可能讓這些相連團體的所有成員，態度就此翻轉，而帶出的影響又會再繼續影響相鄰的其他團體，而使骨牌效應傳遍整個人際網路，不論是企業、城市、甚至國家。

　　從物理學家轉行成為社會學家的華茲（Duncan Watts），曾經提出一個比方，我們在這裡借用一下。

　　想像有片森林，有一條繁忙的道路就這麼從中穿過。每天總有幾個人從車窗把菸蒂丟出來，而絕大多數並不會掉到樹叢裡。但也總有少數幾個菸蒂會在柏油路上彈了一彈，滾到樹叢裡，不過很快就因為環境潮溼而熄滅。雖然每個菸蒂都可能引發大火，席捲整片森林，但樹木本身也沒那麼容易點燃。

　　直到某天乾旱來襲，大片大片的土地變得乾燥，樹木也開始乾枯倒下。雖然有同樣數量的人漫不經心的把菸蒂丟進同一片森林，但大多數時候仍然是什麼事都沒發生。然而，只要有那麼一個菸蒂，掉到一片乾枯的草叢裡，就會讓火勢蔓延，點起一棵已然乾枯的樹木，再蔓延到隔壁的樹上。要是火勢還在繼續變強，就會逐漸擴大，使周圍區域愈來愈乾，於是原本能夠抵禦火勢的區域也漸漸變得脆弱。沒過多久，整個鄉間大火綿延數里。

　　其實只要有一片森林變得脆弱，不論是小到一個菸蒂，又或者是大到一道閃電、一枚炸彈或燒垃圾的火堆，都足以引發一場森林大火。但如果條件不足，整個系統的某些部分沒那麼脆弱，就算碰上更強大的催化劑，也不見得能讓森林成為一片煉獄。然而一旦條件滿足了，只要一個小火花，就能讓火勢連天。

💡 任何人都可以是骨牌效應的起點

　　從人際網路連結的狀態，就能判斷是否可能形成全球的骨牌效應。這點不但能解釋為何有些想法蔚為流行、有些想法沒沒無名，也能解釋為何有些想法過去一再出現，卻毫無發展，直到某

天才忽然一飛衝天。就像是森林裡，可能早就有菸蒂落下了一千次，但直到某天才引發大火；在某個系統中，也可能早就被衝擊了十億次，直到某天才恰巧擊中某個滲流脆弱集群。

舉例來說，像石牆酒吧那樣的突襲臨檢，當時每天都會在舊金山、洛杉磯、芝加哥、紐奧良和美國各地小鎮上演。但就是要像故事說的那樣，到了某天，在紐約的一家酒吧裡，某位女性的反抗引發了全球的骨牌效應，才終於帶來史上公眾輿論風向最快的翻轉，也讓美國最高法院改變了整個國家對婚姻的法律定義。

社會並不是固定不變的。整個龐大的社會系統雖然看起來很穩定，但總有些小地方正在悄悄改變，而生活在其中的人們卻難以察覺。

就算某個團體的成員，從眾門檻值都很高，讓骨牌效應難以在該團體內部啟動，但是各團體之間的連結數目卻可能受到各種事件的影響，於是隨機創造出滲流脆弱集群。任何社會都可能在自己毫不知情的情況下，從不太可能發生整體骨牌效應的社會，轉變為隨時可能發生整體骨牌效應的社會。對於整個體系的反覆衝擊，過去看來似乎只是徒勞，現在卻可能改變整個世界。

改變有可能只是悄悄緩慢進行，在幾十年間似乎沒有實際的進展，於是彷彿大家都一致認同現狀，也覺得會穩定而永恆的持續下去。這樣一來，似乎想法就沒有改變的可能。直到某一天，剛好天時地利人和，某項改變滿足了某個滲流脆弱集群裡所有人的從眾門檻值，於是開始傳向整個文化。社會變遷以這樣的骨牌效應傳開之後，就能影響到所有人，除非是有些人的從眾門檻值

高到難以跨越，又或者是某些集群根本與社會網路毫無連結（像是某個邪教、遺世獨立的宗教教派，或是地處偏遠的社群）。

從美國歷史就能找到許多這樣的例子，包括奴隸制度迅速畫上句點，對同婚態度骨牌效應式的改變，大麻相關法令的飛快通過，以及要求終止警方暴行的抗議活動如火山爆發一般蔓延。

全球各地在許多重要關頭，也常常令我們的想法為之丕變，對的變成錯的、真的變成假的、日常變成禁忌，又或反之亦然。從動物馴化到演化論、從哥白尼革命到宗教改革、從工業革命到法國大革命再到冷戰結束，不連續性與創新已頻頻讓改變如骨牌效應般傳向全球，出人意料的迅速顛覆現狀。

由於大多數人都位於鐘形曲線的中間部分，既不是早期採用者、也並非堅持己見的守舊派，所以會覺得這些改變似乎就是憑空出現。他們看到的都是骨牌效應的中段，於是會覺得最重要的因素肯定是影響者，彷彿那些人就是要傳播思想病毒時的載體。似乎要傳播一個概念的時候，有些人就是比別人來得更重要，例如出現在以前蘋果廣告上的那些人、思緒如天馬行空的人、創造品味的人、引領潮流的人、思想領袖，以及其他有影響力的人；只要讓這些人改變了想法，就會讓舊的想法消失、其他人自動跟上。所以過去會建議，如果想讓資訊或行為傳播開來，就該找出整個社會網路中，連結最多的超級節點，因為其他人在思考或行動的時候，都會以這些重要人物馬首是瞻。

但事實上，任何人都可以是骨牌效應的起點。

想讓某種想法在社會網路中傳播，使得幾乎每個人都從 A 想

法轉變為 B 想法，絕不是非得有思想領袖或精英才做得到。真正的關鍵在於網路的敏感性。只要在各個團體中，都有從眾門檻值夠低的成員，而且團體之間彼此互相連結，那麼只要出現任何衝擊（可以是任何人所引起），都可能引發骨牌效應，而讓整個社會的絕大多數人改變想法。

華茲就說，想引發雪崩，並不一定得用上原子彈。只要滿足適當的條件，小小的碰撞就能讓雪崩撲天蓋地而來。

改變是唯一不變的事

科學史學家伯克（James Burke）在《地球改觀的那一天》書中寫道：「我們知道什麼，就會成為怎樣的人；在知識體系改變的時候，我們就會跟著改變。」

縱觀歷史，道德價值觀不斷演變，科學發現帶來了持續的影響，各個國家與群體之間的連結日益增加，令人意外的創新屢屢浮現，而發明的速度也日益提升，都在不斷更新人類的種種信念與態度，進而影響我們用來定義現實的模型。

無論就個人或整體文化而言，我們都是從一個典範走向另一個典範（典範也就是我們用來解釋現實的模型）。所以，伯克告訴我：「在任何特定的時候，我們都像是在一個盒子裡，這個盒子會定義世界，告訴我們世界是什麼。這些定義會限制我們的想法，也限制了我們*以為自己能想到*的事情。」在哥白尼之前，日心說這種模型完全無法想像。當時，地球就是宇宙的中心。而在

哥白尼拿出證據，證明事實並非如此的時候，一開始大家只覺得這肯定是說錯了，就這樣先把它擺在一邊。而要解決這些問題，就需要有個更好的新模型，也就代表必須放棄舊的模型。「當時真是一團亂，」伯克說：「因為要是地球不是一切的中心，就不會是神所關注的中心；而如果我們居然不是神所關注的中心，那可要叫救命了！」

在 1990 年代，美國人不但反對同性婚姻，更是直接反對同性戀這個概念。如今在大多數人看來，這種態度就像說鵝從樹上長出來一樣荒謬。

人類至今已經拋棄過幾十種現實模型、共同信念、道德標準或是科學理論，當初都曾被人們奉為圭臬。如果照今天的標準看來，當時就是錯了；當時的我們非但對自己的錯誤視而不見，更一心認為自己完全正確。我們總覺得，錯誤已經是過去的事了。現在的我們會覺得（以後的我們也會繼續這麼覺得），人類在目前這個當下，終於對一切確定無疑。

每個時代、每種文化，都相信自己掌握了真正的真相，直到後來才會發現其實不然；而一旦真相改變，文化也會隨之改變。或許就某種觀點看來，人類就是目光短淺、永遠無知，但我更想強調人類有一點非常了不起：能夠讓想法有極大的變化。現代的人不相信鵝是從樹上長出來，而且又確實相信地球繞著太陽轉，在在證明我們所用的現實模型（我們的知識、信念，以及態度）是能夠替換的。

大多數的衝擊，最後的結局都是被吸收掉。大多數的骨牌效

應，最後的影響還是無法超越當地的集群。然而，每個穩定的系統都還是會被各種隨機、不時出現、影響到整體的骨牌效應所擾動；這些骨牌效應看起來如此突如其來、又出乎意料，所以在我們事後回顧、想找出源頭的時候，總會歸結到某些深具遠見、很了不起的人物，又或是某些震撼世界、改變生活的重要發明，而沒有看到真正的原因：其實就只是因為節點受到了剛好的刺激，連結的密度恰到好處，就讓平常只會無疾而終的衝擊，開始傳向四面八方。

華茲說，主流思想多半都會強烈抗拒「隨機」這種概念，寧願相信世界背後自有一套道理，於是成了現在這個樣子。「我們之所以不想看清楚這點，是因為我們不喜歡這個概念，」他說：「這是我還在努力解決的問題，因為我覺得，要像這樣堅信萬事萬物背後必定有一套合理的故事，其實很虛耗心力。雖然這種想法根深柢固，但我認為這其實造成很嚴重的誤導。」

堅持不懈，拒絕放棄

我告訴華茲，我想試試看，重新在人際網路中播種，看看這樣能不能改變民眾的想法。誰知道呢？或許這次就能成功！而這才是重點──真正能夠讓人改變想法的並不是天縱英才，而是靠著堅持，再加上運氣。真正改變世界的想法，就是那些拒絕放棄的人所抱持的想法。

現在，我們已經看到了許多能讓人自然改變想法的過程，也

看到了最能說服別人的說服技術。我們也學會了如何對抗部落心理的影響；如何創造出更理想的網際網路世界，運用那些能讓我們在一開始就改變想法的能力；也能運用同化、調適、推理、思辨、換位思考這些與生俱來的天賦，讓我們在論證時更有力量，能針對受到 SURFPAD 與部落意識型態所困的人，改變他們的想法。在規模放大之後，這些改變的步驟途徑就會令現況動搖，並透過前面曾討論的網路效應，使改變的骨牌效應變得無可預測。現狀本來就不可能永恆不變。任何系統都會偶爾變得脆弱。想要改變一個國家或一顆星球，關鍵就在於堅持。

任何時候、任何系統，都會受到成千上萬的人不斷敲擊，希望促成能夠翻轉世界的變革，但是沒有人知道那個滲流脆弱集群位於何方。光靠空想，並無法在整個系統帶出骨牌效應。

我們就是得等到系統變得脆弱的時刻。等到時機成熟，又有這麼多人不斷敲打，總有人會啟動將改變一切的骨牌效應；而且人人都有可能是那個人。正因為沒有人真正控制著一切，所以你想要敲打現狀的時候，也不用得到任何人賦予怎樣的特權。一切就操之在你，只有你能控制要不要停止敲擊。

如果你希望達到的是極為巨大的改變，可能就得窮盡你的一生，不停努力敲擊。像是在美國爭取種族平等的過程中，那些敲打現狀的人，就還得把手中的錘子交給下一代。在這項志業開始之後，就一直有努力不懈的人，不斷尋找滲流脆弱集群。能夠導致變化的骨牌效應雖然不會經常發生，但絕對也是無可避免。關鍵就是永遠不要放下那把錘子。

能夠改變世界的，是那些堅持不懈的人，就像佛萊舍，已經帶領眾人拜訪超過一萬七千戶人家，而且他們還在繼續敲著更多家庭的門。雖然並不是每次，但在他們敲敲門之後，常常就能造成改變。佛萊舍對此深信不疑，而且相關研究也給予支持——或許這次敲門並不會改變什麼，但這樣繼續敲下去，最後總有一次能夠打破現狀，讓一切就此改變。

結語

敞開心胸

—— 避免走進想要「吵贏」的死胡同

💡 某個神祕而強大的「他們」

這本書即將完成初稿的時候,我受邀前往瑞典的 Gather 會展活動,在一群現場觀眾面前,採訪著名的地平論者薩金特(見第288 頁)。他們之所以邀請我,是因為我對《地球圓不圓》(*Behind The Curve*)這部紀錄片也算有點貢獻;該片透過一群因為相信地平論而集結成社群的人,從他們的生活經歷,來談動機推理與陰謀思維。

這部紀錄片當時在 Netflix 廣受歡迎,我也邀請製作人來上我的播客,討論該片探討的地球科學與社會科學。Gather 的主辦人聽了那集播客,想邀我和薩金特(也就是那部紀錄片裡追得最緊的地平論者)一起上臺聊聊。

正如大多數陰謀論者,地平論者通常都是一些理性、聰明、對科學充滿好奇的人,他們熱愛家庭,有正常的工作、也正常繳付各種帳單。換句話說,他們既沒瘋,也一點都不笨。所以,到底為什麼一群理性、聰明、對科學充滿好奇的人,會相信地球是平的?

就本質而言,會相信地平論、還能因此集結成一個社群,是因為一種絕對正常、絕對大家都很熟悉的心理機制,而且本書中已經談了又談。不管是反疫苗、登月騙局論、否認演化論、911陰謀論、桑迪胡克小學槍擊案陰謀論、歐巴馬出生地陰謀論、匿名者 Q、反口罩論、伊維菌素論、「披薩門」陰謀論,都是系出同門。

　　不論你相信的是地平論的哪個流派，總之基本概念就是有某個神祕而強大的「他們」，在某個時間點知道了地球其實是平的（有的是說從太空中看到，也有的是說「他們」抵達了這個碟形世界的邊緣），而「他們」現在正基於某種原因，想掩蓋「地球其實是平的」這項事實。

　　地平論之所以說服力十足，是因為彷彿許多其他陰謀論都得到了解釋。就是因為這樣，我們才要偽造登月這件事。就是因為這樣，我們才不能承認有外星人。就是因為這樣，甘迺迪總統才會被暗殺。而且「深層政府」（Deep State）也正是因此而存在。

　　但這並不是說，地平論社群裡就沒有分裂、沒有路線之爭；事實上，就像宗教信仰體系會有不同教派，地平論社群也有各種派系。有些人相信宇宙比較像是一個雪花玻璃球，靠著超先進的投影技術，在玻璃球的內側投影了太空、太陽和月亮的模樣，來騙過我們。也有人特地用齒輪和機械臂，打造複雜的老式太陽系儀，讓人看著整個碟形世界如何在太空中翻轉，於是有了白天和黑夜。有些人相信是外星人創造了這個碟形世界；也有人說這是神的恩典。

　　但對於地平論者來說，大多數會認為這些派系分歧都不是大事，因為說到底，大家都相信同樣的**事實**：有個**他們**躲在背後。所以這群地平論者起心動念，要繼續深入挖掘，找到彼此，形成社群。對這件事，這些人有志一同。接著就是「團體心理學」的範疇了；現在這些人受到部落主義與名聲管理的約束，互相向彼此確認自己的核心教條 —— 不論怎麼說，總之地球不是球體。

隱藏在教條之下的，是一種會透過態度傳達出來的價值觀。地平論者並不是不相信科學方法，只是不相信那些使用科學方法的機構。所以，地平論者也常常會用科學方法，來檢驗自己的預感和直覺。不過，一旦地平論者做了實驗，結果卻顯示自己的假設錯誤、甚至證實了對手的假設，地平論者就會認定這項證據只是一時異常。

很有可能，隨著時間慢慢過去，地平論者也會經歷科學史上處處可見的思想改變之路：不論是在化學、物理學、心理學、天文學上，各種理論就是這樣不斷被後起之秀取代。地平論者也會走過皮亞傑的同化與調適階段，最後來到孔恩的典範轉移。地平論者會一直用著自己那套用來解釋世界的模型，直到總有一天，異常現象多到讓地平論者不得不承認，必須有整套不同的解釋，道理才能夠說得通。

☀ 要更謙遜、更有同理心

這正是我們最早會發展出科學的原因。真正比較聰明的是科學，而不是個別的科學家；也是靠著科學的方法，長期下來讓我們發現更多的事實。但若想讓科學發揮作用，你就得願意承認自己可能是錯的。而如果這會威脅到你的名譽、生計、在社群裡的地位，要承認錯誤就沒那麼簡單。

我訪談《地球圓不圓》製作人的時候，提到我的觀察，認為那些好奇、講道理、聰明的人，其實是因為自己的心理機制，加

上谷歌與 YouTube 有利於陰謀論的演算法，以及社群媒體那種部落式、煽動身分認同的情境，才會受到誤導。而這一切又讓我們看到，其實人人都可能落入這樣的思考方式。在這個充滿爭議的時代，我認為這可以提醒我們，要更重視大家都需要的謙遜與同理心。

我們可以想像「確認偏誤」像是一副眼鏡，每當我們感受到恐懼、焦慮、憤怒，就會把它戴上，開始尋找藉口，想說明自己感受到的這些情緒完全合理。我們為什麼會這麼想呢？這就像是在某個偏遠地區露營，聽到奇怪的聲音，就會想拿出手電筒，從帳篷裡照向樹林，想找出證據，證明自己的那種情緒其來有自。

舉例來說，對於打疫苗有疑慮的人，可能各自是因為不同的理由而感受到這些情緒，但最後都帶出同樣「不想打疫苗」的行為。這些人躲在自己的電腦後面，在網際網路上搜尋各種理由，想證明自己的態度和情緒一切合理。如果是在樹林裡，像這樣的搜尋可能會發現其實沒危險、什麼都沒找到、或是找到某些無害的假警報。但如果是在網路上搜尋，肯定都能找到一些你想要找的。就算 99% 的可用資訊都告訴你只是白操心，但只要你想找到那 1% 的資訊，就一定能找到。

之所以如此，是因為我們就是社會性的靈長類動物，自己蒐集資訊的時候，本來就會有偏見，所以總希望能夠在匯集了各種資訊的環境中、在一個為了達成集體目標而商議共同行動方案的團體中，證明自己的觀點和價值。人類也是懶惰的動物，會希望把個人的認知工作，交給團體審議來完成：只要再多一個人拿起

手電筒去照樹林，就能在最後根據共同動機做出共同決定之前，為論證再加進一點資訊。

因此，如果要與反疫苗者互動，比較有利的做法是先做好設定：雙方要在互相尊重的基礎上，根據共同的恐懼與焦慮，達成共同的目標，而且也要讓對方知道你願意接受他的觀點及意見，準備一起找出最佳的行動方案。

想像一下在露營地，可能這時候是你們兩個都聽到了奇怪的聲音，你們都覺得很害怕，也都掏出了手電筒來搜尋原因。雖然兩個人心裡都自有一套直覺想法，但最重要的是，兩人都覺得應該先聽聽對方的意見，再來共同做出結論。這時候，就該透過有同理心的提問與傾聽，探究彼此的直覺背後的原因，詢問對方是為何、如何判斷自己的直覺無誤，接著也提出你的想法。

💡 用對話代替辯論

在 Gather 邀請我與薩金特對談的時候，我覺得這是很好的機會，能在一群觀眾面前，用上我從街頭知識論與深度遊說學到的內容。我打電話給馬格納博斯科，請他幫我複習一下街頭知識論的技術。我也打電話請教研究技術反駁及主題反駁的學者，而他們告訴我，因為在一群觀眾面前很容易讓人擔心會丟臉，所以比較好的做法會是請薩金特解釋他的思路，而不是想要去反駁他的論點。

我和薩金特見面的時候，覺得他其實很可愛，也有點害羞。

我請他別擔心，我不是來取笑他的，也不是想讓他出洋相。薩金特說他其實不介意，也提到他幫某個澳洲運動彩券應用程式拍了廣告，臺詞是他對著鏡頭說，投注變得如此簡單，就連他也做得到。那則廣告的結尾是一句旁白：「笨蛋也做得到！」

上臺之後，我問薩金特在推廣地平論之前過著怎樣的人生，是在哪裡長大、做什麼工作。薩金特說他曾經在西雅圖的某間地中海式餐廳當廚師，但後來他破了某項彈珠臺電玩的所有紀錄，就有機臺公司找他去打假球，往來於各大機臺場所，讓人以為那些機臺棒得不得了。薩金特全美跑透透，「讓遊戲看起來比實際更棒」。

我說，這似乎是種下了一顆種子，覺得事情背後都真的有人在偷偷操縱，要刻意矇騙世人的目光。

「沒錯，我親身參與過一場陰謀，」薩金特說：「一場電玩的陰謀。」我又說，所以他以前也出過名，現在再次出名的感覺一定很不錯，能環遊世界、舉辦解說地平論的演講，現身在紀錄片和廣告裡面等等。他說確實是這樣。

我問他是怎麼開始相信地平論的？他說自己從來都不是那種「拉上窗簾不敢往外看」、活在恐懼裡的人，他只是覺得陰謀論很有趣，但到了某天，已經沒有其他陰謀論可以研究，讓他覺得很無聊。但接著他就找到一部講地平論的 YouTube 影片，讓他覺得這也太有道理了。「我還記得那種發自內心的反應，讓我整個臉漲紅，那太不尋常了。」

薩金特查了自己能找到的所有資料，試著推翻地平論，但愈

查反而愈相信。他說，網路上的資料豐富得不得了，而過了九個月吸收資料的日子，他開始製作自己的影片，秀出那些他覺得最有力的論點。影片開始瘋傳，等到觀看數破了百萬，他也開始收到各方的電子郵件和邀請。薩金特很快就進入了地平論的社群，慢慢更爬上了代言人的地位。現在他環遊世界各地演講，光是我和他對談的那一年，他就去了澳洲、倫敦、德州，以及當時來到瑞典的斯德哥爾摩。

「每天我醒來，都會試著想要推翻地平論，但是都失敗了，」薩金特告訴我。對他來說，一切都是在研究，是要把所有的線索連結起來。薩金特覺得自己是在盡責調查，要找出那些有道理的事實。雖然有些事實證實他的預感、有些反而是推翻他的預感，但總之都只會有同一個結論。他遇上真正唯一的問題，就是在開始支持地平論之後，朋友和同事往往會與他保持距離。但又因為現在整個地平論社群已經夠壯大，而且又這麼溫暖友善，所以也不會有什麼失落感。甚至還已經有人特別為地平論者，建了一個交友網站，讓那些想要交友約會、卻又害怕自己的信念曝光的地平論者使用。

我問了薩金特，他說的信念是什麼呢？他說了他們的主張，我向他確認我懂了那些主張，接著又請他告訴我這些主張背後的理由和推理。我就是聽，並沒有去挑戰質疑，接著我說，他一直提到的一項主題是認為科學這種制度太早就下了定論，認為關於太空、時間、行星的形成方式，人類還有太多未知之處。他同意我的說法。

「宇宙還有非常多謎團，而我們對此只有極少數的證明，」我說：「人類並沒有完整的工具，或許研究也還沒有做完。看起來地平論似乎有一個概念是，科學家自以為對所有事情都有答案。但要是我沒聽錯，你說的這個模型當中，也還有很多謎團。」

「沒錯，」他說：「我並沒有所有的答案，差得可遠了。」

我問，如果是這樣的話，像他這樣的地平論者，又怎麼知道地球是平的呢？

薩金特拿起一個像是雪花玻璃球的小模型給觀眾看，那是一個扁平的碟形大陸，上面蓋著玻璃圓頂。「我現在能在法庭上，向你證明這件事嗎？沒辦法，我做不到。」然後他拿起一個小地球儀，「但我能不能對這種東西提出夠多的合理懷疑，讓你到頭來別無選擇，只能轉向像是這樣的模型？」他又指著那個雪花玻璃球，「我講上一整天都沒問題。」

其爭也君子

我問他，他已經對「地球論」模型做了嚴格的檢視，那他是不是也會以一個嚴謹科學家的標準，對地平論的模型進行同樣嚴格的檢視呢？薩金特說地平論的運動還很年輕，他們還有很多事要做，需要努力追上幾百年來捍衛地球論這種主流論調的諸多研究。

我說，如果他也同意地平論只是諸多假說的其中一個，就應該能像對待其他任何假說一樣，進行嚴格的科學檢驗；但如果要

361

進行任何合理的科學討論,在信心的背後,就應該要有共同的標準。他說這是當然,而我問他的信心水準有多高,最低是 0 分、最高是 100 分。他說 99 分。

然後,我根據馬格納博斯科的建議問他,如果他看到證據顯示地平論的模型並不正確,他會怎麼做?

「哦,那我就不信了。立刻就不信。」

當時我們已經談了快一小時,我覺得是個打住的好時機,於是我們又談了一些地平論者計劃要做的實驗,包括要去所謂的南極點探險。接著我謝謝他的參與,我們都回到後臺。

薩金特告訴我,那是他在這個話題上,最棒的對談之一。那天晚上,我們還去了酒吧喝酒,聊聊關於瑞典的話題。我說,我希望有一天能繼續像白天那樣的對話,但不是今天。接著我們就在酒吧裡點了食物。

誌 謝

　　這本書寫了很久，而寫得愈久，世界就變得愈多。本來顯而易見的事變得可疑，可疑的事卻變得顯而易見，直到現在依然如此。一路走來，關於究竟想法是如何改變，我從這段旅程中所學到的，與從相關研究學到的，同樣豐富。

　　而且旅程中，我得到諸多協助，很擔心永遠無法將我的感激之情表達萬一，也無法在〈誌謝〉的有限篇幅當中好好感謝每個人，是他們的鼓勵、批評與建議，才讓這項寫作計畫得以成真。

　　要是沒有太座 Amanda McRaney 提出的想法與啟發，我敢肯定，這一切只會是幾個沒有答案的問題。還在思考這些概念的雛形時，是你告訴我「這聽起來可以寫成書」；而隨著這些概念繁衍增生，你提出該增刪改寫的種種大小意見，也都反映在全書各個頁面章節。你給我的幫助與支持，我這輩子都還不清，我是那麼那麼感謝。

　　我也非常感謝經紀人 Erin Malone Borba。你從一開始就深信這項出版計畫，也為之用心努力，一次又一次堅定的突破各種意想不到的奇特命運曲折。早在我還在寫部落格的時候，你就支持著我，把我拉進這個世界，並且在我懷抱雄心壯志、想開啟新冒險的時候，為我清出前方的道路。謝謝你。

Niki Papadopoulos，你是難得一見的出色編輯，總能在我簡陋又沒重點的手稿裡，發掘出一本書的真正潛力。你在我提出的前幾個版本裡，看到了被扼殺的人性，也完全知道該怎樣重新編寫，才能釋放出這本書和我的聲音。對於你的視見與堅持，我欠你太多。謝謝你。

Trish Daly，是靠著你的精心編輯，不但把明顯有缺失的地方補足，更刪去冗餘旁雜的部分，才讓這本書的故事、目的與核心，得以成為焦點。每次在我心懷疑慮的時候，你總願意讓我拜訪求教，而每次我離開的時候，都覺得早該去找你。謝謝你。

Eamon Dolan，我把一章用三萬字談陰謀論的章節寄給你的時候，你打電話給我，深吸一口氣，問我是瘋了嗎。我們後來又通了許多次電話，是你讓我改變心意，不再只是舊瓶新酒、把以前的作品寫得更複雜難懂，而是寫出了遠遠超出我當時舒適區的作品。謝謝你。

Misha Glouberman，你在大約中期伸出援手，傾聽我當時還以為是高見的叫嚷抱怨，還仔細為我一一條析。我有太多次得益於你的專業，而你的友誼與回饋更是我的無價之寶。謝謝你。

Will Storr，我給你寄了一份早期手稿，你既在值得嘉獎的地方給我讚許，也在值得批評的地方給我建議。我們在前後的談話就像點起火焰，持續在我腦海燃燒，你傑出的研究與著述，談著無法說服的人、談著我們會告訴自己的故事，挑戰又激勵了我。謝謝你。

Hugo Mercier（梅西耶），這整個寫書計畫正是因為我得改變自己的想法，挑戰自己過去所寫的一切；而這又是因為我們那次聊到了你的研究，談到爭辯、說服，以及在想法改變的時候，大腦裡又會發生什麼事。謝謝你。

還有太多人需要感謝。我的父母 Jerry 與 Evelyn McRaney、Alistair Croll、Joe Hanson、Dave Fleischer 與 Leadership LAB、David Broockman、Joshua Kalla、Tom Stafford、Simon Sinek、Nick Andert、Caroline Clark、Daniel J. Clark、Karin Tamerius、Rob Willer、Sam Arbesman、Jonas Kaplan、Sarah Gimbel、Chenhao Tan、Gordon Pennycook、Andy Luttrell、Ada Palmer、David P. Redlawsk、Peter Ditto、Anthony Magnabosco、Charlie Veitch、Megan Phelps-Roper、Zach Phelps、Robert Burton、Stephen Lewandowski、David Eagleman、Lilliana Mason、Donald Hoffman、Duncan Watts、Dan Kahan、Steven Novella、Brendan Nyhan、Jason Reifler、Jaethan Reichel、Deborah Prentiss、已故的 Lee Ross、Melanie C. Greene、Richard Petty、Pascal Wallisch、Jay Van Bavel 和其他紐約大學的社會科學家，以及 Rory Sutherland 與 Ogilvy Change 等等。

還有偉大的科學史學家 James Burke（伯克），我小時候就在美國公共電視（PBS）看過他的系列節目。從很早開始，他寫的兩本書《連結》（*Connections: Alternative History of Technology*）和《地球改觀的那一天》（*The Day the Universe Changed*）就開啟了我這輩

子的好奇，想知道事物存在背後的原因與道理，為何現在不是另一個樣子，而未來又可能有怎樣的變化。光是這一點，我就該感謝他，而且這些年來，我還如此幸運，能夠真正認識他，甚至一起完成了幾項計畫。就歷史學者而言，他對人類物種未來五百年的發展，可說是出奇樂觀。所以，在我與他分享書中點滴、討論整體想法的時候，是他不斷給我引導，讓我不要落入憤世嫉俗。謝謝你。

James Burke 在《連結》這本書裡，提供了一種「歷史的另類觀點」，認為許多偉大的想法正是出於異常與錯誤，原本大家是在追求 A，卻意外找到了 B，又或者是在自己絕對不可能想像的情況下，和其他事物或想法結合。創新就是這樣產生在學門之間的空間裡，是有人跨出了知識與專業的孤島，不再受到分類與線性觀點的限制，於是得以整合機構制度當中各方的研究成果；至於還困在種種機構制度中的人，無法得知他人是朝著哪個方向努力，甚至無法預測自己的工作軌跡，更不用談要瞭解歷史本身的未來走向。

James Burke 在《地球改觀的那一天》這本書裡提到，知識除了是發現、也是發明，新的想法不斷「蠶食」著常識的邊緣，直到某一天，原本以為是恆久、固定的價值觀，也像那些過時的工具一般，消失成為過去。書裡我最喜歡的一段，是想像有一群科學家，活在一個相信宇宙是由煎蛋捲組成的社會裡，開始設計儀器，希望找出雞蛋在星際留下的痕跡。而在他們觀測到星系與黑洞的證據時，只會覺得一切都像是雜訊。由於他們對宇宙的模型

並無法調適眼前所見，所以也就視而不見。「如果今天有個人覺得自己是一顆水煮蛋，我們唯一能夠說得準確的事，」他開玩笑說：「就是他只是少數。」

這對於我這本書的影響應該十分明顯。我瞭解到，在環境變化的時候，想法也應該要改變以調適，在這條通往暫時的頓悟、蜿蜒而不斷修正的道路上，時而抵抗、時而接受。而且事實還不只這麼簡單。James Burke 曾經告訴我，是直到最近，人類的知識與發現系統才能夠同時處理超過一兩種看待事物的方式。長期以來，人類一直希望大家都遵循主流的世界觀，或是在同質性類似的意識型態二元論當中，站在同一邊；但是等到網際網路在人人口袋裡隨手可得，一切也隨之改變。

James Burke 投入大半職涯寫書、拍紀錄片，都是因為他預測到總有一天，大量的資訊將會是人人都伸手可得，而他希望到時候能幫助我們更容易理解那些資訊。這正是他在《連結》最後所提的忠告，也是我在每章都心心念念的想法：

「要知道自己擁有理解一切事物的能力，因為只要把事物解釋得夠清楚，人人都確實有這樣的能力。接下來，就去尋找各種解釋。而如果你現在想的是『我有什麼好求的呢？』就先問問自己，生活中有沒有什麼希望改變的？就從那裡開始。」

參考資料

引言　為何想改變對方的想法？

美國的重大輿論有將近一半，都是風向突然發生轉變（正如同性婚姻這次）：
Benjamin I. Page and Robert Y. Shapiro, *The Rational Public: Fifty Years of Trends in Americans' Policy Preferences* (Chicago: The University of Chicago Press, 2005).

說服是「在被說服者有一定程度自由的狀況下，有意的透過溝通，而成功影響其心理狀態」：Daniel J. O'Keefe, *Persuasion: Theory and Research* (Newbury Park, CA: Sage Publications, 1990).

唯有「會讓個人認為自己別無選擇、只能服從的情況，才該把這種影響他人的舉動視為強制脅迫」：Richard Perloff, *The Dynamics of Persuasion* (New York: Routledge, 2017).

第一章　後真相

《陰謀論公路之旅》電視影集："9/11 Conspiracy Road Trip," *Conspiracy Road Trip*, BBC, 2011. https://www.bbc.co.uk/programmes/b014gpjx.

《電訊報》稱維奇是知名的無政府主義者：Mark Hughes, "Royal Wedding: Masked Anarchists Thwarted by Police," *The Telegraph*, April 29, 2011. https:// www. telegraph.co.uk/news/uknews/royal-wedding/8483761/Royal-wedding-masked-anarchists-thwarted-by-police.html.

影片標題是〈放下對911理論的情感依戀──真相才是最重要的〉：Charlie Veitch, "No Emotional Attachment to 9/11 Theories—The Truth Is Most Important," YouTube, June 29, 2011. https://www.youtube.com/watch?v=ezHNdBE5pZc.

「這就像是要你放棄相信重力，轉為相信911真相不存在一樣」：Aodscarecrow, "Why Charlie Veitch Changed His Mind on 911–1/3," YouTube, July 1, 2011. https://www.youtube.com/watch?v=SavpCQlu2GA.

『你的孩子是魔鬼後代』之類可怕的內容：Interview with Stacey Bluer on March 7, 2016.

911陰謀論者已經正式將維奇逐出社群，而他也就此完全離開：Anti New World Order, "Alex Jones Says He Knew Charlie Veitch Was an Operative a Year Ago," YouTube, July 26, 2011. https://www.youtube.com/watch?v=02ybVM8jmus.

透過公共教育，就能打破一切迷信，而使民主得到增強：Interview with George Lowenstein and David Hagmann, April 3, 2017.

就科學傳播而言，這在過去稱為「資訊不足模式」：George Lakoff, *The Political Mind: A Cognitive Scientist's Guide to Your Brain and Its Politics* (New York: Penguin Books 2009); "At the Instance of Benjamin Franklin: A Brief History of the Library Company of Philadelphia," Library Company. http://librarycompany.org/about/Instance.pdf; *How to Operate Your Brain*, directed by Joey Cavella and Chris Graves, performed by Timothy Leary, Retinalogic, 1994.

削弱了像是記者、醫師、紀錄片製作人等等基於事實的專業人士的權威：Paul McDivitt, "The Information Deficit Model Is Dead. Now What? Evaluating New Strategies for Communicating Anthropogenic Climate Change in the Context of Contemporary American Politics, Economy, and Culture," *Journalism & Mass Communication Graduate Theses & Dissertations* 31 (2016). https://scholar.colorado.edu/jour_gradetds/31.

「木已成舟：真理已死，事實已成過去」：" 'Post-truth' Named 2016 Word of the Year by Oxford Dictionaries," *The Washington Post*, November 16, 2016. https://www.washingtonpost.com/news/the-fix/wp/2016/11/16/post-truth-named-2016-word-of-the-year-by-oxford-dictionaries/?utm_term=.f3bd5a55cb2f.

假新聞正在「扼殺人類的心智」：Allister Heath, "Fake News Is Killing People's Minds, Says Apple Boss Tim Cook," *The Telegraph,* February 10, 2017. https://www.telegraph.co.uk/technology/2017/02/10/fake-news-killing-peoples-minds-says-apple-boss-tim-cook.

幾年前根本就是個無須討論爭辯的共識：Nick Stockton, "Physicist Brian Greene Talks Science, Politics, and... Pluto?" *Wired*, May 8, 2017, accessed March 4, 2022. https://www.wired.com/2017/05/brian-greene-science-becames-political-prisoner/.

祖克柏都得來到美國國會聽證會："The Key Moments from Mark Zuckerberg's Testimony to Congress," *The Guardian*, April 11, 2018. https://www.theguardian.com/technology/2018/apr/11/mark-zuckerbergs-testimony-to-congress-the-key-moments.

《紐約時報》一篇名為〈後真相政治的時代〉的專欄文章：William Davies, "The Age of Post-Truth Politics," *The New York Times*, August 24, 2016.

《紐約客》雜誌則是討論「為什麼事實無法改變我們的想法」：Elizabeth Kolbert, "Why Facts Don't Change Our Minds," *The New Yorker*, February 19, 2017.

《大西洋月刊》也宣布「這篇文章並不會改變你的想法」：Julie Beck, "This Article Won't Change Your Mind," *The Atlantic*, March 13, 2017.

《時代》雜誌以一個問題總結一切：「真理是否已死？」：*Time*, April 3, 2017.

第二章　深度遊說

決定與德林同行，親眼見識見識：本章大部分內容取自對佛萊舍與LAB其他成員的訪談。LAB提供了許多書面資料及影片，允許我參觀他們的機構、參與培訓及遊說過程，期間我也訪談其他參訪者，以及研究LAB的科學家。從2016年到2018年間，我總共造訪LAB三次。

《紐約時報》第一次報導這項研究：Lynn Vavreck, "How Same-Sex Marriage Effort Found a Way Around Polarization," *The New York Times*, December 18, 2014.

加州的第八號提案公投，結果以52%的票數支持同性婚姻禁令："The California Proposition 8 Initiative Eliminates Right of Same-Sex Couples to Marry," Ballotpedia, 2008. https://ballotpedia.org/California_Proposition_8,_the_%22Eliminates_Right_of_Same-Sex_Couples_to_Marry%22_Initiative_(2008).

佛萊舍一心想找出這些人究竟是誰、又是為了什麼原因：Ta-Nehisi Coates, "Prop 8 and Blaming the Blacks," *The Atlantic*, January 7, 2009. https://www.theatlantic.com/entertainment/archive/2009/01/prop-8-and-blaming-the-blacks/6548.

要是第八號提案不通過，父母就無法再對這些課程說不了：這則廣告常被稱為「公主廣告」（The Princess Ad），而 YesOnProp8 所下的影片標題則是「It's Already Happened」（事情已經發生），影片可參見他們的 YouTube 頻道 https://www.youtube.com/user/VoteYesonProp8.

只要他們並不是斬釘截鐵，就仍然有改變想法的可能：關於投票前的細節，取自 *The Prop 8 Report* 與對佛萊舍的訪談。

任何一種方法都非常不可能有任何影響力，效果就是「零」：Donald P. Green and Alan S. Gerber, *Get Out the Vote: How to Increase Voter Turnout* (Washington, DC: Brookings Institution Press, 2015).

這份研究登上《科學》期刊，標題為〈當接觸改變想法〉：Michael LaCour and Donald Green, "When Contact Changes Minds: An Experiment on Transmission of Support for Gay Equality," *Science* 346, no. 6215 (2014): 1366–69. doi:10.1126/science.1256151.

同性婚姻正是當下引起最多爭論的楔子議題：Benedict Carey, "Gay Advocates Can Shift Same-Sex Marriage Views," *The New York Times*, December 11, 2014. https:// www.nytimes.com/2014/12/12/health/gay-marriage-canvassing-study-science. html; "The Incredible Rarity of Changing Your Mind," *This American Life*, January 31, 2018. https://www.thisamericanlife.org/555/the-incredible-rarity-of-changing-your-mind; Robert M. Sapolsky, "Gay Marriage: How to Change Minds," *The Wall Street Journal*, February 25, 2015. https://www.wsj.com/articles/gay-marriage-how-to-change-minds-1424882037; "Article Metrics and Usage Statistics Center," *Article Usage Statistics Center*. http://classic.sciencemag.org/articleusage?gca=sci%3B346%2F6215%2F1366.

《科學》期刊編輯部也迅速照辦：可參見 *Irregularities in LaCour* (2014), http:// web.stanford.edu/~dbroock/broockman_kalla_aronow_lg_irregularities.pdf.

受害最深的是那些LAB的成員，這些人向他敞開心扉，同意由這個他們信任的
人進行學術研究：關於論文被撤的細節，取自對格林、凱拉與布魯克曼的
訪談。我也曾訪談拉庫爾，但那是在爆出造假疑雲之前，所以他並未對此
表達意見。格林是在撤掉論文那個星期，與我以電話聯絡，我在第一次造
訪LAB之後，就有了他的聯絡方式。至於拉庫爾，則是在一開始為自己辯
護之後，就未曾再發表公開聲明。

達到實驗室研究得花上好幾個世代才可能取得的進展：Betsy Levy Paluck, "How
to Overcome Prejudice," *Science* 352, no. 6282 (2016): 147. doi:10.1126/science.
aaf5207.

布魯克曼與凱拉的論文在2016年登上《科學》期刊：David Broockman and Joshua
Kalla, "Durably Reducing Transphobia: A Field Experiment on Door-to-Door
Canvassing," *Science* 352, no. 6282 (2016): 220–24. doi:10.1126/science.aad9713.

「不會吧？等等，光是簡單聊一聊，就能減少偏見！」：Ed Yong, "No, Wait, Short
Conversations Really Can Reduce Prejudice," *The Atlantic*, April 7, 2016. https://
www.theatlantic.com/science/archive/2016/04/no-wait-short-conversations-really-
can-reduce-prejudice/477105.

「如何改變民眾的想法？聊一次就行！」：Benoit Denizet-Lewis, "How Do You
Change Voters' Minds? Have a Conversation," *The New York Times*, April 7, 2016.
https://www.nytimes.com/2016/04/10/magazine/how-do-you-change-voters-
minds-have-a-conversation.html.

《滾石》雜誌報導，這是深度遊說技術首次在總統大選上場：Andy Kroll, "The
Best Way to Beat Trumpism? Talk Less, Listen More," *Rolling Stone*, September
15, 2020. https://www.rollingstone.com/politics/politics-news/2020-presidential-
campaign-tactic-deep-canvassing-1059531.

受試者完全沒有意識到自己的想法已經不同：T. J. Wolfe and M. B. Williams,
"Poor Metacognitive Awareness of Belief Change," *Quarterly Journal of
Experimental Psychology* (2006), U.S. National Library of Medicine, accessed
November 27, 2021. https://pubmed.ncbi.nlm.nih.gov/28893150/.

嘲笑凱瑞的意見總是不斷改變：現在還有人在網路上販售當時共和黨全國代表
大會外面賣的夾腳拖，成了一種總統大選紀念品。至於攻擊影片是由Club
for Growth PAC製作，現在還在YouTube上。

發現自己對那些政策的理解實在不如自己原先的想像。這時候，他們的意見態度也就不那麼極端了：Philip M. Fernbach, Todd Rogers, Craig R. Fox, and Steven A. Sloman, "Political Extremism Is Supported by an Illusion of Understanding," *Psychological Science* 24, no. 6 (2013): 939–46. doi:10.1177/0956797612464058.

給一群兒童看一個蠟筆盒，問他們覺得裡面裝了什麼：Virginia Slaughter and Alison Gopnik, "Conceptual Coherence in the Child's Theory of Mind: Training Children to Understand Belief," *Child Development* 67, no. 6 (1996): 2967–988. doi:10.2307/1131762.

就羅斯的經驗看來，雙方都只想到要表達自己的觀點：A. M. Leslie, O. Friedman, and T. P. German, "Core Mechanisms in 'Theory of Mind,' " *Trends in Cognitive Sciences* 8 (2004): 528–33.

研究者接著請這些受試者看一張黑人的照片，並請他們寫一篇文章，談談這位黑人一天的生活：Lara Maister, Mel Slater, Maria V. Sanchez-Vives, and Manos Tsakiris, "Changing Bodies Changes Minds: Owning Another Body Affects Social Cognition," *Trends in Cognitive Sciences* 19, no. 1 (2015): 6–12. doi:10.1016/j.tics.2014.11.001; Andrew R. Todd, Galen V. Bodenhausen, and Adam D. Galinsky, "Perspective Taking Combats the Denial of Intergroup Discrimination," *Journal of Experimental Social Psychology* 48, no. 3 (2012): 738–45. doi:10.1016/j.jesp.2011.12.011.

第三章　鱷魚鞋加襪子

藍黑／白金洋裝引起了「分裂網際網路的爭議」："What Color Is the Dress? The Debate That Broke the Internet," New Hampshire Public Radio, June 17, 2021. https://www.nhpr.org/2015-02-27/what-color-is-the-dress-the-debate-that-broke-the-internet#stream/0.

《華盛頓郵報》也說這是「分裂地球的戲劇性事件」：Terrence McCoy, "The Inside Story of the 'White Dress, Blue Dress' Drama That Divided a Planet," *The Washington Post*, October 25, 2021. https://www.washingtonpost.com/news/morning-mix/wp/2015/02/27/the-inside-story-of-the-white-dress-blue-dress-drama-that-divided-a-nation.

這項洋裝認知危機的開端，是布利斯代爾正在準備參加女兒格蕾絲的婚禮：我是在訪談沃利許的時候，第一次聽說「藍黑／白金洋裝」的祕辛。完整的故事可參見：Claudia Koerner, "The Dress Is Blue and Black, Says the Girl Who Saw It in Person," *BuzzFeed News*, February 27, 2015. https://www.buzzfeednews.com/article/claudiakoerner/the-dress-is-blue-and-black-says-the-girl-who-saw-it-in-pers#.idKqgP3G2.

《連線》雜誌網站文章，幾天的閱讀數就飆上三千兩百八十萬：Adam Rogers, "The Science of Why No One Agrees on the Color of This Dress," *Wired*, February 27, 2015. https://www.wired.com/2015/02/science-one-agrees-color-dress.

美國演員卡靈屬於藍黑隊：Mindy Kaling (@mindykaling), "IT'S A BLUE AND BLACK DRESS! ARE YOU FUCKING KIDDING ME," Twitter,February 26, 2015, https://twitter.com/mindykaling/status/571123329328914433.

烏也斯庫爾發現，每一種生物的主觀體驗，都會局限在各自的私有感官世界：Jakob von Uexküll, *A Foray into the Worlds of Animals and Humans: With a Theory of Meaning*, trans. Joseph D. O'Neil (Minneapolis/London: University of Minnesota Press, 2010).

哲學家內格爾提出他著名的問題「當隻蝙蝠是什麼感覺」：Thomas Nagel, "What Is It Like To Be a Bat?" *Philosophical Review* 83 (1974): 435–50.

生理學家布雷克摩爾與庫珀的養貓實驗：Colin Blakemore and Grahame F. Cooper, "Development of the Brain Depends on the Visual Environment," *Nature* 228, no. 5270 (1970): 477–78. doi:10.1038/228477a0.

這些人就像嬰兒一樣，神經元需要時間，才能學習如何理解新的感官資訊：關於本章談到大腦的可塑性，取自對伊葛門的訪談，當時討論的是他的著作：David Eagleman, *Livewired* (Toronto: Anchor Canada, 2021).

正如羅素所言：「觀察者以為自己在觀察一塊石頭的時候，如果物理學說得沒錯，其實觀察的是石頭對自己的影響。」：Bertrand Russell, *An Inquiry into Meaning and Truth* (Hoboken, NJ: Taylor and Francis, 2013).

維根斯坦寫道：「我們會覺得『看見』這件事有些地方令人困惑，是因為我們還沒搞清楚『看見』這整件事情有多麼令人困惑。」：Ludwig Wittgenstein, *Philosophical Investigations* (Oxford, UK: Blackwell, 1953).

民眾根本沒發現大腦做了這些消除歧義的動作:Pascal Wallisch, "Illumination Assumptions Account for Individual Differences in the Perceptual Interpretation of a Profoundly Ambiguous Stimulus in the Color Domain: 'The Dress,' " *Journal of Vision* (April 1, 2017). https://jov.arvojournals.org/article.aspx?articleid=2617976; Pascal Wallisch and Michael Karlovich, "Disagreeing about Crocs and Socks: Creating Profoundly Ambiguous Color Displays," arXiv.org, August 14, 2019. https://arxiv.org/abs/1908.05736.

老年人比較容易覺得鱷魚鞋是粉紅色,而年輕人比較容易看到灰色:"Exploring the Roots of Disagreement with Crocs and Socks," *Pascal's Pensées*, accessed November 27, 2021. https://blog.pascallisch.net/exploring-the-roots-of-disagreement-with-crocs-and-socks.

比起過去二十年間,美國目前共和黨與民主黨的意識型態分歧更加嚴重,對另一黨的反感也更深更廣:"Political Polarization in the American Public," Pew Research Center, April 9, 2021. https://www.pewresearch.org/politics/2014/06/12/political-polarization-in-the-american-public.

根據皮尤研究中心的民調,共和黨支持者有將近75%認為政府在疫情最嚴重的幾個月裡,應對得當,但是民主黨支持者與獨立選民只有30%這麼想:Mara Mordecai and Aidan Connaughton, "Public Opinion about Coronavirus Is More Politically Divided in U.S. than in Other Advanced Economies," Pew Research Center, October 28, 2020. https://www.pewresearch.org/fact-tank/2020/10/28/public-opinion-about-coronavirus-is-more-politically-divided-in-u-s-than-in-other-advanced-economies.

一邊認為原因是出於X,另一邊則認為原因是出於Y:Leo G. Stewart, Ahmer Arif, A. Conrad Nied, Emma S. Spiro, and Kate Starbird, "Drawing the Lines of Contention," *Proceedings of the ACM on Human-Computer Interaction* 1 (2017): 1–23. doi:10.1145/3134920.

框架競爭:Erik C. Nisbet, P. S. Hart, Teresa Myers, and Morgan Ellithorpe, "Attitude Change in Competitive Framing Environments?Open-/Closed-Mindedness, Framing Effects, and Climate Change," *Journal of Communication* 63, no. 4 (2013): 766–85. doi:10.1111/jcom.12040.

法國哲學家帕斯卡的《思想錄》:Blaise Pascal, *Pensées* (New York: P.F. Collier & Son, 1910), 12–13.

第四章　失衡

「一系列尋常的物理事件，而第一個環節就在於如何配置可承載資訊的物質」：
Steven Pinker, *How the Mind Works* (London: Penguin Books, 2015).

多巴胺就會影響我們當下的感覺，推動我們去注意、學習與調整未來的預期：
Mark Humphries, "The Crimes against Dopamine," *The Spike*, June 23, 2020.
https://medium.com/the-spike/the-crimes-against-dopamine-b82b082d5f3d.

隨著大腦悄悄更新我們的預測模式，就會讓我們在不知不覺中改變想法，希望
讓未來的預測更準確：Michael A. Rousell, *Power of Surprise: How Your Brain
Secretly Changes Your Beliefs* (Lanham, MD: Rowman & Littlefield, 2021).

我們知道了一些自己過去「不知道自己不知道」的事：Stanislas Dehaene, *How We
Learn: The New Science of Education and the Brain* (London: Penguin Books, 2021).

偉大的心理學家皮亞傑，讓我們瞭解大腦是如何創造知識、與知識互動：Jean
Piaget, *Principles of Genetic Epistemology* (London: Routledge, 2011).

我們都會使用命題，來檢驗該主張是否為真：Robert M. Martin, *Epistemology: A
Beginner's Guide* (London: Oneworld, (2015); Noah M. Lemos, *An Introduction
to the Theory of Knowledge* (Cambridge, United Kingdom: Cambridge University
Press, 2021).

這時候只要能找到一隻黑天鵝，就能證明你的主張為假：Nassim Nicholas Taleb,
The Black Swan (Tokyo, Japan: Daiyamondoshareade, 2009).

舒茲指出，在知道自己錯了之前，感覺起來就跟自己是對的毫無兩樣：Kathryn
Schulz, *Being Wrong: Adventures in the Margin of Error* (New York: HarperCollins,
2011).

某種長在「鵝樹」上面的「鵝芽」：Edward Heron-Allen, *Barnacles in Nature and
in Myth* (London: Milford, 1928).

蘭克斯特在1915年的著作《博物學家的消遣娛樂》：Ray Lankester, *Diversions of
a Naturalist*, 3rd ed. (Methuen & Co.: London, 1919).

哈佛大學心理學家布魯納與波斯特曼的撲克牌實驗：Jerome S. Bruner and Leo
Postman, "On the Perception of Incongruity: A Paradigm," *Journal of Personality*
18, no. 2 (1949): 206–23.

受試者在後續實驗中，都能夠正確輕鬆讀出撲克牌：Leo Postman and Jerome S. Bruner, "Perception Under Stress," *Psychological Review* 55, no. 6 (1948): 314–23. doi:10.1037/h0058960.

孔恩《科學革命的結構》：Thomas S. Kuhn, *The Structure of Scientific Revolutions* (Chicago: The University of Chicago Press, 2015).

這種事並不會自行發生，而是需要眾人加以同化與調適：Jack Block, "Assimilation, Accommodation, and the Dynamics of Personality Development," *Child Development* 53, no. 2 (1982): 281. https://doi.org/10.2307/1128971.

「等這兩個過程取得平衡，就會出現適應，達到一定程度的平衡」：Jonathan Y. Tsou, "Genetic Epistemology and Piaget's Philosophy of Science," *Theory & Psychology* 16, no. 2 (2006): 203–24. doi:10.1177/0959354306062536.

特戴斯基與卡宏所謂的創傷後成長：Richard G. Tedeschi and Lawrence G. Calhoun, "Posttraumatic Growth: Conceptual Foundations and Empirical Evidence," *Psychological Inquiry* 15, no. 1 (2004): 1–18. doi:10.1207/s15327965pli1501_01.

帕克斯把那些先驗知識與猜想，稱為我們的「預設世界」：Colin Murray Parkes, "Bereavement as a Psychosocial Transition: Processes of Adaptation to Change," *Journal of Social Issues* 44, no. 3 (1988): 53–65. doi:10.1111/j.1540-4560.1988.tb02076.x.

普萊斯回顧當初確診罹癌：Reynolds Price, *Whole New Life: An Illness and a Healing* (New York: Plume, 1995).

伊葛門就有一位病人 G 太太：David Eagleman, *Incognito: The Secret Lives of the Brain* (Edinburgh: Canongate, 2016).

費斯廷格臥底混進了芝加哥的一個末日邪教：Leon Festinger, Stanley Schachter, and Henry W. Ricchen, When Prophecy Fails: A Social and Psychological Study of a Modern Group That Predicted the Destruction of the World (New York: Harper & Row, 1956).

政治學家雷德羅斯科的研究團隊模擬美國總統選舉：David P. Redlawsk, Andrew J. W. Civettini, and Karen M. Emmerson, "The Affective Tipping Point: Do Motivated Reasoners Ever 'Get It' ?" *Political Psychology* 31, no. 4 (2010): 563–93, 2010. doi:10.1111/j.1467-9221.2010.00772.x.

先把那些異常現象都倒進水桶裡：異常現象的英文是 abeyance，是應用理性中心（Center for Applied Rationality）的共同創辦人蓋勒芙（Julia Galef）提出這種用法。我第一次聽到這個詞，就是在她的節目《理性來講》（*Rationally Speaking*），談到我們如何在科學與生活中，先擱置各種異常現象。

第五章　從對抗到對話

在南方貧困法律中心看來，威斯特布路教會「可說是美國最可憎、也最狂熱的仇恨組織」："Westboro Baptist Church," Southern Poverty Law Center, https://www.splcenter.org/fighting-hate/extremist-files/group/westboro-baptist-church.

威斯特布路已經變得夠有名，能夠很方便的用來代表激進的基督教仇恨人士：Andrew Lapin, "A Properly Violent 'Kingsman' Takes on a Supervillain With Style," NPR, February 12, 2015. https://www.npr.org/2015/02/12/384987853/a-properly-violent-kingsman-takes-on-a-supervillain-with-style.

謝巴德遭毆打折磨致死：Melanie Thernstrom, "The Crucifixion of Matthew Shepard," *Vanity Fair,* January 8, 2014. https://www.vanityfair.com/news/1999/13/matthew-shepard-199903.

威斯特布路教會到場舉標語：Alex Hannaford, "My Father, the Hate Preacher: Nate Phelps on Escaping Westboro Baptist Church," *The Telegraph*, March 12, 2013. https://www.telegraph.co.uk/news/religion/9913463/My-father-the-hate-preacher-Nate-Phelps-on-escaping-Westboro-Baptist-Church.html.

威斯特布路教會網站放著一張GIF動畫，是謝巴德正在火焰中燃燒："Perpetual Gospel Memorial to Matthew Shepard," Westboro Baptist Church Home Page. https://www.godhatesfags.com/memorials/matthewshepardmemorial.html.

蓋奇公園偉大正派運動：我讀了許多地方報紙對這項運動相關事件的報導，而以下這篇提供整體概述，就寫在威斯特布路開始得到全國關注的時候："Holy Hell: Fred Phelps, Clergyman, Is on a Crusade," *The Washington Post*, November 12, 1995. https://www.washingtonpost.com/lifestyle/style/holy-hellfred-phelps-clergyman-is-on-a-crusade/2014/03/20/af0a3e52-b06b-11e3-a49e-76adc9210f19_story.html.

《時代》雜誌就曾有一篇對菲爾普斯的報導："Religion: Repentance in Pasadena," *Time*, June 11, 1951.

根據威斯特布路教會自己的統計數字：威斯特布路對他們示威抗議的完整內部統計數字，可參見他們的網站：godhatesfags.com。

最高法院以八票對一票，裁定威斯特布路教會勝訴：Adam Liptak, "Justices Rule for Protesters at Military Funerals," *The New York Times*, March 2, 2011. https://www.nytimes.com/2011/03/03/us/03scotus.html.

查克「不確定自己到底怎麼了」：Interview with Zach Phelps-Roper, February 13, 2016.

父親打電話給查克，要他把自己的東西帶走：Mike Spies, "Grandson of Westboro Baptist Church Founder is Exiled from Hate Group," *Vocativ*, April 23, 2015. https://www.vocativ.com/usa/us-politics/westboro-baptist-church/index.html.

葛瑞絲認識了一對剛加入教會不久的夫妻：賈斯丁和琳賽並不是真名，兩人的假名是取自梅根·菲爾普斯－羅珀的自傳《停止跟從》：*Unfollow: A Memoir of Loving and Leaving the Westboro Baptist Church* (New York: Farrar, Straus and Giroux 2019).

梅根後來也為監控極端團體的執法機構擔任顧問，並任職於推特的信任和安全委員會：Adrian Chen, "Unfollow: How a Prized Daughter of the Westboro Baptist Church Came to Question Its Beliefs," *The New Yorker*, November 15, 2015. https://www.newyorker.com/magazine/2015/11/23/conversion-via-twitter-westboro-baptist-church-megan-phelps-roper.

梅根的推文被喜劇演員和其他名人轉發嘲笑：此處與本章其他關於梅根故事的細節，部分取自我對她的訪談內容，也有部分取自她的自傳《停止跟從》。

菲爾普斯已經有四個兒女、二十多個孫子女，離開了威斯特布路：關於已離開威斯特布路教會的人數，各方說法有高有低，此處提出的是我認為能夠稱為共識的數字。下面這篇文章還有更多細節，我也曾訪問作者關於查克的姊姊梅根離開教會的情形：Adrian Chen, "Conversion via Twitter," *The New Yorker*, March 10, 2018. https://www.newyorker.com/magazine/2015/11/23/conversion-via-twitter-westboro-baptist-church-megan-phelps-roper.

查克在Reddit社群媒體網站開了一個「放膽來問」的直播："I Am Zach Phelps-Roper. I Am a Former Member of the Westboro Baptist Church. Ask Me Anything!" Reddit.com. https://www.reddit.com/r/IAmA/comments/2bvjz6/i_am_zach_phelpsroper_i_am_a_former_member_of_the.

關於菲爾普斯被逐出教會與改變想法的內容，取自我對查克‧菲爾普斯－羅珀的訪談。

第六章　真相是由部落說了算

法娜的工作團隊找來兩臺大型起重機，兩天內噴製完成這幅作品："Manchester Blue Tit," Faunagraphic, accessed November 28, 2021. https://www.faunagraphic.com/manchester-blue-tit-print.

對維奇來說，這就像是從當初激發他這股熱情的影片當中，伸出了一隻歡迎的手：Charlie Veitch, "Charlie Veitch on Alex Jones Show (May 2009)," YouTube, October 25, 2009. https://www.youtube.com/watch?v=Pd_Erw9luyE.

在受到挑戰的時候，他們的大腦裡發生了什麼事：這裡的內容大部分取自於訪談神經科學家吉姆貝爾與卡普蘭，討論他們共同發表的論文：Sarah Gimbel, Jonas Kaplan, and Sam Harris, "Neural Correlates of Maintaining One's Political Beliefs in the Face of Counterevidence," *Scientific Reports* 6, no. 1 (2016). doi: 10.1038/srep39589.

著名的艾許實驗：S. E. Asch, "Effects of Group Pressure on the Modification and Distortion of Judgments," in H. Guetzkow, ed., *Groups, Leadership and Men* (Pittsburgh, PA:Carnegie Press), 177–190.

米爾格蘭關於服從的實驗：Stanley Milgram, "Behavioral Study of Obedience," *The Journal of Abnormal and Social Psychology* 67, no. 4 (1963): 371–78. doi:10.1037/h0040525.

心理學家謝里夫的強盜洞穴州立公園實驗：Muzafer Sherif, *The Robbers Cave Experiment: Intergroup Conflict and Cooperation* (Norman, OK: University Book Exchange, 1961).

任何一隊只要碰上什麼倒楣事，都會說是另一隊在搞鬼：我曾經在自己的著作
《你沒有你想的那麼聰明：任何人都會有的思考盲點2》（*You Are Now Less Dumb*）提過強盜洞穴實驗；後來在訪談政治心理學者Lilliana Mason的時候，
也再次提到這項關於部落忠誠度的實驗。當時，Lilliana Mason是來談她的著
作：*Uncivil Agreement: How Politics Became Our Identity* (Chicago: University of Chicago Press, 2018).

心理學家泰弗爾的高估組、低估組實驗：Henri Tajfel, "Experiments in Intergroup Discrimination," *Scientific American* 223, no. 5 (1970): 96–102. doi:10.1038/scientificamerican1170-96.

社會性死亡比肉體的死亡更叫人害怕：Interview with Brooke Harrington conducted August 2021.

卡漢告訴我，發表任何意見，都可能與團體認同緊密交織：Interview with Dan Kahan on December 4, 2017.

為什麼一種要強制施打的疫苗只針對女孩，而不針對男孩："Cultural Cognition Project—HPV Vaccine Research," The Cultural Cognition Project. http://www.culturalcognition.net/hpv-vaccine-research.

卡漢詢問受試者，是否仍然同意林登是個專家：Dan M. Kahan, "The Politically Motivated Reasoning Paradigm, Part 1: What Politically Motivated Reasoning Is and How to Measure It," in *Emerging Trends in the Social and Behavioral Sciences, eds. Robert Scott and Stephen Kosslyn* (Hoboken, NJ: John Wiley and Sons, 2017).

雖然表面上看起來，這太不理性，但卡漢強調這樣的動機推理其實十分理性：
Interview with Dan Kahan on February 11, 2018.

卡漢談到殷格利斯眾議員："Cultural Cognition Project—Cultural Cognition Blog—Who Distrusts Whom about What in the Climate Science Debate?" The Cultural Cognition Project. http://www.culturalcognition.net/blog/2013/8/19/who-distrusts-whom-about-what-in-the-climate-science-debate.html.

只要是我們無法自己證明的事，我們就願意相信他們的專業：David Straker, *Changing Minds: In Detail* (Crowthorne: Syque, 2010).

在生理上引發恐懼、憤怒，以及各種「戰鬥或逃跑」的情感陷阱：David Straker, *Changing Minds: In Detail* (Crowthorne: Syque, 2010).

尋求身分認同、想在同儕中鶴立雞群的人：Anni Sternisko, Aleksandra Cichocka, and Jay J. Van Bavel, "The Dark Side of Social Movements: Social Identity, Non-Conformity, and the Lure of Conspiracy Theories," *Current Opinion in Psychology* 35 (February 21, 2020): 1–6. https://www.sciencedirect.com/science/article/pii/S2352250X20300245.

人腦演化出一些古老的心理機制，能幫助我們偵測到其他人正在組成「帶來危險的聯盟」：Jan-Willem van Prooijen and Mark van Vugt, "Conspiracy Theories: Evolved Functions and Psychological Mechanisms," *Perspectives on Psychological Science* 13, no. 6 (2018): 770–88. https://doi.org/10.1177/1745691618774270.

這些人並不是要追求某項特定的真相，而是想尋求唯一的真理：Computathugz, "Truth Festival | TruthSeekers | FreeThinkers," Truth Juice, September 19, 2014. http://www.truthjuice.co.uk/non-truthjuice-festivals.

用身體拼出LOVE這個字：DunamisStorm, "The TruthJuice Gathering 2011 (Andy Hickie—Universal Mind)," YouTube, May 31, 2011. https://www.youtube.com/watch?v=UUssKyamG-Q.

維奇擔任 2010 年真理力量集會首次「開放麥克風之夜」的主持人：Truth Juice Films, "Truth Juice Summer Gathering Pt2," YouTube, September 22, 2010. https://www.youtube.com/watch?v=LBYKqzdDCxk.

運動團體「善意出擊」：Charlie Veitch, "Kindness Offensive/Love Police SUNRISE FESTIVAL COMPETITION 2011," YouTube, January 7, 2011. https://www.youtube.com/watch?v=xD2PO4ECu8U.

想要減少這種對名聲的威脅感，方式其一是去尋求另一項團體認同，其二則是提醒自己，別忘了還有一些更深層重要的價值觀：Geoffrey L. Cohen, David K. Sherman, Anthony Bastardi, Lillian Hsu, Michelle Mcgoey, and Lee Ross, "Bridging the Partisan Divide: Self-affirmation Reduces Ideological Closed-Mindedness and Inflexibility in Negotiation," *Journal of Personality and Social Psychology* 93, no. 3 (2007): 415–30. doi:10.1037/0022-3514.93.3.415; Kevin R. Binning, Cameron Brick, Geoffrey L. Cohen, and David K. Sherman, "Going Along versus Getting It Right:

The Role of Self-integrity in Political Conformity," *Journal of Experimental Social Psychology* 56 (2015): 73–88, 2015. doi:10.1016/j.jesp.2014.08.008.

在這些條件得到滿足的時候，受試者就能真正深思熟慮：David K. Sherman and Geoffrey L. Cohen, "The Psychology of Self Defense: Self Affirmation Theory," *Advances in Experimental Social Psychology* 38 (2006): 183–242. doi:10.1016/ s0065-2601(06)38004-5.

覺得改變想法是安全自在的：Brendan Nyhan and Jason Reifler, "The Roles of Information Deficits and Identity Threat in the Prevalence of Misperceptions," *Journal of Elections, Public Opinion and Parties* 29, no. 2 (May 2017): 1–23. doi: 10.1080/17457289.2018.1465061.

在回程車上和樂融融：Sherif, The Robbers Cave Experiment.

為什麼在現代世界，像是邪教、陰謀論與反疫苗這些無視事實的次文化，如此大行其道：Interview with Tom Stafford on September 13, 2016.

第七章　爭辯論證

「珍恩」這位女性一個星期的生活紀錄：Mark Snyder and Nancy Cantor, "Testing Hypotheses about Other People: The Use of Historical Knowledge," *Journal of Experimental Social Psychology* 15, no. 4 (1979).

請受試者把黃色的色紙紙條含在嘴裡：我訪談了這項實驗的研究者狄托，實驗的詳細內容請參閱：Peter Ditto and David F. Lopez, "Motivated Skepticism: Use of Differential Decision Criteria for Preferred and Nonpreferred Conclusions," *Journal of Personality and Social Psychology* 63, no. 4 (1992): 568–84. doi:10.1037/0022-3514.63.4.568.

如果數字看來漂亮，我們就會趕快逃離體重計，開始愉快的一天：Daniel Gilbert, "I'm O.K., You're Biased," *The New York Times*, April 16, 2006. https://www. nytimes.com/2006/04/16/opinion/im-ok-youre-biased.html.

將想法從一個人的腦海傳到另一個人的腦海中：Jonnie Hughes, On the Origin of Tepees: The Evolution of Ideas (and Ourselves) (New York: Free Press, 2012).

梅西耶與斯波伯的著作《理性之謎》：Hugo Mercier and Dan Sperber, *The Enigma of Reason* (Cambridge, MA: Harvard University Press, 2017).

因為整個人流會有某種自動導航的機制：Dan Sperber, Fabrice Clément, Christophe Heintz, Olivier Mascaro, Hugo Mercier, Gloria Origgi, and Deirdre Wilson, "Epistemic Vigilance," *Mind & Language* 25, no. 4 (2010): 359–93. doi:10.1111/j.1468-0017.2010.01394.x.

梅西耶與斯波伯把這種情況稱為「信任瓶頸」：本章有許多內容取自對梅西耶的訪談，討論他與斯波伯合作的研究："Why Do Humans Reason? Arguments for an Argumentative Theory," *Behavioral and Brain Sciences* 34, no. 2 (2011): 57–74. doi:10.1017/s0140525x10000968.

行為科學家希伊的巧克力選擇實驗：Christopher K. Hsee, "Value Seeking and Prediction-Decision Inconsistency: Why Don't People Take What They Predict They'll Like the Most?" *Psychonomic Bulletin & Review* 6, no. 4 (1999): 555–61. doi:10.3758/bf03212963.

認知科學家特沃斯基與夏菲爾的實驗：Eldar Shafir and Amos Tversky, "Thinking Through Uncertainty: Nonconsequential Reasoning and Choice," *Cognitive Psychology* 24, no. 4 (1992): 449–740. doi:10.1016/0010-0285(92) 90015-t.

楚許所領導的實驗，讓受試者以為自己要分析別人做事的理由，但其實分析的都是受試者自己的選擇：Emmanuel Trouche, Petter Johansson, Lars Hall, and Hugo Mercier, "The Selective Laziness of Reasoning," *Cognitive Science* 40, no. 8 (2015): 2122–136. doi:10.1111/cogs.12303.

認知心理學家史塔福德的著作《為了論證》：Tom Stafford, *For Argument's Sake: Evidence That Reason Can Change Minds* (Amazon Digital Services, 2015).

只要是三人或三人以上的團體，就完全不會答錯：David Geil and Molly Moshman, "Collaborative Reasoning: Evidence for Collective Rationality," *Thinking & Reasoning* 4, no. 3 (1998): 231–48. doi:10.1080/135467898394148.

法律學者桑斯坦所稱的「團體極化法則」：Cass R. Sunstein, "The Law of Group Polarization," University of Chicago Law School, John M. OlinLaw & Economics Working Paper No. 91. doi:10.2139/ssrn.199668.

在我們決定參考專家的意見後，再聽到第三方的反駁論證，會想要相對無視，也是很合理的選擇：Mercier and Sperber, *The Enigma of Reason*, 307.

拉斯金與費什金等美國政治學者的研究：Robert C. Luskin, Ian O'Flynn, James S. Fishkin, and David Russell, "Deliberating Across Deep Divides," *Political Studies* 62, no. 1 (2012): 116–35. doi:10.1111/j.1467-9248.2012.01005.x.

人類的理性經過演化，會想要去說服他人：Tom Stafford, "A Lens on the Magic of Deliberation," *Reasonable People* (blog), September 1, 2021. https://tomstafford. substack.com/p/a-lens-on-the-magic-of-deliberation.

第八章　說服

卡普拉為軍隊創作出一系列激勵士氣的電影，名為《我們為何而戰》（*Why We Fight*）：Frank Capra, *The Name Above the Title: An Autobiography* (New York: Bantam Books, 1972).

旁白說，你們之所以要入伍，並不是因為珍珠港，而是因為『這個』：*Prelude to War*, directed by Frank Capra. United States: Special Services Division, 1942.

宣揚著英國皇家空軍的驍勇善戰：Carl Hovland, Irving Lester Janis, and Harold H. Kelley, *Communication and Persuasion: Psychological Studies of Opinion Change* (Westport, CT: Greenwood Press, 1982).

希望自己在修課時，別被當掉：Interview with psychologist Richard Petty on July 8, 2018.

當時大部分研究的基礎都奠基於社會學家暨政治學家拉斯威爾所提出的概念：Harold Lasswell, "The Structure and Function of Communication in Society," in *The Communication of Ideas*, ed. L. Bryson (New York: Institute for Religious and Social Studies, 1948).

派帝與卡喬波提出的洞見是：如果經過思辨，能讓人對論證背後的推理有正面評價，說服就能成功。但如果帶來的是中立、甚至負面的評價，說服就會失敗：Joel Cooper, Shane J. Blackman, and Kyle Keller, *The Science of Attitudes* (New York: Psychology Press, 2016).

在一項實驗中，派帝與卡喬波告訴大學生：Richard E. Petty, John T. Cacioppo, and David Schumann, "Central and Peripheral Routes to Advertising Effectiveness: The Moderating Role of Involvement," *Journal of Consumer Research* 10, no. 2 (1983): 135. doi:10.1086/208954.

在另一項實驗裡，派帝與卡喬波請受試者觀看兩個拋棄式刮鬍刀品牌的廣告：Petty, Cacioppo, and Schumann, "Central and Peripheral Routes."

捷思－系統模式在心理學上的主要貢獻，在於點出人類會希望自己維持某種「正確的」態度：Alice H. Eagly and Shelly Chaiken, *The Psychology of Attitudes* (Belmont, CA: Wadsworth Cengage Learning, 2010).

思辨可能模式有個崇高的前提：Interview with Andy Luttrell conducted in January 2022.

其中有幾項重要因素一向都能提升說服的成功率：許多內容參考了 Joel Cooper、Shane Blackman 與 Kyle Keller 合著的 *The Science of Attitudes*，這本書大致介紹了關於態度改變的各項研究，我也找出這些研究成果的論文來閱讀。

如果能以多元的來源呈現該訊息，有時就能逆轉局勢：G. Tarcan Kumkale and Dolores Albarracín, "The Sleeper Effect in Persuasion: A Meta-Analytic Review," *Psychological Bulletin* 130, no. 1 (2004): 143–72. doi:10.1037/0033-2909.130.1.143.

面對面的交流能建立起雙方基本的關係，有助於接收各種人與人之間的交流訊息：Francesca Simion and Elisa Di Giorgio, "Face Perception and Processing in Early Infancy: Inborn Predispositions and Developmental Changes," *Frontiers in Psychology* 6 (2015). doi:10.3389/fpsyg.2015.00969.

平克在她的書《村莊效應》裡解釋：Susan Pinker, *The Village Effect: How Face-to-Face Contact Can Make Us Healthier and Happier* (Toronto: Vintage Canada, 2015).

第九章　街頭知識論

諮商心理師稱為「反射性的回應」，但這絕對是應該避免的做法，以免讓對方產生了防衛心理：William Richard Miller and Stephen Rollnick, *Motivational Interviewing: Helping People Change* (New York: Guilford Press, 2013).

史密德與畢奇指出，所有的說服技巧都能清楚分成「技術反駁」與「主題反駁」兩類：Philipp Schmid and Cornelia Betsch, "Effective Strategies for Rebutting Science Denialism in Public Discussions," *Nature Human Behaviour* 3 (2019). https://www.nature.com/articles/s41562-019-0632-4.

神經學家波頓對於「確信感」的概念，深深著迷：Interview with Robert Burton conducted May 2021.

波頓寫了《人，為什麼會自我感覺良好？》：Robert Alan Burton, *On Being Certain: Believing You Are Right Even When You're Not* (New York: St, Martin's Griffin, 2009).

要達到敘事傳輸的效果，故事就必須包含三項元素：Melanie C. Green and Jenna L. Clark, "Transportation into Narrative Worlds: Implications for Entertainment Media Influences on Tobacco Use," *Addiction* 108, no. 3 (2012): 477–84. doi:10.1111/j.1360-0443.2012.04088.x.

第十章　社會變遷

雖然文化累積看來只欠東風，但就是尚未展開：Marvin Harris, *Our Kind: Who We Are, Where We Came From, Where We Are Going*, (New York: Harper Perennial, 1991).

人類大步向前，技術突飛猛進，開始進入一個不間斷的改變循環：Kim Ann Zimmermann, "Pleistocene Epoch: Facts About the Last Ice Age," *LiveScience*, 2017. https://www.livescience.com/40311-pleistocene-epoch.html.

世界像是翻得亂七八糟的水果攤車，環境的變遷頻率極高：關於冰期對文化演化的影響，取自：interview with Peter J. Richerson on December 20, 2016.

文化塑造基因，基因塑造文化：Peter J. Richerson and Robert Boyd, *Not by Genes Alone: How Culture Transformed Human Evolution* (Chicago: The University of Chicago Press, 2006).

心理學家紐森曾和動物學家理查森共同發表一篇論文，預測民眾對同性婚姻的態度會迅速發生變化：Lesley Newson and Peter J. Richerson, "Moral Beliefs about Homosexuality: Testing a Cultural Evolutionary Hypothesis," *ASEBL Journal* 12, no. 1 (2016): 2–21.

威斯康辛大學1939年的一項研究：Christie F. Boxer, Mary C. Noonan, and Christine B. Whelan, "Measuring Mate Preferences," *Journal of Family Issues* 36, no. 2 (2013): 163–87. doi:10.1177/0192513x13490404.

初次婚姻的離婚率：Virginia Pelley, "The Divorce Rate Is Different than You Think," *Fatherly*, February 18, 2022, accessed March 4, 2022. https://www.fatherly.com/love-money/what-is-divorce-rate-america/.

歐巴馬總統改變了他對同性婚姻的想法："Transcript: Robin Roberts ABC News Interview with President Obama," ABC News, May 9, 2012. https://abcnews.go.com/Politics/transcript-robin-roberts-abc-news-interview-president-obama/story?id=16316043.

2016年的民調中，有超過半數美國人表示非但支持，還認為這是影響其投票意願的因素：Ro Suls, "Deep Divides Between, Within Parties on Public Debates about LGBT Issues," Pew Research Center, October 4, 2016. http://www.pewresearch.org/fact-tank/2016/10/04/deep-divides-between-within-parties-on-public-debates-about-lgbt-issues; "Two in Three Americans Support Same-Sex Marriage," Gallup, May 23, 2018. https://news.gallup.com/poll/234866/two-three-americans-support-sex-marriage.aspx.

正是由於抵制同婚，才讓小布希總統成功連任：Carolyn Lochhead, "Gay Marriage: Did Issue Help Re-elect Bush?" *SFGate,* January 23, 2012. https://www.sfgate.com/news/article/gay-marriage-Did-issue-help-re-elect-Bush-2677003.php.

小布希公開支持一項憲法修正案，想在全美禁止同婚：Elisabeth Bumiller, "Same-Sex Marriage: The President; Bush Backs Ban in Constitution on Gay Marriage," *The New York Times,* February 25, 2004. https://www.nytimes.com/2004/02/25/us/same-sex-marriage-the-president-bush-backs-ban-in-constitution-on-gay-marriage.html.

小布希總統不但在緬因州肯納邦克波特鎮為兩位女性證婚，還曾經提議由他來主持婚禮：Matt Viser, "New 'Cottage' at Maine Compound for Jeb Bush," *Boston Globe*, May 23, 2015. https://www.bostonglobe.com/news/nation/2015/05/23/jeb-bush-having-new-house-built-for-him-family-compound-maine-even-prepares-for-campaign/mrVSwhPY kanfgL6nA4fRVK/story.html.

紐約「石牆酒吧」事件：David Carter, *Stonewall: The Riots That Sparked the Gay Revolution* (New York: Griffin, 2011).

許多社群的領導者也鼓勵大家要活得更公開坦蕩：David Carter, *Stonewall: The Riots That Sparked the Gay Revolution* (New York: Griffin, 2011).

對 LGBTQ 社群有全新的科學認知與專業理解：Mark Z. Barabak, "Gays May Have the Fastest of All Civil Rights Movements," *Los Angeles Times*, May 20, 2012. http://articles.latimes.com/2012/may/20/nation/la-na-gay-rights-movement. 201 20521; "So Far, So Fast," *The Economist*, October 9, 2014. https://www.economist.com/briefing/2014/10/09/so-far-so-fast; Reihan Salam, "That Was Fast: Not Long Ago, Same-Sex Marriage Was a Cause Advanced by a Handful of Activists. Now It's the Law of the Land. How Did That Happen?" *Slate*, June 26, 2015.

讓全美各地 LGBTQ 運動人士與盟友，建立起龐大的人際網路：E.J. Graff, "How the Gay-Rights Movement Won," The American Prospect, June 7, 2012. http://prospect.org/article/how-gay-rights-movement-won.

美國國會則是通過《捍衛婚姻法案》做為回應，這起反撲延燒到各州：Molly Ball, "How Gay Marriage Became a Constitutional Right," *The Atlantic*, July 1, 2015. http://www.theatlantic.com/politics/archive/2015/07/gay-marriage-supreme-court-politics-activism/397052.

奧爾波特里程碑等級的 1954 年著作《偏見的本質》：Gordon Allport, *The Nature of Prejudice* (Oxford, UK: Addison-Wesley, 1954).

「指定駕駛」一詞是由哈佛大學反酗酒計畫發明："Designated Driver Campaign: Harvard Center Helped to Popularize Solution to a National Problem," Harvard School of Public Health, June 1, 2010. https://www.hsph.harvard.edu/news/features/harvard-center-helped-to-popularize-solution-to-a-national-problem; "Harvard Alcohol Project: Designated Driver," Harvard School of Public Health, May 20, 2013. https://www.hsph.harvard.edu/chc/harvard-alcohol-project.

阿皮亞在《榮譽法則》書中，認為正是對尊嚴的定義擴大，直接導致英國廢除奴隸制度：Kwame Anthony Appiah, *The Honor Code: How Moral Revolutions Happen* (New York: W. W. Norton & Co, 2011).

莊重的紳士來到榮譽的領域，卻受到年輕一代的訕笑：Steven Pinker, The Better Angels of Our Nature: Why Violence Has Declined (New York: Penguin Books, 2012).

如今的同性戀人數並不比2004年多，但是我們與同性戀者的關係已經有了改變：Derek Penwell, "How Did We Learn to Love Gay People So Quickly?" The Huffington Post, December 7, 2017. https://www.huffingtonpost.com/derek-penwell/how-did-we-learn-to-love-gay-people-so-quickly_b_2980858.html.

歐巴馬總統說「相較於許多其他議題，美國的轉變極為迅速」："How Unbelievably Quickly Public Opinion Changed on Gay Marriage, in 5 Charts," The Washington Post, June 26, 2015. https://www.washingtonpost.com/news/the-fix/wp/2015/06/26/how-unbelievably-quickly-public-opinion-changed-on-gay-marriage-in-6-charts/?utm_term=.8283bd8a4590.

像是這種長期以來根深柢固的全國輿論風向，從沒有過如此迅速的翻轉：我所訪談過的社會科學家，同意這點的包括：Brendan Nyan、Josh Kalla、David Broockman，以及心理學家David Redlawsk與Jason Reifler。

2020年12月的民調中，英國民眾大約有86%表示他們拒絕接種新冠疫苗：Frank Langfitt, "The Fight to Change Attitudes toward Covid-19 Vaccines in the U.K.," NPR, April 19, 2021, accessed March 4, 2022. https://www.npr.org/2021/04/19/988837575/the-fight-to-change-attitudes-toward-covid-19-vaccines-in-the-u-k.

使用少數族裔進行藥物試驗的歷史，更加深了民眾的懷疑：Frank Langfitt, "The Fight to Change Attitudes toward Covid-19 Vaccines in the U.K.," NPR, April 19, 2021. https://www.npr.org/2021/04/19/988837575/the-fight-to-change-attitudes-toward-covid-19-vaccines-in-the-u-k. Greg Satell, Cascades: How to Create a Movement That Drives Transformational Change (New York: McGraw-Hill Education, 2019).

社會學家格蘭諾維特把從眾門檻值，稱為「抵抗的門檻值」：Mark Granovetter, "Threshold Models of Collective Behavior," The American Journal of Sociology 83, no. 6 (May 1978): 1420–43.

賽特爾在他的《骨牌效應》一書裡，請讀者想像目前有A、B、C三組人：Greg Satell, *Cascades: How to Create a Movement That Drives Transformational Change* (New York: McGraw-Hill Education, 2019).

一旦條件滿足了，只要一個小火花，就能讓火勢連天：Clive Thompson, "Is the Tipping Point Toast?" *Fast Company*, January 2, 2008. https://www.fastcompany.com/641124/tipping-point-toast.

科學史學家伯克的書《地球改觀的那一天》：James Burke, *The Day the Universe Changed* (Boston: Little, Brown, 1995).

如果我們居然不是神所關注的中心：Interview with James Burke on September 9, 2016.

結語　敞開心胸

一群因為相信地平論而集結成社群的人：David McRaney, "YANSS 151—What We Can Learn about Our Own Beliefs, Biases, and Motivated Reasoning from the Community of People Who Are Certain the Earth Is Flat," *You Are Not So Smart*, July 22, 2019. https://youarenotsosmart.com/2019/04/09/yanss-151-what-we-can-learn-about-our-own-beliefs-biases-and-motivated-reasoning-from-the-community-of-people-who-are-certain-the-earth-is-flat.

科學文化 225

如何讓人改變想法
關於信念、觀點與說服技巧

How Minds Change
The Surprising Science of Belief, Opinion, and Persuasion

原著 —— 大衛・麥瑞尼（David McRaney）
譯者 —— 林俊宏
科學文化叢書策劃群 —— 林和、牟中原、李國偉、周成功

總編輯 —— 吳佩穎
編輯顧問暨責任編輯 —— 林榮崧
封面設計暨美術排版 —— 江儀玲

出版者 —— 遠見天下文化出版股份有限公司
創辦人 —— 高希均、王力行
遠見・天下文化 事業群榮譽董事長 —— 高希均
遠見・天下文化 事業群董事長 —— 王力行
天下文化社長 —— 林天來
國際事務開發部兼版權中心總監 —— 潘欣
法律顧問 —— 理律法律事務所陳長文律師
著作權顧問 —— 魏啟翔律師
社址 —— 台北市 104 松江路 93 巷 1 號 2 樓
讀者服務專線 —— 02-2662-0012 ｜ 傳真 —— 02-2662-0007，02-2662-0009
電子郵件信箱 —— cwpc@cwgv.com.tw
直接郵撥帳號 —— 1326703-6 號 遠見天下文化出版股份有限公司
製版廠 —— 東豪印刷事業有限公司
印刷廠 —— 祥峰印刷事業有限公司
裝訂廠 —— 台興印刷裝訂股份有限公司
登記證 —— 局版台業字第 2517 號
總經銷 —— 大和書報圖書股份有限公司 電話／02-8990-2588
出版日期 —— 2023 年 5 月 25 日第一版第 1 次印行
　　　　　　2023 年 7 月 21 日第一版第 2 次印行

國家圖書館出版品預行編目(CIP)資料

如何讓人改變想法：關於信念、觀點與說
服技巧/大衛.麥瑞尼(David McRaney)著；林
俊宏譯. -- 第一版. -- 臺北市：遠見天下文化
出版股份有限公司, 2023.05
面；　公分. -- (科學文化 ; 225)
譯自：How minds change : the surprising
science of belief, opinion, and persuasion
ISBN 978-626-355-217-3(平裝)

1. 思考　2. 說服　3. 社會心理學

176.4　　　　　　　　　　112006783

定價 —— NT500 元
書號 —— BCS225
ISBN —— 9786263552173 ｜ EISBN —— 9786263552258（EPUB）；9786263552241（PDF）
天下文化書坊 —— http://www.bookzone.com.tw

天下文化
Believe in Reading